Volker Griese

Denkwürdigkeiten

Volker Griese

Schleswig-Holstein
Denkwürdigkeiten
der Geschichte

Historische Miniaturen

BOD

FSC
www.fsc.org
MIX
Papier aus verantwortungsvollen Quellen
Paper from responsible sources
FSC® C105338

Satz und Einbandgestaltung Volker Griese.
Einband nach einem Foto von Joachim Schmidt, Kiel
Herstellung und Verlag: Books on Demand GmbH, Norderstedt.
Printed in Germany.

ISBN 978-3-8448-1283-1

Die Menschen können nicht sagen,
wie sich eine Sache zugetragen,
sondern nur wie sie meinen,
dass sie sich zugetragen hätte.
(G. Ch. Lichtenberg)

Künftigen Dienstag ist Äquator.
(J. G. A. Galetti)

Vorwort

Wie sehr einzelne Personen, seien es Politiker, Krieger, Künstler oder Erfinder, durch eigene Initiative, klares Urteil und eine durch eigenes Risiko nicht scheuende Tatkraft ihren Einfluss auch geltend machen und Geschichte zu gestalten versuchen, überwiegen tun die anderen, die Getriebenen der Zeitläufte, die Menschen, die aus den allgemeinen Schatten der Ereignisse nicht oder nur für einen kurzen Augenblick heraustreten. Dabei sind sie es, die vieler kleiner ineinandergreifender Rädchen gleich, das große Ganze am Laufen halten. Sie alle, Gestaltende wie Getriebene, bilden und sind Teil unserer schleswig-holsteinischen Geschichte.

Das vorliegende Werk will keine akademische Anthologie sein, sondern mit novellistisch zugespitzten Erzählungen ein lebendiges Lesebuch. Ein paar denkwürdige Begebenheiten – Einzelschicksal und Kollektivereignis, handelnde oder angetriebenen Personen, Bekanntes und weniger Bekanntes –, stehen stellvertretend für viele andere. Ob Kriegsgeschehen, Erfindergeist, Naturkatastrophe oder künstlerisches Schaffen, dies alles kündet von Triumph und Tragik, Gestaltung und Erduldung.

Der Bogen spannt sich dabei über nahezu 500 Jahre. Der/die Leser/in nimmt Teil an der Schlacht von Hemmingstedt, findet sich im Aufstand der Depenauer Leibeigenen 1707 wieder, erlebt die Ostseesturmflut 1872, reist mit den jungen Inselbesetzern 1950 nach dem alliierten Bombenabwurfgebiet Helgoland oder erlebt die »Schneekatastrophe« 1978/79 mit. Jede dieser zwölf Geschichten wird dabei in das jeweilige historische Umfeld eingeordnet.

»Wahr Di, Gaar, de Buer de kummt«.
Die Schlacht bei Hemmingstedt, 17. Februar 1500

Immer mehr Flüchtlinge erreichen entkräftet die Stadt Meldorf; Entsetzen steht in ihren Augen geschrieben, und unter sich sträubendem Haar berichten sie von einer unerhörten Begebenheit. Die Bestürzung ist außerordentlich. König Johann I. aus Dänemark – schon lange wollte er die Dithmarscher Bauernrepublik seinem Herrschaftsbereich einverleiben – zieht mit einem vieltausendköpfigen Heer heran, allen voran die gedungene Söldnerschar der ›Großen Garde‹. Seit Jahren operiert sie, mal diesem mal jenem Herrscher zu Willen, zwischen Rheinprovinzen und Friesland, ja auch nach Schweden ist sie schon gerufen worden. Groß ist ihr Ruf für besondere Tapferkeit und Kampfesstärke, groß der vom Namen ausgehende Schrecken, der gleichgesetzt wird mit unbarmherzigem Terror, mit Raub, Plünderung und Mord. Nichts und niemanden verschont dieser Trupp: »O Bauer, ohnmächtiger Wicht, / Verlass dich auf die Heiligen nicht. / Die Kehle nehm ich dir in dieser Stund / Ich will dich morden wie einen Hund.« Sein Wahlspruch lautet: »Wahr Di, Buer, de Gaar de kummt«. Aus allen Herren Ländern hatte sich das Kriegsvolk zusammengefunden: Engländer, Friesen, Italiener, einige Mauren, Schweizer, Spanier, Priester gar, Mönche und Frauen, meist Fußvolk, wenige Reiter darunter, bilden das Landsknechtheer. Und jetzt hat es die Grenze nach Dithmarschen überschritten. Süderhastedt und Windbergen sind schon in seine Hände gefallen, sind ausgeplündert und niedergebrannt worden wie auch die Gehöfte links und rechts des Weges. Und nun marschieren die Eindringlinge von niemandem gehindert auf Meldorf zu. Die eigenen Kampfverbände, weiter nördlich zusammengezogen, einen Angriff auf Heide über Albersdorf und Nordhastedt erwartend, haben die südöstliche Flanke des Landes völlig unbedeckt gelassen. Fußgängerhaufen, Reiter und Fuhrwerke machen sich auf den Weg aus der Stadt in Richtung Heide, Wesselburen, Büsum; nur das Nötigste kann mitgenommen werden.

Schnell entvölkert sich einer der größten Orte Dithmarschens, Landeshauptstadt bis zur Entstehung des 48er Rates, als die Landesregierung im 14. Jahrhundert die weltliche Herrschaft nach Heide verlegte. Zurück bleibt nur ein kleines, einige hundert Mann schwaches Söldnerheer. Zurück bleiben auch – wie zu allen Kriegs- und Katastrophenzeiten an allen Orten – Alte, Kranke, einige Mütter mit ihren Säuglingen und manch ein im Wirrwarr des hastigen Aufbruchs seiner Eltern verlorengegangenes Kind.

Es ist der 13. Februar 1500. Die vom Frost vereisten Straßen ließen den königlichen Heertross gut vorankommen; nur einen Tag nach dem Fall von Windbergen steht der dänische König mit seinen Truppen vor den Toren Meldorfs. Schon der Anblick der aufgefahrenen groben Geschütze treibt den dithmarscher Söldnern einen gehörigen Schreck in die Glieder. Nach kurzem Artilleriebeschuss auf die hölzernen Palisaden beim Holstentor vergeht ihnen jeglicher nur mühsam zur Schau gestellte Kampfeswillen. Angesichts der schieren Übermacht bricht der Widerstand schnell in sich zusammen. Die einen suchen ihr Heil in der Flucht, andere gar laufen zum Gegner über. Nicht lange dauert es mehr, da wird die Stadt für die Landsknechte freigegeben: plündernd drängen die fremden Gestalten mit markerschütterndem Geschrei und wildem Fluchen in die Gassen, dringen, immer auf der Suche nach guter Beute, in jedes Haus ein, schleppen den Hausrat heraus, um ihn im Tageslicht besser beurteilen zu können und zerren die ängstlich erschrocken Dagebliebenen aus ihren Verstecken hervor. Fluchen und Schreien, das Klappern und Scheppern der Harnische und Schwerter, das Krachen der Piken und Hellebarden gibt, untermalt mit Trommeln, Pfeifen und Trompetenschall, eine grässliche, unwirkliche Musik.

Die Söldner machen sogleich ihren blutigen Ruf wahr. Wehklagen und lautes Stöhnen von Sterbenden mischen sich nur zu bald in den vorherrschenden Lärm ein. Keine Schonung, keine Gnade wird gewährt; allen Bewohnern gleich ist der Tod. Hängt dort ein Mensch mit zertrümmertem Schädel und herausgespritztem Hirn aus dem Fenster, mangelt es gar einem Leib an einem Kopf, liegt andernorts ein Toter mit herausgequollenen Eingeweiden auf der Gasse; abgehackte Hände und Arme, die doch nur schützend über sich und ihre Angehörigen gebreitet wurden, liegen allenthalben herum. Stolz präsentieren die Eindringlinge ihre Trophäen: Muss hier ein abgeschlagener Kopf als Zierat auf einer Lanze dienen, wird dort ein aufgespießtes Baby auf einer Hellebarde hoch über dem Kopf des Landsknechts durch die Straßen getragen. 130 Einwohner lassen ihr Leben in dem Furor. Manch ein Trupp zieht mit Äxten, Hacke und Talglicht bewaffnet von Haus zu Haus, um verborgene Winkel und die dort vermuteten Kostbarkeiten zu entdecken. Manch ein Haus geht dabei in Flammen auf. Der Ort Meldorf versinkt in einer Wolke aus Blutdunst, Rauch und Staub. Zurück bleibt ein Trümmerfeld: überall auf der Straße liegen entblößte Leichen neben totem Vieh, an dem sich gerade jemand abmüht, noch ein gutes Stück für seinen Proviant herauszuschneiden; zerbrochenes Geschirr, zerschlagene Flaschen, blutige Kleidung, zerrissene Lumpen, Tonnen, aufgehackte Truhen all das bilden vor den Häusern Schutthaufen, in denen immer wieder ein Landsknecht auf der Suche nach Brauchbarem zu wühlen beginnt. Währenddessen zieht der König mit seinen Getreuen im Triumpf zum Kloster, das flugs zum Hauptquartier umfunktioniert wird. Nur wenig später wird als Zeichen des Sieges auf dem weit im Lande sichtbaren Kirchturm der Danebrog gehisst, jenes Fahnentuch, dass der Sage nach einst vom Himmel fiel.

Der schnelle Vorstoß der Angreifer, die raschen Erfolge in der weitgehend von Menschen entblößten Landschaft verstärken die Siegeszuversicht. Es scheint, so meinen die Eindringlinge, dass die Bauern angesichts der demonstrierten Stärke die Büxen gestrichen voll haben. Nach einer Zeit des Abwartens werden schließlich Späher ausgesandt, um Unterhändler herbeizubringen, mit denen die Übergabe des Landes ausgehandelt werden kann; alles soll doch seine Ordnung haben.

Die folgenden Tage verstreichen jedoch ohne Entscheidung. Ungeduld, Unruhe und das Unbehagen macht sich mehr und mehr bei König Johann breit. Da dringt eines Nachts unbemerkt von allen Carsten Holm, einer der Obersten der Dithmarscher Republik, zum König vor. Die Nachricht, dass die unzureichend bewaffneten Bauern sich bei Heide zu einem Heer zu sammeln versuchen und man ihnen unbedingt zuvorkommen muss, wirkt belebend auf den König. Es scheint doch noch verständige Menschen in der abtrünnigen Provinz zu geben. Der Entschluss ist gefasst: Morgen, nach Tagen des Müßiggangs, geht es weiter. Auch der Zahlmeister kann nun wieder beruhigter schlafen, wenn auch die Addition der Soldlisten für diese ereignislos zugebrachten Tage ein großes Loch in der chronisch leeren königlichen Kriegskasse gerissen hatte.

Doch als der König seinen Heerführern die getroffene Entscheidung mitteilt, schlägt ihm nur Ablehnung und Widerspruch entgegen. Thomas Slentz und seine Hauptleute der ›Großen Garde‹, diese vielerfahrenen Kriegsleute, sprechen sich gar entschieden, ja heftig gegen den Marsch in Richtung Heide aus. Seine Garde will bei diesem Sauwetter nicht marschieren. Hatte doch in den letzten Tagen des Müßiggangs der Frost mit fortwährenden Schnee- und Regenschauern und heftigen Sturmböen dem Tauwetter Platz gemacht. Zu ungewiss ist durch den inzwischen aufgetauten, morastigen Boden das Terrain geworden. Die aufgeweichte Marsch, nur wenig hinter Meldorf beginnend, mit ihren von Wasser gefüllten Gräben, würde den Einsatz der gepanzerten Ritter auf ihren Pferden und der schweren Artillerie nahezu unmöglich machen. Nein: Slentz hat kein gutes Gefühl. Er könne von diesem Vorhaben aufgrund seiner langjährigen Erfahrung gerade in den ähnlich gearteten friesischen Landen nur abraten, teilt er dem König mit. Doch Johann lässt dergleichen nicht gelten. Sind sie nicht diesen einfachen Bauern durch die ›Großen Garde‹ und den Hunderten von Holsteiner Rittern aus uradligem Geschlecht haushoch überlegen?

Den Landsknechten, dieser bunt zusammengewürfelten Schar, ist es gleich, als am Montag, den 17. Februar, der Befehl zum Aufbruch erklingt. Nicht das Geringste haben sie vom Disput ihrer Anführer mit dem König mitbekommen. Sie werden für ihre Arbeit bezahlt; wes Brot ich ess, des Lied ich sing, gilt ihnen als oberstes Gebot. Und so legen sie ihren Harnisch an, schnüren das Schuhwerk fest, prüfen noch einmal die Schärfe von Dolch und Schwert. Dann erschallt das Signal zum Aufbruch; die Flöten erklingen, der Trommelschall dringt hämmernd in die Köpfe. Die ›Große Garde‹, 4000 Mann stark, setzt sich, während ein kalter Schneeschauer in Regen übergeht, mit ein paar leichten Kanonen voran in Bewegung. Langsam marschieren sie aus Meldorf heraus, langsam senkt sich der Weg nach Heide in die flache Marsch hinunter und bildet mehr und mehr einen beiderseitig von tiefen Gräben eingefassten Damm. Immer länger wird der Zug, immer matschiger der aufgetaute Weg; schwer kämpfen sie in ihrer Panzerung, behangen mit schweren Waffen, gegen die entgegenwütenden Regenschauer an. Schon sind sie bis auf die Haut durchnässt, schon geht den ersten der Schlamm bis über die Knöchel; nicht lange dauert es, da reicht der aufgeweichte Boden bis an die Knie. Verwünschungen mischen sich in die Befehle der Anführer, die Pferde werden angetrieben, Peitschen knallen. Immer wieder kommt es zu Stockungen, wenn Menschen oder Gefährte im zähen, aufgeweichten Kleieboden festsitzen.

Schon ist der Anfang des endlosen Lindwurms – durch tiefhängendes Wolkengrau nur spärlich erhellt – kaum mehr zu erkennen, als schließlich die ersten holsteinischen Ritter aufsitzen und umgeben von ihren Knappen den Söldnern nachfolgen. Auch sie mühen sich zunehmend missmutiger durch den Schlamm. Minute um Minute verstreicht. Inzwischen sind schon zwei Stunden vergangen, dass die Vorhut der Garde aufgebrochen war. Doch was ist das? Eine Stockung tritt ein. Und erklingt da nicht ein dumpfer Schlag, einem Kanonenschall gleich? Unruhe macht sich unter den Rittern breit. Dicht an dicht stehen sie auf der Straße, nach vorne durch die Nachhut der Garde, rechts und links durch breite Gräben am Weiterkommen gehindert. Merkwürdig: Scheinen deren Wasser nicht langsam zu steigen. Bilden sich nicht immer mehr Pfützen auf den Wiesen? Noch beachtet es niemand. Von hinten drängt immer noch mehr Rittervolk heran, den Rückweg versperrend. Und vorne, vorne geschieht Ungeheuerliches.

*

Die Geschichte allüberall ist überbordend, um nicht zu sagen blutrot gekennzeichnet durch Kriege, Schlachten und unschuldige Opfer. Ja, über Jahrtausende hinweg scheint Geschichte nur aus den Namen und Daten der regierenden Herrscher und ihrem Kriegsgehabe zu bestehen; immer wieder werden den mal andächtig lauschenden, mal mit tumbem Kopf zuhörenden Schülern ein ums andere Mal Ereignisse eingebleut: da müssen sie den griechischen Söldnerführer Xenophon auf seinen Wanderungen begleiten, müssen mit Hannibals Elefanten während der mühsamen winterlichen Alpenüberquerung leiden, haben sich am Geschick des Arminius zu ergötzen, dem Zertrümmern dreier römischer Armeen in den dunklen germanischen Wäldern, da sollen sie sich von dem hemdsärmeligen und volkstümlichen Gebaren Friedrichs des Großen und seiner Generäle einfangen lassen, sollen die mit Napoleon in die »Kriegskunst« eingezogene Schnelligkeit bewundern, die die ersten »Blitzkriege« ermöglichte. – Nein, Krieg zählt nicht zu den Aktiva, zu den Passiva in der Bilanz eines Volkes, ist kein zur reinen Zahl gegossener Zierat am eigenen Hemdkragen. Und wie immer, wenn der Schlachtenlärm verklungen, die Schreie der Angreifer wie der Angegriffenen ausgehaucht sind, die Pulvernebel sich lichten, bleiben allenthalben nur Opfer übrig, und zwar auf beiden Seiten. Ja, der Lauf der Geschichte zeigt es immer wieder, niemand hat auf lange Sicht etwas von Pulverrauch und Kanonengedonner. Eine bittere Erkenntnis für die geschwollene Brust der Sieger.

*

Ein wildes Treiben herrschte noch in der Nacht zum 17. Februar vor Hemmingstedt, immer wieder angefeuert von dem Oldenwöhrdener Bauern Wulf Isebrandt, den es vor Jahren aus den Niederlanden nach Dithmarschen verschlagen hatte und der durch standesgemäße Heirat schnell mit den führenden Geschlechtern des Landes in Kontakt gelangte war. Aufgrund seiner klaren Umsicht, gepaart mit Verstand und Bedachtsamkeit, entwickelt er sich in diesen unruhigen Zeiten, seit Monaten munkelte man von einem Einmarsch, schnell zum anerkannten obersten Kriegsführer. Hunderte von Dithmarschern folgen seinem Befehl und türmen auf einer ›Klei‹ genannten sandigen Erhöhung – die nur wenig vor Hemmingstedt am Weg nach Heide inselgleich aus der Marsch ragt –, eine Schanze aus Strauchwerk, Hölzern, Sand und Erde quer zur Straße auf. Andere werden abgeordnet, die drei Kilometer entfernten Siele der Deiche zu öffnen, um mit der auflaufenden Mittagsflut die Gräben und umliegenden Wiesen unter Wasser zu setzen. Schließlich werden noch einige Kanonen in Stellung gebracht; dann heißt es warten. Hunderte von Bauern, nur leicht mit Spießen, Äxten und Messern bewaffnet, harren im Schutz der Barriere und hoffen inbrünstig auf das Geschick Carsten Holms, den König und seine Truppen heraus aus Meldorf in die Marsch zu locken. Nur hier können sie – wenn überhaupt – bestehen. Eine offene Feldschlacht wäre das Ende, wäre der sichere Untergang der treuen Mannen. Und als am Vormittag endlich ein Späher vom bevorstehenden Aufbruch berichtet, scheint alles den wohlberechneten Gang zu nehmen. Isebrandt sendet sogleich Boten aus, die weiter nordöstlich lagernden Truppenteile zu einem schnellen Marsch nach Hemmingstedt zu bewegen.

Die Mittagszeit bricht herein, als die Vorhut der ›Großen Garde‹ auf dem Dammweg, langsam der Biegung des Weges folgend, um die sandige Höhe herum marschiert und plötzlich, hier zeigt sich die mangelnde Aufklärung, den in der Nacht errichteten künstlichen Erdwall als Wegessperre erblickt. Die Spannung der dahinter verharrenden Bauern ist kaum noch auszuhalten. Was wird geschehen? Thomas Slentz beordert sofort zwei Späher ab, die Barriere zu ersteigen. Schon beginnen sie mit dem Aufstieg, als die hinter Strauchwerk verborgenen Geschütze der Dithmarscher ihr erstes Donnergrollen erschallen lassen und ihre todbringende Fracht in die vor ihnen verharrende ›Große Garde‹ speien. Die Schlacht beginnt. Wulf Isebrandt hat die Eindringlinge jetzt genau dort, wo immerhin eine, wenn auch geringe, Chance auf Erfolg besteht. Östlich die sumpfigen Ausläufer des Ihlensees, westlich des Weges die von Gräben kreuz und quer durchzogene, vom Mittagshochwasser langsam überflutende Marsch, verbleibt der Garde nur der Flecken Erde vor der Schanze. Doch auch hier ist der Platz zu gering, um die gefürchtete Angriffsformation, das »Karree« mit dem nach allen Seiten gerichteten undurchdringlich erscheinenden Wald von Lanzen und Hellebarden, in seiner ganzen Entfaltung in Stellung zu bringen.

Slentz, erkennt sofort, wie überlegen die Bauern das Terrain ausgesucht haben, wie sie hier das Geschehen zu diktieren vermögen. Sofort gellen entsprechende Befehle zu seinen Leuten, die wenigen vorne mitgeführten leichten Kanonen in Stellung zu bringen. Nur durch einen Ausfall nach vorne ist noch etwas zu retten; die Schanze muß gestürmt werden. Doch das Pulver ist durch die Witterung auf dem Weg feucht geworden. Die Lunten verlöschen immer wieder. Erneut donnern die Kanonen der Bauern. Schon erschallt ein vielstimmiger Chor aus dem sich lichtenden Pulverdampf. Schon stürmen aberdutzende Dithmarscher über die Barriere, versuchen an die Kanonen des Gegners zu gelangen und sie umzustoßen. Allerdings bleibt der erste Angriff schon im Ansatz stecken; zu sicher steht noch die vorderste Reihe der unter Harnisch und Kettenhemd gepanzerten Landsknechte mit ihren waagrecht ausgestreckten Hellebarden und Lanzen. Die Bauern kommen mit ihren kurzen Spießen nicht heran, die Leiber der Angreifer werden durch die langen Hellebarden einfach durchbohrt. Die Verluste dieser ersten, wagemutigen aber zu kleinen Truppe sind außerordentlich. Doch kaum dass die Söldner die Toten beiseite geräumt haben, ihre Waffen wieder in Stellung bringen, als ein zweiter, entschlossenerer Angriff der Bauern erfolgt. Auch diesmal werden die Vorderen wieder aufgespießt. Immer mehr drängen jetzt aber nach, so dass erstmals die Garde aufgrund des Gedränges ihre Lanzen und Hellebarden nach dem ersten tödlichen Stoß nicht erneut erheben kann und in Bedrängnis gerät. Der erste Erfolg stellt sich für die Bauern ein: die Geschütze werden erkämpft und auf die Seite geworfen, und da die großen Feldgeschütze im kilometerlangen Train auf der Straße festsitzen, ist mit einem Einsatz der Artillerie kaum mehr zu rechnen. Thomas Slentz ist mit seinen Söldnern nun ganz zum Nahkampf verdammt.

Jetzt heißt es nachsetzen, ehe die Garde noch zur Besinnung kommt; die gesamte übriggebliebene Besatzung hinter der Barriere, noch etwas mehr als 300 Mann, machte sich schon während des vorhergehenden Angriffes bereit. Die letzte hinderliche Kleidung, Helme, Panzer, Stiefel werden abgelegt, ein Kreuz herbeigetragen und ganz in Rausch und Trance vermeinen einige, eine in weißes Leinen gekleidete Jungfrauenerscheinung zu erkennen – oder war es nur eine alte Betschwester im grauen Kattun, die noch einmal mit einem Kreuz den Beistand des Herrn beschwor? Doch Zeit zur Besinnung gibt es nicht. Mit dem Ruf auf den Lippen »Hilf, Maria, milde« stürmen die ersten halbnackten Gestalten über die Schanze auf die vordere Phalanx der wieder formierten Landsknechte. Wieder von der geschlossenen Front aus Lanzen und Hellebarden zurückgeworfen, sammelt Isebrandt seine Bauern, um sie blitzschnell – hier zeigte sich der Vorteil der nur leicht bekleideten und bewaffneten Truppe – erneut gegen die Garde anrennen zu lassen. Erneut müssen sie unter Verlusten den Rückzug antreten. So tapfer seine Mannen sich auch für die Freiheit dahinopfern, Isebrandt benötigt einfach mehr Kämpfer, um, sobald die ersten Angreifer aufgespießt und tot sind, erneut gegen die dann in der Bewegung noch gehemmten Söldner anzudrängen und sie seitlich vom Weg in das Wasser zu stoßen. Doch als ob die angerufene heilige Maria ein Einsehen hat, trifft die Stunden zuvor angeforderte Verstärkung, bisher andernorts zur Landessicherung ausharrend, ein. Fast 3000 Kämpfer stehen Isebrandt jetzt zur Verfügung.

Dieses mehrfache Anrennen der Bauern, rücksichtslos gegen sich selbst, dieser fast zelebrierte Opfergang, zeigt erste Wirkungen. Reichlich zusammengerückt, seitlich zurück in Richtung der Sumpfausläufer des Ihlensees gedrückt, – hier wie auf der anderen Seite des Wegedamms blinkert jetzt das Wasser, sind die Gräben nicht mehr zu erkennen – machen sich Bedenken bei den Landsknechten breit. Nein, diese Art von Kriegsführung taugt nichts. Um bei einem Nahkampf zu einem rechten Hieb ihrer großen Schwerter auszuholen, müssten sie voneinander weichen, doch wohin? Zur Seite ins Wasser? Was würde sie dort erwarten? Wo verlaufen die kurz zuvor noch erkennbaren Gräben? Verschlungen sind sie inzwischen vom bedrohlich blinkenden Wasser. Je mehr ein Krieger ins Grübeln gerät, um so schlechter taugt er zur Kriegführung. Die Moral der Truppe ist angekratzt.

Immer mehr Bauern drängen jetzt im alles entscheidenden Angriff auf die vordere Phalanx. Und diesmal gelingt die Wende. Wie die Katzbalger der Landsknechte es ihnen vorgemacht hatten, so gelingt es schließlich auch den ersten Dithmarschern, die gegen sie gerichteten Waffen zur Erde zu drükken; nachstoßend erledigen andere den Rest: sie durchbohren einen Söldner nach dem anderen. Langsam aber sicher macht sich bei denen Panik breit. Immer mehr Bauern quellen über die Barriere, über den Sandhügel und seitlich hervor und schieben ihre Vorderleute unaufhaltsam voran. Fällt einer, so nehmen sogleich zwei neue dessen Platz ein. Tatenlos müssen die links und rechts durch Gräben und wässrige Wiesen auf der Straße eingekeilten Landsknechte zusehen, wie Kamerad auf Kamerad, einer nach dem anderen, aufgespießt, erstochen oder mit der Axt erschlagen wird. Als nach verzweifelter Gegenwehr mit Thomas Slentz der Oberste der Garde sein Leben lassen muss, versuchen erste Söldner einen seitlichen Ausfall. Sie rutschen in ihrer schweren Montur die Böschung hinunter ins Wasser und versuchen die seitlichen Gräben zu überqueren. Genau auf diesen Augenblick hatten Wulf Isebrandt und seine Mannen gewartet; es ist das herbeigesehnte und herbeigebetete Fanal. Endlich gibt es Platz. Immer schneller drängen sie voran. Berserkergleich geht es vorwärts. Die Landsknechte kommen nicht mehr dazu, ihre Schwerter zu ziehen, geschweige denn die langen Stechwaffen in Anschlag zu bringen, zu eng stehen sie inzwischen zusammen, und von hinten drängt der lange Zug immer noch voran. So recht haben die hinteren Truppenteile die Stockung immer noch nicht verstanden, die da vor einiger Zeit stattfand. Der graue, eisige Schleier, der sich dank des trüben, schneeregnerischen Wetters in dieser dunklen Jahreszeit über das Land gelegt hat, tut ein übriges.

Aberhunderte von Dithmarschern drängen auf dem Weg voran, ihnen gleich setzen andere, die Spieße als Klotstöcke nutzend, in ihrer leichten Bekleidung nach, springen über Sumpf und Gräben, deren Verlauf ihnen auch unter der dunklen Wasseroberfläche geläufig ist. Die Schwere der Angriffswucht ist ohne Beispiel. Die Bauern steigern sich regelrecht in einen Blutrausch hinein, kein Pardon wird gegeben, jeder Erjagte wird getötet. Der Wahlspruch der Söldner wird von den Dithmarschern nun ins Gegenteil gewendet, nicht mehr der Bauer soll sich fürchten, nein, nun heißt es: »Wahr Di, Gaar, de Buer de kummt«. Die Landsknechte versuchen zunehmend ihr Heil in der Flucht; doch im sie umgebenden Wasser sind sie in ihrer schweren Rüstung noch weit mehr unbeweglicher als zuvor zusammengepfercht auf dem Wege stehend. Manch einer bleibt auch einfach im Schlamm stecken und wird so einen Kopf kürzer gemacht. Reich ist die Zahl der ohne fremde Hand Getöteten: sie rutschen aus, fallen ins Wasser und ersaufen. Sechs der acht Landsknechtkompanien sind schon zertrümmert; der Rest zerstiebt in alle Himmelsrichtungen und versucht zu fliehen, die nachfolgenden Fußtruppen der eigentlichen königlichen Armee einfach über den Haufen rennend, zur Seite drängend, die Umgestoßenen zertretend. Die adligen Ritter auf ihren Pferden stehen eingekeilt auf dem Weg: hinter ihnen der Wagentrain und die Artillerie, um sie herum ihre Knappen und von vorne zurückflutende Söldner und das eigene Fußvolk. Einzelne stemmen sich den Fliehenden entgegen, um – ohne Erfolg – Einhalt und Umkehr zu gebieten, andere steigen von ihren Rössern und versuchen fechtend den Kampf zu beginnen. Der Wirrwarr ist vollkommen. Als der Ruf der Dithmarscher immer wieder erschallt: »Schont den Mann, schlagt die Pferde« und mit den Armbrüsten und wenigen Hakenbüchsen gar reichlich befolgt wird, wenig später dann abgelöst durch: »Schlagt den Mann, schont die Pferde«, da ist auch für diesen Truppenteil das Ende besiegelt. »So wurr dat makt, so wurr dat da'n; / Se keemn um't Leben alltohop – / Juchhei! wa hett de Bur se sla'n! / Un wat ni sla'n wurr, dat versop.« Ihr Anführer und Bannerträger, Hans von Ahlefeld, von einer ganzen Schar Bauern umzingelt, windet sich den ihm heiligen und schützenswerten Danebrog um den Leib und fällt umgeben von seinen sechs Getreuen.

Mit dem Verlust der dänischen Fahne ist auch der letzte Widerstand dahin; die Auflösung ist eine vollständige. Um überhaupt noch etwas zu retten, um den Fliehenden den Weg nach hinten zu öffnen, veranlasst König Johann, hinter dem Tross in Meldorf mit seinem Stab harrend, das Beiseiteschaffen der Gespanne. So gelingt es immerhin noch einem großen Teil der regulären Truppen, vorbei an umgestürzten Geschützen und in die Gräben bugsierten Wagen, zurück nach Meldorf zu gelangen. Doch ein Halten der Menschen ist nicht mehr möglich. Die Raserei der Bauern, die vor nichts und niemandem Halt machen, wie sie die Toten entblößen, plündern und verstümmeln, dies gräbt sich tief in die Köpfe ein. Auf allen möglichen und unmöglichen Wegen versuchen Gruppen und einzelne Versprengte aus Dithmarschen herauszukommen. Drei Tage später treffen die ersten in Rendsburg ein, dem noch hastig vor dem eigenen Aufbruch vom König mitgeteilten Sammlungsorte; weitere Krieger folgen in den nächsten Tagen.

»Drei Stunden hat's gedauert, da heißt's: ›Gelobt sei Gott, / Der unsrer Feinde Dräuen gewandt zu ihrem Spott!‹ / Da teilen sich die Wolken; die Sonne scheint herab / Auf all der vielen Dänen und Holsten rumlos Grab. / Der König und der Herzog, die haben aus der Schlacht / Mit wenigen Gefährten sich auf die Flucht gemacht: / Das Schwert hätt' sie getroffen, doch das war übermatt; / Die Flut hätt sie verschlungen, doch die war übersatt: / Was hat am andern Tage an Silber und an Gold; / An Waffen und an Kleidern das Schlachtgefild gezollt! / Man fand gar viele Ketten, Dithmarschern zugedacht; / Sie drin zur Schau zu führen nach der errungnen Schlacht! / Und wär' der Marscher eitel und wollt' er diesem Tag / Ein prächtig Denkmal bauen, wie es sich ziemen mag, / So dürft' er um den Marmor nicht erst in fernes Land – / Im königlichen Lager ist er genug zur Hand. / Doch recht, du guter Streiter, was frommt ein schmucker Stein? / Dir selber wird der Tag ja wohl unvergesslich sein, / Und dass den ruhmgekrönten mit dir die Fremde kennt, / Hast du auf zweien Thronen ein lebend Monument! / Man hat seit diesem Tage ein Sprichwort klein und schlicht: / Kein Holste hat's erfunden, der Dän' verbreitet's nicht, / Und dennoch drang es weit hin, und dennoch klang es fein: / ›Die Dithmarscher wären Bauern? Sie mögen Herren sein!‹«

Drei Stunden währt die Schlacht, dann ist das Heer der Eindringlinge aufgerieben, ist buchstäblich im Schlamm und Wasser versackt. Die Sensation ist perfekt: rund 3000 leicht bewaffnete und des Kriegshandwerks meist unkundige Bauern besiegen eine schwer bewaffnete Armee, zudem mit dem kriegerfahrensten Landsknechtheer der Zeit verstärkt und mit etwa 12 000 Mann vierfach überlegen. Annähernd 4000 tote Eindringlinge bleiben auf dem Schlachtfeld zurück, und wenn man sich vor Augen hält, dass dagegen auf Seiten der Dithmarscher – die Überlieferung ist hier etwas vage – zwischen 70 und 170 Bauern das Leben lassen, wird die ungeheure Wucht des unter Wulf Isebrandt geführten Angriffs, wird die Sensation erst begreifbar. Der Jubel in Dithmarschen ist groß, der Jammer in Holstein und Schleswig nicht minder groß: fast die Hälfte der adligen Familien hat mindestens einen Toten zu beklagen.

Am 15. Mai 1500 wird zwar unterstützt durch die Hansestädte Hamburg und Lübeck ein Friede zwischen der Bauernrepublik Dithmarschen und dem dänischen Königreich ausgehandelt, wenige Jahrzehnte später wird aber auch das schon wieder Geschichte sein. Die über alle Begehrlichkeiten jahrhundertelang mit aller militärischen Finesse bewahrte Eigenständigkeit, von der Wördener Schlacht 1319 über die gewonnenen Kämpfe in den Jahren 1403 und 1404 bis hin zur Schlacht bei Hemmingstedt, endet schlussendlich in den Feldzügen des dänisch-holsteinischen Heeres im Jahre 1559. Zwar gelingt es, im Friedensvertrag dem dänischen König einige Zugeständnisse abzuringen, nicht verhindert werden kann dagegen eines: die Eingliederung als Landesteil in das holsteinische Herzogtum. Doch der Stolz und das über die Jahrhunderte der äußeren Bedrohung gewachsene Zusammengehörigkeitsgefühl der Bewohner vermag auch dies nicht zu brechen.

Alle für Einen, Einer für Alle.

Aufstand der Leibeigenen, Depenau 1707

Neue Wege – alte Zöpfe

Während in Russland Peter I., der Große genannt, zum Zar gekrönt wird, französische Heere unter Mélac die Pfalz verwüsten, in England die Toleranzakte allen religiösen Gruppierungen – außer den Katholiken – die Glaubensfreiheit verspricht, während Johann Bernoulli die Wahrscheinlichkeitsrechnung erstmals anwendet, nimmt Joachim von Brockdorff seinen Abschied vom dänischen Militär und zieht sich 1689 ganz auf sein wenige Jahre zuvor erworbenes Besitztum im Preetzer Güterdistrikt zurück. Schon seine Vorfahren – zu den ältesten aller holsteinischen Rittergeschlechtern zählend – taten sich bei der Eroberung des Landes zwischen dem Meer und den Kämpfen gegen die Slawen hervor. Doch der aufwändige, standesgemäße Lebensstil, diese Herausgehobenheit aus den Ständen der Bauern und Bürger – an die Besitzlosen, an die Knechte, Mägde und Tagelöhner, wollen wir erst gar nicht weiter erinnern – dieses Wesensmerkmal des Adels bedarf des Geldes. Und genau an diesem gebricht es dem Rentier. Seine Tochter Constantia, später zu zweifelhaftem Ruhm als Gräfin Cosel, Mätresse des großen Sachsenkönigs August der Starke gelangt, wird daraus noch ihre Lehren ziehen: Geld und Macht durchdringen, bedingen sich. Als Kind erlebte sie es am eigenen Leibe, dass die alte Weisheit des Volkes »riik as en Brockdörp« längst nicht mehr galt. Schon unter der Generation des Großvaters schmolz das einstige Vermögen dahin, und als ihr Vater Joachim von Brockdorff das Gut Depenau, das seine Großmutter einst in ihre Ehe eingebracht hatte, für die Familie sicherte, geschah dies als Kauf aus einer Konkursmasse. Nicht nur dass sein ganzes Geld mit dem Kauf dahinschwand, auch eine Bürgschaft lastete noch auf dem Besitz. Sie abzulösen, dazu ist er nicht mehr in der Lage, muss sich vielmehr damit begnügen, diese Forderung jährlich zu verzinsen. Doch jetzt als

Oberst a.D. kann er sich ganz seinen Ländereien zuwenden. Hier auf seiner eigenen Scholle verspürt er ganz das Bedürfnis, dem Leben eines Landadligen nachzukommen; hier ist er selbst König. Das Land, die Gebäude, ja auch die Menschen sind sein Eigentum. Und gemäß dem in den Güterdisktrikten altüberkommenen Privileg, vor Jahrhunderten dem dänischen König von den holsteinischen Rittern abgetrotzt, kann er hier als oberster Gerichtsherr fast uneingeschränkt schalten und walten, fast wie es ihm beliebt. Doch kann er es wirklich? Ist es ihm gegeben, als absolutistischer Herrscher aufzutreten, ohne auf die Belange der Untertanen einzugehen, ohne dieses überkommene, labil ausbalancierte Gleichgewicht gegenseitiger Abhängigkeit, das die Leibeigenschaft auch bedeutet, in den Grundfesten zu erschüttern und zum Taumeln zu bringen?

Die Menschen, die darin leben, sind auf immer und ewig mit der Scholle, dem Grund und Boden des Gutsherrn, verbunden; ihnen fehlt völlig das Recht auf Freizügigkeit. Unmöglich ist es den Untertanen, ohne die Genehmigung ihres Herren sich aus dessen Bezirk zu entfernen, auch dürfen sie keinen Beruf aus eigener Wahl ergreifen. Einzig auf den Gütern sind einzelne Handwerktreibende zugelassen. Erst die Preußen sorgen mit der Einführung der Gewerbe- und Niederlassungsfreiheit spät im 19. Jahrhundert für Abhilfe. Einstweilen jedoch werden die Dörfer am Gängelband des Gutsherrn geführt. Den Menschen dort bleibt nur die Landwirtschaft – und wer als zweitgeborener Sohn ins Grübeln gerät, der hat schon verloren: Sein Los ist oft das des Hofknechts. Damit dies alles seinen Gott wohlgefälligen Gang nimmt, darf auch ohne die Zustimmung des Herrn nicht an eine Heirat gedacht werden. So restriktiv Letzteres auch erscheinen mag, dient es doch zugleich zum eigenen Schutz, denn eine Heirat bedeutet in der Regel Kinder, die durch das Gut mit versorgt werden müssen. So ist denn mit der Verehelichung oftmals zu warten, bis eine der Landstellen oder eine Wohnung – zu der auch immer ein großer Garten gehört – frei würde und somit die Versorgung gesichert sei. Das ganze Wesen der Leibeigenschaft beruht darauf, dass er, der Gutsherr, seinen Untertanen totes wie lebendes Inventar, Hof mit Vieh, Land und Gebäuden zur selbstständigen Bewirtschaftung überlässt, für das sie ihm entsprechende Abgaben leisten, ferner auch noch zu Diensten verpflichtet sind. Und so bearbeiten sie neben den ihnen zur eigenen Versorgung überlassenen Ländereien auch das Hofland mit. Diese sogenannten Hand- und Spanndienste bedeuten aber auch, dass auf den zum Gut gehörenden Bauernhöfen mehr Pferde gehalten und mehr Dienstvolk beschäftigt werden muss, als zum eigenen Bedarf notwendig ist.

So fragwürdig dies alles auch erscheint und manches Kopfschütteln hervorruft, ein wesentlicher Punkt, der soziale Aspekt, sei hier durchaus nicht verschwiegen. Es gilt als Gegenleistung durch den Gutsherrn die Konservation, die Fürsorgepflicht: Beizustehen hat der Herr seinen Untergebenen bei nicht selbstverschuldeten Problemen wie schlechter Ernte, Viehsterben oder ähnlichem. Formell muss er zudem für Schulunterricht sorgen, für die Armen und Kranken wie für den Unterhalt der Gebäude. Doch wer will das prüfen? Auch die Belieferung mit Saatgut und Heizmaterial ist sein Ding. Wird diese gegenseitige Abhängigkeit, und auf dem Papier liest sich dies ja recht anständig, durch den Gutsherrn einmal verletzt, so können die Leibeigenen dagegen klagen. Voll rechtsfähig sind sie zwar, doch wer von den unwissenden Leibeigenen – eine Schule gibt es oftmals nicht – wird es wagen, seinem Herren in die Quere zu kommen, wenn das Recht ein wenig außer Acht gelassen wird? Erscheint der König im fernen Kopenhagen doch wie ein Nebelgespinst; selbst die Regierung in Schleswig ist weit entfernt, und die Wege – sie als solche überhaupt zu bezeichnen fällt zumal auf dem Lande schwer – sind in einem erbärmlichen Zustand. Was soll, was kann dem Herrn da schon geschehen, so die Justiz bei einem Blick auf die Gesetzesparagraphen das eine Auge zudrückt und mit dem anderen um die Ecke schielt.

Als Besitzer einiger Dutzend armer Bauern legt Joachim von Brockdorff die Hände nun nicht in den Schoß, vielmehr trachtet er danach, seinen Besitz zu wirtschaftlicher Blüte zu bringen. Und die Zeiten scheinen günstig zu sein. Die Getreide- und Viehpreise sind in den letzten Jahren überdurchschnittlich gestiegen; eine intensivere Bewirtschaftung der Gutsländereien würde wieder ein Erkleckliches an Geld in die leere Kasse spülen. Und so wird zunächst einmal der Aufbau der von einigen Gütern schon vorexerzierten intensiven Milchwirtschaft eingeführt. Brockdorff verpachtet Ställe und Kühe an einen sogenannter ›Holländer‹, liefert selbst das Futter, hat aber mit der ganzen Bewirtschaftung nichts weiter zu tun, als halbjährlich das Pachtgeld einzustreichen. Eine schöne neue Zeit scheint sich anzubahnen. Warum nicht dieses Verfahren auch bei den Ländereien anwenden? Doch dazu bedarf es zunächst einer Umstrukturierung. Alles wird noch nach alter, überkommener Art und Weise in gemeinschaftlicher Arbeit beackert und beweidet. Diese Sturköpfe von Landvolk werden sich nicht so leicht überzeugen lassen, da ist sich Brockdorff sicher. Aber ist er nicht Herrscher über sie, gehören sie nicht zu dem Boden, auf dem sie leben, und ist der Boden nicht sein unumschränkter Besitz?

Zunächst einmal wird an seinem Torhaus eine Uhr angebracht, nach der sich fortan jeder Arbeiter zu richten habe. Nicht mehr bestimmt die innere, die gefühlte Zeit den Tagesablauf mit ihren nach Gutdünken und im Zeitintervall variierenden Pausen, vielmehr gemahnt jetzt der Klang des weithin hörbaren Läutwerks an einen strengen Zeitablauf. Der Mensch hat sich einer Maschine zu fügen; die Alten schütteln nur den Kopf und gehen weiter ihren Weg. Und so kollidiert die neue Zeit, die den wirtschaftlichen Aspekt in den Vordergrund zu rücken versucht, mit den sich auf das Hergebrachte berufenden Bauern. Der Wechsel von noch vorhandenen mittelalterlichen Strukturen zur jungen Neuzeit kündigt sich auch in den entlegensten Winkeln des Landes endgültig an. Einher geht damit der immer schneller um sich greifende Nützlichkeitsgedanke: »Ausnutzen jeden, der uns nützen kann: / Das, scheint mir, spielt bei uns die größte Rolle. / Durch Suggestion, als Heuchler, als Tyrann: / Gleichviel, wie kapern wir die beste Wolle? / Mit Tod und Teufelsmitteln lobesan, / Mit Schmeichelei, wohl gar mit Hauskontrolle. ...«

Die Lunte am Pulverfass

Mit der Niederlegung des Dorfes Horst, der Auflösung des aus fünf Bauernstellen bestehenden Orts, beginnt Joachim von Brockdorff zunächst. Die Gebäude werden abgetragen und die Ländereien seinem Gutsbetrieb zugeschlagen. Die Bauern, die ihre Felder, ihren Erwerb verloren haben, sie werden in seine beiden Dörfer nach Wankendorf und Stolpe umgesiedelt und zu einfachen Insten, Hausbewohnern mit Anspruch auf ein kleines Stück Land zur Eigenbewirtschaftung. Die Dorfbauern müssen dazu Ländereien abgeben und zudem noch die auch weiterhin für die Hofdienste auf dem Gute benötigten Knechte und Mägde der ehemaligen Landwirte mit übernehmen. Die tägliche Grütze im Topf gerät etwas kärglicher. Ein erstes Murren macht sich breit; doch nachdem einmal diese erste Hürde ohne Folgen genommen ist, soll das Beispiel Schule machen.

Die Umsiedelung der Bewohner des Ortes Horst ist nur der Anfang. Bis 1706 werden immer wieder den Stolper und Wankendorfer Bauern Ländereien abgenommen und zum Teil daraus Pachtstellen geschaffen, die Brockdorff meist an Ortsfremde vergibt. Diese wiederum, von den Hofdiensten ausgenommen, entrichten ihre Leistungen gegenüber dem Gutsherrn ausschließlich in Form von Geld. Ein einträgliches Geschäft bahnt sich für den Besitzer an. Bekommt er doch eine feste Pacht, muss nicht für Sozialleistungen aufkommen, muss sich auch nicht jedes Mal, wenn der halbjährliche Kanon der Abgaben ansteht, von den oft schon seit Generationen auf den Höfen ansässigen Bauerngeschlechtern anhören, dass die Ernte wieder einmal schlecht ausgefallen sei, zu viel oder zu wenig Regen herrschte, die Alten, krank und gichtig, nicht genug Flachsleinen weben konnten, oder was sie sonst immer auch aussannen. Nein, diese Form der Bewirtschaftung, die Pachtwirtschaft, ist die neue Zeit. Sie hat einen entschiedenen Vorteil und scheint recht einträglich zu werden.

Unmut macht sich dagegen bei den Bauern breit. Hinzu kommt noch eins: Immer mehr Ländereien müssen im Zuge der zu leistenden Hofdienste von ihnen kultiviert werden, sei es durch Urbarmachung von Wiesen oder durch Rodung von Waldflächen. Und diese Ländereien werden nun nicht alle verpachtet, nein, auch der Gutsherr ist bestrebt, selbst seinen eigenen Betrieb zu vergrößern und intensiver zu bewirtschaften. Zwar nimmt das Land der gutsuntertänigen Bauern ab, doch müssen im selben Augenblick zusätzliche Pferde und Personal vorgehalten werden, um den stetig zunehmenden Anforderungen der Hofdienste Folge leisten zu können. Denn die immer größer werdenden Gutsländereien müssen bewirtschaftet werden. Von einem Gespann und drei bis vier Knechten je Bauernstelle, die für das Gut abzustellen sind, erhöht von Brockdorff die Forderung gegenüber seinen Bauern auf zwei Gespanne – mit ausdrücklich sechs Pferden – sowie sechs bis sieben, ja manchmal gar acht Personen. Und welcher Bauer dieser Forderung nicht entsprechen kann, der wird von den gutsherrlichen Aufsehern abgeholt und muss selbst mit auf den Gutsländereien arbeiten; oftmals sind so während der Ernte vier lange Wochentage für die eigene Arbeit verloren. Immer öfter gibt es nun Probleme, die eigene Versorgung sicher zu stellen. Das Quantum Brot und Butter, den Knechten und Mägden täglich zur eigenen Versorgung mit auf den Weg gegeben, schrumpft immer weiter zusammen.

Erste Versuche dagegen aufzubegehren werden zunächst unter Androhung von Waffengewalt im Keime erstickt; die Leibeigenen sind ja völlig rechtlos, so die nach außen vertretene Meinung von Brockdorffs. Und er steigert sich immer mehr in seine Rolle eines absolutistischen Herrschers hinein. Nicht nur dass er willkürlich durch Wegnahme von Ländereien seine Untertanen in deren Bewirtschaftung schwächt, dass sie für ihre Pferde und Vieh des Sommers keine ausreichende Weide und des Winters wenig oder kein Futter haben, dass Pferde und Vieh im Felde laufen, verderben und gar krepieren müssen, nein, der Gutsherr verstößt auch immer öfter entschieden gegen seine Pflicht zur Konservation, zur Unterstützung seiner Untergebenen. Kosten, die man sich ruhig sparen könne, so denkt er wohl. So kommt es vor, wenn einem Bauern unverschuldet eine Kuh oder ein Pferd wegstirbt, so sorgt er nicht für deren Ersatz, vielmehr muss der Landmann selbst sehen, wo und wie er ihn herbeischafft. Ja, falls dem Herrn selbst einmal Kühe sterben, so nimmt er gar eine von den Untertanen und ersetzt seinen Verlust damit. Es genügt auch der Vorwand, die Untertanen haben ihm Kühe totgehext, darum bediene er sich bei ihnen. Merkwürdig ist es nur, dass es sich bei diesen besonderen Fällen immer um die besten Exemplare der Bauern handelt, die weggenommen werden. Macht sich anfangs Missmut breit, gepaart mit Groll, so schimmert im Laufe der Jahre durch all das mit Lethargie und Stumpfheit Ertragene doch so etwas wie ein erster Zweifel durch. Immer öfter sprechen die Bauern untereinander, wenn sie ihrem Tagewerk auf den gemeinschaftlich bewirtschafteten Ländereien nachgehen, dass diese Form von Gutsherrlichkeit so nicht weiter fortschreiten darf. Immer weniger sind sie gewillt, die steigenden Abgaben sowie Hand- und Spanndienste zu leisten; manch einer sieht sich dazu auch nicht mehr in der Lage.

Wie man in dieser Zeit sehr schnell von einem ehrbaren Bauern in die Haut eines Tagelöhners geraten kann, dergleichen erfährt Asmus Lütjohann aus Wankendorf. Durch einen Unglücksfall krank und in die Hand der Barbiere geraten, wird er sofort mit seiner Frau von der Bauernstelle geworfen; all seines Besitzes entledigt, darf er nun mit seinen fünf Kindern gnädigerweise auf den Gutsländereien Hand anlegen. Und als Jochim Duggen, ein anderer Untertan, dem Oberst a.D. auf öffentlicher Straße begegnet, wird er gebunden ins Gefängnis geschafft und nicht eher entlassen, als bis dessen Frau mit allen Kindern sich zum Herrn als Magd auf das Gut begeben hat. Nur zu verständlich, dass die ersten versuchen, der immer exzentrischer empfundenen Willkürherrschaft zu entfliehen, sie sich aus der Fronarbeit in andere Gegenden verabschieden und somit als Arbeitskräfte verlustig gehen. Aber nur wenigen ist es vergönnt, sich auch wirklich zu befreien. Meist ist die Kunde schnell bei Joachim von Brockdorff angelangt, und seine mit Gewehren bewaffneten Aufseher nehmen mit den Jagdhunden die Verfolgung auf. Sie setzen alles daran, die Entflohenen aufzuspüren. Sogar aus der Gegend um Tönning lässt er einen Entwichenen zurückholen. Dabei ist das Recht auf seiner Seite, denn die Verfassung schützt die Leibeigenschaft: entflohene Leibeigene müssen ausgeliefert werden, selbst im Fall, ein anderer Ort, ein anderer Gutsherr würde ihnen den »Freibrief« erteilt haben. Und der Spruch, dass Stadtluft frei mache, gilt nur auf lange Sicht. Die Verjährungsfrist, nach deren Ablauf das Rückforderungsrecht erlischt, beträgt für Verheiratete 10, sonst 31 Jahre.

Das unabwendbare Los der Zurückgeführten ist den Betroffenen nur allzu bekannt, und Hinrich Löhndorf der Ältere bildet da keine Ausnahme. Mit Frau und seinen drei Söhnen rückte er eines Nachts aus, um doch nur wenig später, mit seinen Kindern unter Schlägen und mit einem Brandzeichen versehen für Wochen ins Gefängnis geworfen zu werden. Denn eine harte Strafe hätten sie allemal verdient – und Brockdorff gibt das selbst zu Protokoll, was dadurch nicht glaubwürdiger wird; niemals wären sie hart traktiert worden, niemals hätte es ihnen am Lebensunterhalt gefehlt. Eine Ursache zur Flucht bestünde insofern nicht. Die Zahlen während seiner »Herrschaft« über Gut Depenau sprechen da eine andere, eine klare, beredte Sprache: Während zahlreichen Menschen nachweislich die Flucht nicht gelingt und sie die ganze Schwere des Schollenbandes auskosten dürfen, lässt eine Aufstellung, nüchtern, in dürren Worten gehalten, das ganze Ausmaß der ungeheuerlichen Zustände hinter den Zahlen hervortreten. Innerhalb von 30 Jahren entsagen immerhin 143 Personen, darunter Ledige, Kinder, ganze Familien, auf immer dem Gutsbezirk. Und halten wir uns eines vor Augen: beide Dörfer, Stolpe und Wankendorf, haben zusammen nur unwesentlich mehr Einwohner aufzuweisen, als die Zahl der Entwichenen beträgt; der Leidensdruck der Menschen dortselbst ist angesichts dessen unschwer zu ermessen.

Noch in den von Generation auf Generation weitergetragenen Sagen und Märchen, erst später durch Karl Müllenhoff aufgezeichnet, findet sich die Geschichte zweier Depenauer Untertanen, die zunächst vergebens immer wieder die Grenze zu überschreiten versuchen.

Das Treuebündnis

Als Vorspiel des Unsäglichen, über Dezennien sich Hinziehenden, sei der 16. Oktober 1706 erwähnt. Wie oft schon hatte an diesem Tage die Pflugschar ihr krumm sich hinziehendes Band in die Scholle gefurcht; wie viele Meilen hatten die immer müder werdenden Beine schon abschreiten müssen? Schaffen, schuften, schinden; den ganzen Tag über immer das sich gleichende Bild, der gemeinsam emsig tätigen Bauern und Knechte auf dem Acker. Immer wieder erklingen die Rufe der Antreiber, fallen die Körner in die Furchen – der letzte Roggen wird auf dem ›Wattkamp‹ gesät. Es wird Abend, als Feldaufseher Heinrich Tietgen den Pflugtreiber zur Schnelligkeit vermahnt. Der, nicht Willens zum schnelleren Arbeiten, erhält wegen Widerspenstigkeit mit der Weidengerte eins über den Rücken und, wegen grober Widerrede, noch eine Ohrfeige als Dreingabe. Der Pflugtreiber revanchiert sich und schlägt Tietgen mit dem Pflugstöcker, einem Stock mit einer Querscheide aus Eisen, auf den Kopf. Blut fließt vom Schädel. Man ist nicht zimperlich in dieser Zeit; der Krug ist gestrichen voll, schon allzulange ist er zum Brunnen getragen, nicht lange dauert es mehr, bis er zerbricht.

Nachdem die Willkür durch den Gutsherrn ein unerträgliches Maß angenommen hat, die Versorgung der Menschen in den beiden Dörfern auf unterem Niveau angelangt ist, es auch sechs Knechten auf einmal gelingt, der Leibeigenschaft zu entfliehen, da beschließen die insgesamt 23 Wankendorfer und Stolper Bauern, ihre Lage an die Öffentlichkeit zu bringen. Sie begeben sich um den 11. November 1706 auf den langen und beschwerlichen Fußmarsch nach Kiel, wo ihnen ein »Schulmeister« zur Hand geht, eine Bittschrift an die Behörde aufzusetzen. So weit, so gut. Doch sie haben ein schlechtes Gewissen, sind auch unsicher in der großen Stadt, weitab ihrer heimischen Scholle. Immerhin schenken sie einem Fremden in ihrem Quartier immerhin soviel Vertrauen, indem sie ihm ihren ganzen Unmut vortragen. Doch statt sie in ihrer Absicht zu bestärken, erklärt der doch rundheraus, dass sie nicht nur allein nichts ausrichten, sondern auch Gefahr schwerer Ungnade zu erwarten haben, ja, bei ihrem Vorhaben gar das Armenrecht, die sogenannte Konservation nicht erhalten würden. Da geraten sie schließlich herb in Zweifel. Und da sie auch kein Geld zur Aufnahme eines Gerichtsprozesses besitzen, beschließen sie, wieder unverrichteter Dinge nach Hause zurückzukehren.

Sie versuchen es nunmehr auf direktem Wege, nicht ohne sich zuvor bei einer Zusammenkunft auf freiem Felde den gegenseitigen Beistand mit dem althergebrachten eidlichen Schwur zu versichern »so wahr ihnen Gott helfe«. Man spricht sich gegenseitig Mut zu und redet sich in Rage. Dergestalt ideell gestärkt, begeben sich Bauern und ihre Knechte auf das Gut nach Depenau, um ihr Anliegen dem Dienstherrn vorzutragen: dass der Gutsherr doch die Hofdienste etwas mindern, die Arbeit zumindest den jüngeren Leuten nicht zu schwer auferlegen und von den abgenommenen Ländereien ihnen etwas wiedergeben möge, dann würden sie es nach wie vor als redliche Untertanen aushalten.

Als das alte, trutzige, von einem Wassergraben umgebene und über eine Zugbrücke zu erreichende Torhaus vor ihnen auftaucht, im Volksmund nur »Ritterburg« genannt, da wird ihnen doch ein wenig anders zumute. Die mehr zur Schau gestellte aufrechte und furchtlose Haltung verflüchtigt sich merklich, als der außenliegenden Treppenturms ins Blickfeld gerät. Scheint es doch, dass dieser, gleich einem gehobenen Zeigefinger aufrecht in den Himmel ragende Anbau, auf die Ungehörigkeit der Männer mahnend und ihnen gleichsam drohend entgegenwinkt. Tief unten soll es auch ein übles Gefängnis, eine Folterkammer, geben, murmeln sich einzelne Beteiligte zu, die es wieder von anderen gehört haben, die davon wiederum Kunde – auf Ehre und Gewissen – aus erster Hand erhalten hatten. Manch einer kennt auch schon die von einer schweren Balkendecke bedeckte und von einem mächtigen Kamin beherrschte dunkle Diele, in der der Gutsherr als oberster Gerichtsherr, so es ihn einmal danach gelüstet, öffentlich Recht spricht. Manch einer musste sich schon selbst dem Diktat unterwerfen und denkt noch einmal mit Grausen an das damals vorherrschende Gefühl der eigenen Verzwergung und der empfundenen Unwirklichkeit zurück. Doch jetzt am »Burggraben« angelangt, können sie nicht einfach wieder zurück, mögen die Zweifel am eigenen Tun auch langsam überhand nehmen.

Nach kurzer Beratung entscheiden die beiden Bauernvögte Asmus Horst aus Wankendorf und der Stolper Marx Theden – in Funktion heutiger Bürgermeister – sich in die Höhle des Löwen zu wagen und den Gutsherrn zu einem Gespräch zu bewegen. Doch es gerät anders. Einmal ins Haus eingetreten, empfängt sie der Verwalter, Hofjägermeister Kalckreuther, kühl und abweisend; Joachim von Brockdorff findet es nicht notwendig, auch nur einen der Männer vor sein Angesicht treten zu lassen. Die in Kiel aufgesetzte Bittschrift wird zwar übergeben, doch nach einem flüchtigen Blick auf den Zettel reicht Kalckreuther das Papier wieder an die Adressaten zurück, ohne in irgendeiner Weise überhaupt darauf Bezug zu nehmen. Nun heißt es gar, es gebe hier nichts zu bereden, sie sollten sich doch aus dem Staube machen, man habe zu tun. Wie begossene Pudel stehen beide da. Dann dreht sich der Erste um; auch Asmus Horst hält es für besser, dem Beispiel zu folgen, und verlässt den Saal. Nicht nur haben sie nichts erreicht, nein, der Gutsherr fühlt sich ob solchen Gebarens dergestalt auch gereizt und sodann bemüßigt, von neuem seine ganze Macht zu demonstrieren. Und so ergeht am folgenden Tag der Aufruf an die Bauern, ihren Verpflichtungen zu vermehrten Hofdiensten endlich und für alle Zeiten nachzukommen. Das lasche Wesen müsse einmal ein Ende haben; auch die Androhung von Gewalt mache sich immer gut, denkt sich Brockdorff und schickt solchermaßen instruiert einen Vorarbeiter zur Übermittlung der Direktive los. Doch das ist erneut Wasser auf die Mühlen der Gegenseite. Endlich sind die Untergebenen an einem Punkt angelangt, wo es so nicht weitergeht. Wie kleine Kinder wollen sie sich nicht noch einmal behandeln lassen; der Vorfall im Gutshaus, diese Nichtbeachtung sondergleichen, hat endgültig zusammengeschweißt.

Kürzer werden die Tage zum Ausklang des Jahres, nicht

weniger wird die Arbeit. Die Scheunen sind voll eingebrachter Hocken; ihnen gilt es jetzt das Korn abzuringen. Und wie bei der Feldarbeit, so wird auch hier verfahren: mal bei diesem, mal bei jenem Bauern arbeiten sie gemeinsam auf der Tenne und schwingen in der Arbeit vereint den Dreschflegel. Im vollen Stroh arbeiten sie, das Werkzeug unter dem Druck der hocherhobenen, muskulösen Arme niederwuchtend. Dann mischt sich in das milde Pling-Plong des Taktes das zweite Paar mit dunklerer Klangfarbe in den Reigen, endlich hastet im Sechsteltakt die Melodie. Anstrengend und aufreibend ist die Arbeit, doch schmerzende Gelenke, Staub und Schweiß nehmen sie nicht wahr. Ein Thema ist es, das sie wach hält und immer wieder neue Energien freisetzt. Sie beratschlagen, sie überlegen. Immer rasender, immer zorniger sausen die Dreschflegel hernieder, während sie mal hier mal dort ihrer kräftezehrenden Arbeit nachgehen. Das Fass ist schließlich voll. Berauscht vom eigenen Wagemut erscheinen am 13. Dezember über 60 Bauern und Knechte, mit Beilen, Forken und Knüppeln bewaffnet auf dem Gut und drohen ihrem Herrn und seinen Aufsehern die Köpfe entzweizuschlagen. Nicht länger wollen sie sich derart von ihm »tribouliren«, quälen lassen. Drohungen klingen herüber. Völlig überrumpelt von dieser Machtdemonstration kann Joachim von Brockdorff die aufgebrachte Menschenmenge nur tatenlos von seinem Zimmer aus beobachten, wie sie immer wieder vor der in aller Eile hochgezogenen Klappbrücke die geballten Fäuste sehen lassen und drohend und lärmend ihre Forken, Sensen und was sie noch in Händen halten, gegen das Herrenhaus heben. So unentwirrbar das Stimmengetön meist auch klingt, Wörter wie »Kopf entzweischlagen« schallen immer wieder laut und deutlich wahrnehmbar herüber. Er weiß nun, woran er mit diesen Menschen ist; er hat sie doch glatt unterschätzt. Es erscheint ihm fortan besser, den einen oder anderen auszuforschen. Vielleicht wird er auf diesem Wege Kunde erhalten, was da als nächstes noch gespielt werden soll. – Bei den Aufsässigen dagegen ist die Brust geschwellt. Sie verbuchen die Demonstration als einen Teilerfolg und ziehen sich zurück nach Stolpe, wohin sie zuvor einige Fässer Bier hatten bringen lassen. Nun wirkt nicht nur der Gerstentrunk berauschend auf die Widersätzlichen, auch die Begeisterung über die eigene Courage tut ein Übriges: Zwei Tage dauert die Feier des großen Ereinisses und in den darauf folgenden Tagen werden die Hofdienste zunächst nach eigenem Ermessen und dann auch nur unregelmäßig geleistet. Zunächst bleibt alles ruhig. Hinter den Kulissen wird jedoch trefflich sinniert und ausbaldowert.

Es ist die Zeit des Kieler Umschlages, das letzte Wochenende im Februar 1707, an dessen Festlichkeiten Joachim von Brockdorff standesgemäß mit einem großen Gefolge teilnimmt. Groß ist diesmal auch sein Tross und darunter besonders die Zahl der Knechte. Ausbedungen allesamt – nicht von seinen Großbauernstellen, diesen kleinen Gütern gleichenden Meierhöfen, nicht von seinen Pachtstellen – ausbedungen samt und sonders sind die Knechte von den Höfen aus Stolpe und Wankendorf. Und da nach dem Vorgefallenen einmal ein Exempel statuiert werden muss, so lässt er einfach deren sechs in der Kieler Hauptwache gefangen setzen und ihren Bauern daheim die Botschaft zukommen, dass sie sich nach Kiel begeben und die Personen losbürgen sollten, andernfalls könnten diese gehen, wohin sie wollen. Und da die Bauern daheim das abgeforderte Geld nicht haben, entschwinden die Knechte, froh, der Fron des Gutes entkommen zu sein. Mehreren Bauern fehlt es nun an Personal.

Nur kurze Zeit später, wieder von Kiel auf Gut Depenau eingetroffen, fordert Brockdorff alle Bauern auf, zu ihm aufs Gut zu kommen. Dem Befehl folgend, wohl ahnend, dass ein weiteres und nicht unbedingt vorteilhaftes Kapitel in der Beziehung zu ihnen aufgeschlagen würde, wählen sie vor dem Torhaus aus ihren Reihen fünf Personen aus, die sich das Ansinnen des Herrn anhören sollen, die gleichzeitig aber auch autorisiert werden, ihre eigenen Sorgen und Nöte vorzutragen.

Als die Abgesandten vor ihrem Herrn stehen, bleibt ihnen zunächst nichts übrig, wieder die alte Litanei von stärkerem Einsatz für die Belange des Gutes, von unbedingtem Gehorsam, da sie ihm ja quasi gehören, über sich ergehen zu lassen. Mit Geduld ertragen sie die immer gleichen Sprüche, und nachdem Brockdorff seinen Redefluss beendet und sie zum Gehen angewiesen hat, da beginnen nun auch sie in alter niederdeutscher Weise, langsam und bedächtig, ihre Wünsche darzulegen, bitten um die Minderung der Hofdienste, legen dar, dass sie seine Befehle und das ihnen in den letzten Jahren Zugemutete nicht länger aushalten können. Doch der Gutsherr, zunächst überrascht, dann immer unwilliger zuhörend, bleibt hart und fährt ihnen schließlich kurz und präzis, darin ganz ehemaliger militärischer Befehlsgeber, über den Mund: seine Worte seien Befehle und diese wären ohne Widerrede auszuführen, andernfalls sollen sie sich gleich vom Hof scheren, er werde sie schon zu zwingen wissen. Völlig konsterniert, dass überhaupt nicht auf ihr Reden eingegangen wurde, verlassen die Ausgewählten das Gutshaus. Hier haben sie nun nichts mehr zu suchen. Nachdem sie ihren vor dem Torhaus wartenden Kameraden das völlige Misslingen des Planes, ja, auch die neuerliche Drohung Brockdorffs mitgeteilt haben, stapfen sie missmutig von dannen, bis auf zwei, die nun wissen, woher der Wind zu wehen droht. Noch einmal wollen diese Beiden einen Vermittlungsversuch starten. Sie bleiben vor dem Gebäude stehen und warten, bis ihr Herr sich zeigt. Als Joachim von Brockdorff sich zu ihnen begibt, gar fragt, was sie denn noch begehren, lautet die Antwort schlicht und ergreifend, sie würden sich gerne mit dem Herrn Oberst wieder vertragen wollen. Doch auf diesem Ohr ist er jetzt erst recht taub. Er fährt ihnen mit drohender Gebärde über den Mund: »Schert ju weg, schert ju weg«, herrscht er sie an; schreit ihnen etwas von Gefängnis, Bande, Plagen ins Gesicht, dass ihnen ganz anders wird und sie völlig verängstigt vom Hofe gleichsam wegfliegen. Sie wussten später gar nicht, wie schnell die Beine sie tragen konnten. Nicht allzulange dauert es, da erreichen sie ihre vorausgegangenen Kameraden, denen sie aufgeregt und völlig außer Atem die ausgestandenen Ängste mitteilen. Auf friedlichem Wege, so der allgemeine Tenor, ist hier anscheinend nichts mehr auszurichten.

Weiter geht es heimwärts auf dem links und rechts von buschbestandenen Erdwällen eingefassten staubigen Weg; man lamentiert, durchspricht noch einmal das Erlebte, doch schließlich – das Reden und Gestikulieren wird immer lauter – wird, auf einem freien Feld anlangend, Halt gemacht. Noch einmal wird beraten. Kreuz und quer verlaufen Rede und Gegenrede. Hier schließlich findet sich jener seltene Vorgang, dass Menschen, vor Furcht und Verzweiflung bedrängt, in ständigem Hangen und Bangen sich befinden, sich schließlich zu einer letzten Kraftanstrengung aufraffen und einen Wagemut an den Tag legen, den sie vorher nicht besessen hatten. Nach all dem Debattieren ringen sie sich unter Leitung beider Bauernvögte am Ende zu einer Abstimmung durch. Vier Knechte tragen nach Altvätersitte einen Teller herum und jeder Bauer stimmt, einen Strich darauf ziehend, dem Entschluss zu. Damit ist das Bündnis beschlossen und sie stehen somit »alle vor einen Mann und wer einen anrühret, der rühret sie alle an«. Nun erst steht das Bündnis fest, und alle Bauern sind sich darin einig, erst einmal das ihnen zuletzt vom Gutsherrn abgenommene Land der neuen Pachtstelle ›Kuhlrade‹ auch die der Pachtstelle ›Vehrenrögen‹ zugeschlagene Zimmermannskoppel erneut in Besitz zu nehmen, und sich dabei gegenseitig beizustehen, was auch immer kommen möge. Auch die Knechte – wie der Herr so's Gescherr – beteiligen sich an diesem Bündnis oder »Komplott«, wie es die andere Seite später sieht.

Unversucht soll aber nichts gelassen werden, und so wird an einem der folgenden Tage noch einmal ein anderer Weg beschritten. Der Bornhöveder Pastor, in dessen Kirchspiel die Ungeheuerlichkeiten vonstatten gehen, soll als Vermittler zwischen ihnen und dem Gutsherrn tätig werden, soll noch einmal inständig um Linderung der Auflagen und Rückübertragung einiger abgenommener Ländereien bitten. Der Erfolg ist frank und frei gesagt gleich null. Vielmehr darf der so Bemühte eine offene Drohung Brockdorffs ausrichten –: Er, der Gutsherr, werde von der Schusswaffe Gebrauch machen, wenn die Untertanen gegen ihn einen Prozess anstrengen würden.

Als an den folgenden Tagen sich nichts weiter ereignet, neue

Nachrichten weder vom Pastor noch vom Gutsherrn eintreffen, wird der einmal beschlossene Plan in die Tat umgesetzt, und so begeben sich die Bauern zunächst am 11. März 1707 nach der Gemarkung ›Kuhlrade‹, reißen die Zäune der neu erschaffenen Pachtstelle nieder, schütten einen Graben zu und nehmen so de facto die zuletzt abgenommenen Ländereien wieder für sich in Besitz. Nachdem das gut gegangen ist, verabreden sie sich noch flugs, am 23. März auch auf dem Stolperfeld die sogenannte Zimmermannskoppel wieder an sich zu bringen.

Diese Renitenz verbreitet sich schnell auch auf dem zum Gut Bothkamp gehörenden, wenige Kilometer entfernten Meierhof Alt Bokhorst. Dort ist die Lage seit einigen Jahren, wenn auch nicht vergleichbar schlecht, so doch immerhin angespannt. Und die Knechte äußern sich gegenüber dem dortigen Bauernvogt ungeniert, dass es nun endlich so weit gekommen sei und Joachim von Brockdorff zu seinen Leuten nicht mehr auf das Feld kommen dürfe. Die Bedenken des dortigen Bauernvogts, dass sie nichts auszurichten vermöchten, wenn Brockdorff zu Pferde und mit Waffen erscheine, werden nicht gelten gelassen: ihre Leidensgefährten könnten sich schlichtweg des Despoten bemächtigen, lautet es einvernehmlich. Doch hier ist wohl mehr der Wunsch der Vater des Gedanken. Denn die Depenauer Untertanen sind – anders als die Bothkamper ihrem Vogte glauben zu machen versuchen – durchaus Realisten; vielleicht bekommen sie auch Angst vor der eigenen Courage. Aus Sorge vor der Rache des Gutsherrn wird das für den 23. März Vorgenommene aufgegeben. So gut gemeint dieser Entschluss auch ist, die Geschichte geht schon ihren eigenen krummen Gang.

Rebellion oder Überfall

Es ist der Abend des 22. März, das Tagwerk ist vollbracht, als sich immer mehr Personen in der Diele des Gutshauses auf Depenau einfinden und sich um den flackernden Kamin sammeln. Der Gutsherr hat seine Getreuen zu sich gerufen, seine Diener, Lakaien, Zureiter, seine Aufseher sowie Jägermeister Kalckreuter. Ihm ist etwas zu Ohren gekommen, etwas, das er nicht weiter hinzunehmen gedenkt. Die Nachricht, die ihm bei Ehre und Gewissen zugetragen wurde, lautete dahingehend, dass die widersetzlichen Untertanen sich wie schon am 11. des Monats so auch am nächsten Morgen einmal mehr an seinem Besitz vergreifen wollen. Da heißt es jetzt gewappnet zu sein. Schließlich, die Turmuhr läutet um halb vier den Morgen ein, der Mond lugt spärlich durch die tiefhängende Wolkendecke, zieht der Tross von dannen, verbirgt sich bei der Pachtstelle des Zimmermanns, nicht ohne zuvor Boten an die anderen Pächter zu senden und sie mit ihren Gewehren hierher zu beordern. Zwar finden sich alle Herbeigerufenen mit Gewehren und Forken bewaffnet schnell auf ihren Pferden an der bezeichneten Stelle ein, doch von den Wankendorfer und Stolper Bauern fehlt jede Spur.

Nach schier endlos erscheinendem Verweilen stürmt ein Pächter heran und bringt Neuigkeiten mit, die dem Unternehmen eine andere Richtung zu geben scheinen: ihm sei zugetragen, dass die Bauern aus den Dörfern sich's überlegt hätten, sie würden nicht kommen, um des Zimmermanns Zaun und Koppel einzureißen. Schon will Joachim von Brockdorff den Befehl erteilen, zum Gutshof zurückzukehren und sich schlafen zu legen, als ein eben Hinzugekommener neue Kunde zu berichten weiß. Die Wankendorfer haben kurz zuvor auf ›Kuhlraden‹, eben jener Pachtstelle, die sie vor Tagen schon einmal heimgesucht hatten, der allein anwesenden Frau jegliches Pflügen unter Androhung von Gewalt – man würde die Pflüge sonst entzweischlagen – verboten. Und als der Neuankömmling dann noch anmerkt, der Haufe sei noch nicht weit gekommen, man könne ihn noch einholen, da gibt es kein Halten mehr. 18 Personen mit Pistolen, Flinten, Büchsen und Forken versehen, allen voran der Gutsherr und sein getreuer Helfer, der für seine Brutalität bekannte Scheunenaufseher Joachim Duggen, springen auf die Pferde und jagen in die angezeigte Richtung auf und davon.

Fast unmerklich beginnt am Horizont der Tag zu grauen, als der Trupp, um eine Dornenhecke biegend, schließlich die mit Aufrichten und Ausbessern von umgewehten Zäunen beschäftigten Bauern erblickt. In lautes Gejohle und Geschrei ausbrechend, ermuntern sie die Pferde zu einem noch stärkeren Galopp. Joachim Duggen erblickt als erster drei der Wankendorfer – darunter der Bauernvogt Asmus Horst –, die etwas abgesondert von den anderen an einem defekten Zaun arbeiten. Und als er sieht, dass sie angesichts der drohenden Gesten und des Lärmens über den Zaun zu fliehen trachten, setzt er ihnen mit seinem Pferd nach. Als Horst in Verzweiflung durch eine Dornenhecke entschwindet, zückt Duggen sein Gewehr und sendet ihm etwas Blei hinterher. Das Projektil findet dann auch sein Ziel. Es fährt dem Flüchtigen in die Lende, und reißt ihn zu Boden. Dennoch lässt der Schütze von seinem Opfer nicht ab. Nach Umrundung der Hecke droht er dem am Boden Liegenden mit dem Gewehrkolben den Schädel zu malträtieren, wenn der nicht sein Beil wegwerfe. Doch ehe es dazu noch kommt, ist einer der beiden Entflohenen herangekommen und steht dem Verletzten bei. Joachim Duggen, nunmehr der Kugel im Gewehr ledig und in der Minderzahl, zieht es vor, eiligst seine Genossen aufzusuchen.

Die restlichen neun Bauern haben sich beim ersten Ansturm in den Schutz einer Dornenhecke zurückgezogen und erwarten nun das drohende Unheil, nicht ohne mit einem Auge zu ihren drei Kameraden und die besondere Behandlung durch den Scheunenvogt Duggen herüberzuschielen. Wohl erteilt der Gutsherr den unmissverständlichen Befehl, sofort die von den Fäusten der Männer fest umspannten Beile fortzuwerfen, doch als die Bauern sehen, wie übel mit ihrem Ortsvorsteher umgegangen wird, sind sie sich einig: sie werden die Beile behalten. Und wenn der Herr sie schon nicht verschonen wolle, so müsse er sie einfach totschießen, rufen sie unisono in ihrer Verzweiflung. Einzig die Zeit für ein Vaterunser bedinge man sich noch aus. Brockdorff, zunächst einmal sprachlos, zieht daraufhin seine beiden Pistolen, legt auf den Bauern Hans Löhndorf an und drückt ab. Doch Glück im Unglück; erstens kann man mit diesen Schießprügeln nicht richtig zielen, zweitens löst auch nur eine Pistole aus. So wird Löhndorf zwar von groben Bleihageln in die linke Seite und am Arm getroffen. Doch als derselbe nun nicht im Entferntesten daran denkt, tot umzufallen, entreißt Brockdorff sogleich seinem neben ihm haltenden Diener eine Pistole und legt neuerlich an. Unter den wütend hervorgestoßenen Worten: »Du sollst sterben«, feuert der Oberst a.D. seinem Gegenüber einen zweiten Schuss entgegen, der, schon besser gezielt, den Knochen unter dem Auge durch einen Schrammschuss hinwegfetzt. Löhndorf taumelt wenige Schritte von der Stelle fort und bleibt benommen liegen. Insgesamt kommt er glimpflich davon; statt des Lebens büßt er nur ein Auge ein.

Schon als der erste Schuss des Gutsherrn erklingt, sind die Schranken bei Brockdorffs Helfern gefallen; ein jeder versucht, es seinem Herrn gleichzutun oder aber sein besonderes Engagement in dieser Sache zu offenbaren. Der Kutscher schießt Hinrich Horst mit groben Rehhageln durch das Knie, Hinrich Lille wird von einem Diener angeschossen, und der Scheunenvogt Joachim Duggen, dessen Gemüt sich noch nicht abgekühlt hatte, drischt und prügelt auf die Leute ein. Die haben sich inzwischen ihrer Beile entledigt und versuchen, ihre Gesichter vor der Prügel und den auf sie niederprasselnden Gewehrkolben und Forken zu schützen. Endlich nimmt auch diese Willkür einmal ein Ende, und nachdem die Beile aufgehoben und zusammengetragen wurden, wird die ganze Schar dem Hof und damit dem sicheren Gefängnis zugetrieben. Nur der schwer verwundete Hans Löhndorf, von dem jeder denkt, er hätte seinen Geist ausgehaucht, bleibt, benommen auf dem Boden liegend, zurück.

Trotz der geschundenen Knochen, trotz des lendenlahm geschossenen Asmus Horst geht es unter ständigen Drohgebärden zügig über Wiesen und Felder – richtige Wege gibt es nicht – immer entlang der sich endlos dahinwinkelnden Dornenhecken in Richtung des Gutshofes. Brockdorff ist in seinem Element. Von diesen Lumpen wird er sich nicht länger an der Nase herumführen lassen; er ist hier der Herr. Je mehr er darüber sinniert, umso mehr gerät er in Rage. Das Drohen mit dem Degen wird immer wilder, bis er mit seinem Pferd mitten unter die Leute reitet und auf sie einhaut. Doch die Bauern haben den Braten gerochen und weichen, soweit ihre Aufpasser es zulassen, aus. Aber Brockdorff setzt nach. Immer wieder dreht und wendet er das Pferd, immer wieder lässt er den Degen niederfahren, doch meist entwischen die derart Traktierten in letzter Sekunde. So müssen die Kleider herhalten und hängen schon bald übel zerfetzt von den Oberkörpern. Dann erwischt es Detlef Horst, der eine tief blutende Wunde am Kopf erhält, einem anderen namens Detlef Löhndorf, obwohl der geschickt und flink auszuweichen versucht, erhält er eine schmerzliche Wunde am Arm verpasst. Auch der angeschossene Bauernvogt Asmus Horst dient noch einmal als Ziel, versteht es aber, trotz seines Lendenschusses, sich unter dem Pferd des Gutsherrn hinwegzubücken. Noch nicht ganz auf der anderen Seite hervorgekommen, empfängt ihn der Holzvogt mit einem Schlag der Forke ins Gesicht, so dass Horst wieder zurücktaumelt.

Der Tag ist endgültig erwacht, wenn auch die immer dunkler werdenden Wolken ihn noch wie früher Morgen erscheinen lassen, als unter solchen Begebnissen die Wankendorfer Bauern und ihr Gesinde der Ortschaft Stolpe ansichtig werden. Es ist gerade der Moment, als die mit Spaten, Beilen und Fressbündeln versehenen jungen Knechte aus dem Dorf herauf ihrem täglichen Dienst entgegenstapfen. Verwunderung macht sich in ihren Gesichtern breit, wie es wohl zugehen kann, dass alle Bauern des Nachbardorfes von so vielen Reitern nach dem Gutshof getrieben werden, und sie gehen auf die Gruppe zu. Brockdorff hat sich ein wenig zurückfallen lassen, um in aller Ruhe Pistole und Gewehr erneut zu laden. Wieder zu den anderen aufgeschlossen, erscheinen auch schon die ersten der Stolper Bauern auf dem Feld, die eilig zu Forke und Beil gegriffen hatten, als auch sie der Gruppe in der Ferne ansichtig wurden. Zu genau konnten sie sich ausmalen, was dort geschehen war.

Die Knechte, zunächst in gebührendem Abstand Halt machend, folgen schließlich ihren hergeeilten Bauern, als diese sich unmittelbar zu den Wankendorfern hinbegeben. Wenn auch nicht mit Gewehren bewaffnet, bilden sie doch jetzt insgesamt die Mehrheit und nötigen so den Bewachern wohl etwas Respekt ab. Diese treten beiseite. Hinzu kommt, dass es leicht zu regnen anfängt, und da bieten die in der Nähe stehenden Bäume und Büsche einen wenn auch nur kümmerlichen Schutz. Ein Wankendorfer Bauer spricht die Stolper an, wie wohl sie getan, nichts Widersetzliches unternommen zu haben. An ihnen habe man nun gesehen, wohin Widersetzlichkeit letztlich führen könne. Besser sie, die Stolper, beteten ein Vaterunser und machten sich von dannen und begäben sich auf ihre Höfe, bevor auch sie noch ins Gefängnis gejagt würden. Obwohl der Regen inzwischen den Boden durchnässt hat, knien sich die so Angeredeten auf das feuchte Feld und sprechen wirklich das Vaterunser, stehen auf und wenden sich wieder in Richtung ihres Dorfes zu. Die Helfer Joachim von Brockdorffs, dem Ganzen bisher schweigend zusehend, auch da sie sich vor dem immer stärker zunehmenden Regen noch gerne ein wenig länger dem immerhin etwas Schutz bietenden Gezweige anvertraut wissen wollen, lassen die Gruppe passieren. Doch Joachim von Brockdorff ist noch nicht fertig. Nein, nur mühsam hatte er dem Geschehen auf dem Sattel hin- und herrutschend, das Pferd an den Zügeln nach links und rechts zerrend, zugesehen; so leicht kommen ihm seine widerspenstigen Untertanen nicht davon. Nicht länger mehr kann er an sich halten. Noch herrscht er seine Leute an, was sie sich denn dabei denken, was das denn bitteschön sein soll, als er schon im vollen Lauf der Gruppe hinterher prescht und befiehlt, stehen zu bleiben. Fast hat er den ersten eingeholt, als er das Pferd herumreißt, zu dem Letzten der Gruppe, dem Knecht Klaus Löhndorf, zurückreitet, dabei seine inzwischen wieder geladene Pistole zieht und abdrückt. Der, seinen Spaten über der Schulter, daran Beil und Fressbündel hängen, erhält einen Kopfschuss und fällt sogleich tödlich getroffen rücklings hin, ohne noch ein Wort zu sprechen. Auch die ehemaligen Bewacher fühlen sich nun wieder bemüßigt, ihre Waffen zu gebrauchen. Ein paar Schüsse fallen noch; das Opfer Hans Lütjohann jr. sinkt schwer verwundet neben dem Toten zu Boden und Hans Duggen wird von Schrotkugeln am Kopf verletzt, dann endlich werfen sich die Bauern auf die Erde. Der Spuk ist endgültig vorbei.

Dürfen die Knechte wieder zurück und ihrem Tagewerk nachgehen, so werden auch die Stolper Bauern dem Gutshof zugetrieben. Und wie schon die Wankendorfer sehen sich auch die Stolper während des Gehens den unbarmherzigen Degenstößen und Schlägen Brockdorffs ausgesetzt, die ihr Ziel auch hier nicht verfehlen und unzählige Blessuren bei den derart Malträtierten hinterlassen. Am schwersten trifft es dabei einen, dem beide Hände zerhauen werden. – Auf dem Feld zurück bleiben ein Toter und zwei Schwerverletzte. Da es einen Arzt oder einen Barbier hier nicht gibt, werden sie von eiligst informierten Angehörigen auf das Gebiet des benachbarten Gutes Botkamp gebracht, nach Langereihe. Ein Schuster soll hier etwas von Wundheilung verstehen.

Indessen werden die gefangen herbeigeführten Bauern ins Gutshaus geführt und unten in einem der feuchten Gewölben im berüchtigten Depenauer Kellerverlies gefangen gesetzt, darin das Wasser so hoch steht, dass man sich nicht auf den Boden legen kann. Mit im Raum steht gleichsam als Mahnmahl der berüchtigte hölzerne Strafesel, auf dessen unbequemen Rücken schon manch ein Widersetzlicher angebunden und ausgepeitscht wurde.

Als die vom Gutsherrn zur Behandlung der Blessierten angeforderten beiden Preetzer Barbiere eine menschenwürdigere Unterbringung der Gefangenen fordern, werden sie unverrichteter Dinge fortgewiesen. Die Gefangenen können sich auch gut selbst versorgen, heißt es lapidar. Doch scheinen sich bei Brockdorff Skrupel breitzumachen. Da einige Wunden doch schwerer sind als von ihm gedacht,unternimmt er noch einen Versuch, sich fremder Hilfe zu bedienen. Der aus Langereihe herbeizitierte »Schuster«, der sich »auch« auf Wundbehandlungen versteht, fordert aber ebenfalls eine bessere Unterbringung. Nun platzt dem Gutsherrn der Kragen: wenn er keinen

Wert auf seine Bezahlung lege und die Leute verbinden wolle, so sollten sie im Verließ langsam dahinmodern wie die Äpfel, um sie danach in die Schindgrube zu werfen. Auch der Schuster darf unverrichteter Dinge gehen.

Der Staatsanwalt hat das Wort

So wenig Joachim von Brockdorff das in seinem absolutistischen Machtanspruch wohl gedacht hat, nicht nur dass nach fünf bis sechs Tagen die Begebenheit bei der Behörde in Schleswig bekannt wird, nein, es kommt dem Gutsherrn auch zu Ohren, dass eine Untersuchung der Vorgänge vor Ort stattfinden wird und er mit Arrest zu rechnen habe. Ist es das einsetzende schlechte Gewissen? Jedenfalls zieht es der Gutsherr vor, das Weite zu suchen. Er setzt sich für die kommenden Wochen nach der Freien Hansestadt Lübeck ab. Hier fühlt er sich vor dem Zugriff des dänischen Königs vorerst sicher.

Aber Recht und Gesetz scheinen doch noch ein Einsehen zu haben, Gerechtigkeit bricht sich Bahn. Am 31. März 1707 begibt sich »Obersachwalter« Hatto Petrejus in Funktion eines heutigen Staatsanwalts zunächst von Schleswig nach Kiel, um dort etwas Genaueres über die unklare Meldung von erschlagenen und blessierten Untertanen zu erfahren. Außer den dort kursierenden Gerüchten kann dem Herrn hier allerdings keine Auskunft gegeben werden. Doch sicherlich, so wird ihm beschieden, könne er in Preetz, auch näher am Ort des Geschehens gelegen, Bestimmteres von zwei angeblichen Zeugen erfahren. So lässt Petrejus am folgenden Tag seine Kutsche anspannen, um in Preetz die Barbiere Johann Timm und Johann Hinrich Bauch über das Vorgefallene zu vernehmen. Zwar waren sie nicht unmittelbare Zeugen, jedoch können sie ihm als erste Wundhelfer von den Verletzten und deren Erlebnissen einiges zutragen; noch am selben Tag folgt einige Kilometer weiter südlich in Bornhöved die Vernehmungen des Pastors sowie Heinrich Löhndorfs, einem Zeugen des Geschehens. So langsam erschließt sich Petrejus das Ganze, die Nebel lichten sich. Zu einem Abschluss reicht es jedoch noch nicht, und so beschließt er in Bornhöved zu übernachten, nicht ohne zuvor noch für den nächsten Morgen einen weiteren Zeugen anzufordern. Nachdem dann Tags darauf der Stolper Knecht Otto Schnack seine Aussage zu Papier gegeben, begibt sich Petrejus noch am Vormittag nach Langereihe zu dem Schuster-»Barbier«, der die Verwundeten zuletzt betreuen sollte. Ein Puzzleteil hat sich ans andere gefügt, das Bild ist abgerundet, und so tritt der Beamte über Kiel die Heimreise nach Schleswig an, wo er am 3. April wieder eintrifft. Nur einen Tag später ist sein Bericht fertig, der die ganzen Zustände ans Licht bringt und für immer der Nachwelt überliefert, dass Joachim von Brockdorff einen gemeinen Mord an einer Person verübte, die sich an dem fraglichen Tag in keiner Weise gegen ihn aufgelehnt oder zur Wehr gesetzt hatte.

Und Petrejus ist durchaus auf der Seite der Leibeigenen. Diese aufgeblasenen Landadeligen, die meinen, für sie gäbe es keine staatliche Gewalt, der sie sich unterzuordnen haben, ihnen muss der Staat durchaus zeigen, dass der König und seine Gesetze das Maß der Dinge seien. So wird erst einmal, bis das abschließende Urteil gesprochen sein wird, die Arrestierung Joachim von Brockdorffs angeordnet. Schon am 5. April zieht eine Handvoll Militär auf Gut Depenau ein. Doch im Haus findet der befehlende Leutnant, zur Demonstration seiner Macht eine Pistole in der Hand haltend, nur wenige Personen vor, darunter Frau von Brockdorff, Jägermeister Kalckreuther und den Koch. Auf die erste Frage, wo der Herr Oberst a.D. sei, wird nur auf dessen Abwesenheit verwiesen. So werden erst einmal die Anwesenden kurzerhand festgesetzt. Danach erklingen ein paar Befehle an die begleitende Truppe: das Haus ist durch drei mit Gewehren bewaffnete Grenadiere zu besetzen; beim Reitstall, im Garten und in der Scheune werden Schildwachen postiert und vor dem Torhaus ist eine Wache einzurichten. Niemand darf jetzt ohne Begleitung eines Grenadiers den Hof verlassen.

Dass Gerechtigkeit, dass das Recht eine geschmeidige Katze ist und leicht, so man nicht aufpasst, sich dem sicher geglaubten Griff entwindet, das müssen auch die geschundenen Bauern in der Folgezeit erfahren. Zwar wird wenig später Joachim von Brockdorff von dem Vorwurf des Totschlags am Knecht Claus Löhndorf freigesprochen, hatte er doch, angeblich durch den Erschossenen bedroht, in Notwehr gehandelt. Doch ganz ohne Strafe bleibt auch Brockdorff zunächst nicht; wegen des verübten Exzesses muss er 4000 Reichstaler an die Staatskasse entrichten und weitere 2000 Reichstaler für wohltätige Zwecke bezahlen. Auch der Verwaltung über das Gut ist er für ein Jahr enthoben. Nur wenig später wird, unter dem Versprechen Brockdorffs, seine Untertanen fernerhin nicht zu hart und über Gebühr anzufassen, letztlich auch diese Strafe vom König wieder aufgehoben. Das eingesetzte Militär rückt von Depenau ab und der Gutsherrn nimmt sein Reich wieder in Besitz. Was bleibt, sind die Kosten für den Unterhalt des Militärs, die mit 148 Reichstalern auch eine, wenn auch nur kleine, Strafe für ihn darstellen. Ferner ordnet die Untersuchungskommission, die mit dem Vorfall betraut ist, die Vermessung der Ländereien an, um Belastungen der Bauern durch die zu leistenden Hand- und Spanndienste für den Gutsherrn im Verhältnis zu den selbst bewirtschafteten Wiesen und Feldern zu überprüfen.

Keine Ruhe

Eigentlich könnte jetzt wieder alles seinen ruhigen Gang gehen, jede Seite hat ihr Maß aufgezeigt bekommen, doch die Fronten sind einfach zu verhärtet. Joachim von Brockdorff will oder kann nicht begreifen, dass beide Parteien in einem Boot sitzen, dass er gegen seine Leibeigenen, seine »Arbeitnehmer«, obwohl sie ihm formal mit Leib und Leben gehören, nicht viel ausrichten kann, ja, dass immer größerer Druck nur Sturheit und schließlich Abstumpfung fördert. Nachdem die Wogen geglättet und die Wunden körperliche wie seelische vernarbt scheinen, fordert er wieder einmal mehr Arbeitseinsatz. Doch das ist Öl ins immer noch glimmende Feuer; 1709 treten die

Bauern wieder in offener Rebellion gegen ihren Gutsherrn auf und versagen ihm einfach die Dienste oder leisten sie nach eigenem Gutdünken; erst besorgen sie die Arbeit auf den eigenen Höfen, treffen dergestalt erst um 10 oder 11 Uhr auf den zum Gut gehörenden Ländereien ein. Und während der Saat- und Erntezeit verbringen sie bei gutem Wetter die Zeit zum Ärger Brockdorffs auf den selbst genutzten Feldern. Hinzu kommt eins: Sie leisten ihre Hofdienste wenn schon, dann nach der inneren Uhr, und nicht nach dem neumodischen Kling-Klang am Torhaus, das sie gemahnen soll, wann sie einer Pause bedürfen, wann sie zur Arbeit bereit sein und wann sie diese beendet haben müssen. So ein Unsinn denken sie. Und so bestimmt der Lauf der Sonne und die innere Uhr wie ehedem das Leben, und nicht dieses seelenlose Ding von Turmuhr.

Inzwischen scheint Joachim von Brockdorff doch so etwas wie Erkenntnis erleuchtet zu haben, dass Gewalt hier kein Mittel zur Durchsetzung von Ansprüchen mehr ist. Er wendet sich direkt an den dänischen König, ihm im Streit mit seinen Untertanen, die sich vermeintlich gänzlich zu seinem Ruin verschworen hätten, beizustehen. Dessen Erlass wiederum – die Untertanen haben ihrem Herrn treu zu sein, widrigenfalls sie mit Strafen zu rechnen hätten – wird am 21. April des Jahres der Kirchengemeinde von der Bornhöveder Kanzel aus verlesen. Doch die Bauern halten zusammen, bleiben solidarisch bei ihrer Linie, lassen sich auch durch das Wort aus Kopenhagen nicht einschüchtern. Mangels Arbeitern kann Brockdorff seine eigenen Ländereien nicht mehr recht bewirtschaften und gerät zunehmend in finanzielle Bedrängnis. Beginnende Futterknappheit zwingt ihn schließlich dazu, die ersten Pferde und Kühe abzuschaffen. Und als gar die Lebensmittel auf dem Gutshof knapp werden, ja, endlich Brockdorff nicht mehr in der Lage ist, die fälligen Abgaben an den Staat zu entrichten, wendet er sich an den dänischen König und bittet um militärische Hilfe und Festnahme der Rädelsführer. Ende Mai schließlich ergeht von der Königlichen Kanzlei in Kopenhagen an Oberstleutnant Bärner die Aufforderung, alle notwendigen Vorbereitungen für eine Militärexekution nach Gut Depenau zu veranlassen. So treffen dann ein Unteroffizier und acht mit Gewehren bewaffnete Soldaten am 4. Juli auf dem Gut ein, um gegen die »widersetzlichen Bauern und Hausleute« vorzugehen. Doch zur Einsicht wird das Volk dadurch auch nicht gebracht. Vielmehr haben die vergangenen Monate das Selbstbewusstsein weiter wachsen lassen. Hatten sie doch erlebt, wie auch der ihnen einstmals große, allmächtig scheinende Joachim von Brockdorff, vor dessen Willkür sie sich anfangs immer so gefürchtet hatten, im Gefüge der Welt nur ein kleiner Wicht ist. Steht doch über ihm der König, nach dessen Gesetzen auch er sich zu richten habe. Und wie die Erfahrung zeigte, bieten diese Gesetze auch ihnen einen gewissen Schutz. Von Stund an belauern beide Parteien sich wie Katz und Maus.

Als am späten Nachmittag des 14. August 1709 der Aufseher mehreren Knechten befielt, nach einem langen Tagewerk auch noch eine Wiese zu mähen, wird die Arbeit kurzerhand verweigert. Auf Vorhaltung, ob sie denn den königlichen Befehl nicht kennen würden, lautet die Antwort einfach und klar: ja, sie hätten den Befehl wohl vernommen, aber das wüssten sie selbst viel besser. Nein, sie würden sich nichts mehr gefallen lassen. Noch ein Letztes versucht Joachim von Brockdorff, um sich an seinen Untertanen schadlos zu halten. In eigener Person – ein Notar nebst einige hinzugerufene Soldaten begleiten ihn als Zeugen – bequemt er sich schließlich in die Dörfer, um die längst fälligen Abgaben einzutreiben.

Als das Hornsignal die Stille herausfordernd durchschneidet und die Bauern und Hauswirte zum Dorfplatz ruft, da werden die Eindringlinge nur mit Nichtachtung gestraft. Es ist eine regelrechte Abfuhr, die Brockdorff erleidet. Hier wie dort ist in den Ortschaften, ist in Wankendorf wie auch in Stolpe die Antwort die gleiche. Kurz und knapp entfährt es ihren Mündern. Nur mühsam verstehen sie die Ruhe zu bewahren: Geldzahlungen und Hofdienste könnten nicht geleistet werden, da sie selbst kaum etwas übrig hätten und zunächst an sich selbst denken müssten. Punktum. – Da sich in den folgenden Wochen alles ruhig verhält, zieht das Militär wieder ab.

Immer mehr steigern sich die Untertanen in ihre Rolle hinein und drehen schließlich den Spieß zur Gänze um. Nicht der Gutsherr hat zu bestimmen, sondern sie selbst geben vor, wie viele Hofdienste sie zu leisten bereit sind und in welcher Höhe sie Abgaben erübrigen können. Noch einmal versucht es Joachim von Brockdorff mit Gewalt. Jetzt, wo er dank davongezogener Soldaten wieder ohne Zeugen auftreten kann, lässt er mehrere Untertanen ohne ordentlichen Prozess, krummgeschlossen mit Hals- und Fußeisen, in das feuchte Kellerverließ einsperren. Nur, der Wind hatte sich unwiderruflich gedreht, der Bogen war endgültig überspannt. Verfing die Androhung von Gewalt schon seit längerem nicht mehr, so sind die Bauern im Gegenteil jetzt sogar bereit, sich und ihr Leben mit allen Mitteln zu verteidigen. Keine Schläge, keine Befehle wollen sie ab jetzt und für alle Zukünft über sich mehr ergehen lassen, ohne selbst zurückzuschlagen, und sich selbst wehren, so lange sie noch einen warmen Tropfen Bluts im Leibe haben; lieber untergehen als untertänig dem Hofe dienen. Die Bauern haben derweil ein gerüttelt Maß Selbstbewusstsein erlangt und ihre Lehren aus den Vorjahren gezogen: sie verklagen ihren Herrn schlichtweg. Wieder muss der Staat sich mit der Angelegenheit herumplagen, wieder wird eine Kommission mit der Angelegenheit bemüht, deren erster Befehl, unter Androhung von 2000 Reichsbanktalern Strafe, gegen Brockdorff gerichtet ist. Keinen seiner Untertanen darf er ferner mit Strafe oder Gefängnis belegen. Freizulassen seien auch die zur Zeit Inhaftierten. Verschont bleibt die andere Seite, bleiben die widersetzlichen Bauern diesmal aber nicht. Ein Insistieren der Behörde vor Ort, wer Anstifter der Widersetzlichkeiten, der Klageschrift sei, und hier zeigt sich die sprichwörtliche Bauernschläue, läuft zunächst ins Leere. Trotz intensiver Befragungen, so scheint es, mag sich kein annähernd wahrer Anhaltspunkt ergeben: Hat der eine von dem Vorgang rein gar nichts vernommen, kann ein anderer sich nicht mehr recht besinnen. Einem scheint's gar, ein durchreisender Student wird's doch wohl gewesen sein, der, auf eigene Initiative, sich des Gehörten annahm und ihnen zu dem Ganzen geraten habe. Wenn auch im Verfahren schlussendlich als Anstachler zwei

Stolper Bauern benannt werden, so gilt doch der Wankendorfer Bauernvogt Asmus Horst als Anführer der Rebellion. 1710 verurteilt ihn schließlich das Gericht zu vier Monaten Zwangsarbeit an der Karre; auch sein Bundesgenosse, der Stolper Bauernvogt Marx Theden, erhält eine Strafe von drei Monaten. Im Zentralgefängnis in Rendsburg verbüßen beide ihre Strafe.

Letztlich kann 1712 der Streit erst einmal beigelegt werden. Mehrere Ländereien wechseln ihren Besitzer, gelangen wieder vom Gut zu den Dörfern Wankendorf und Stolpe. Im Gegenzug versprechen die Bauern und Hausbesitzer, dass sie die Hofdienste nunmehr ohne Widerrede mit Fleiß und Treue verrichten werden. In Form eines Handschlags, einem eidlichen Vertrag ebenbürtig, erfolgt zwischen den Bauernvögten und dem Gutsherrn die Besiegelung der Übereinkunft. Doch der Geist, den Joachim von Brockdorff auf das Gut einst brachte, lässt sich einfach nicht mehr austreiben. Nichts vermag besser das ganze Ausmaß der Verachtung, die verquere Geisteshaltung zu verdeutlichen, als der gern zitierte Ausspruch des Sohnes, Christian von Brockdorff, der 1740 im tiefen Brustton der Überzeugung seine Bauern anherrscht, die nur zaghaft darauf hinwiesen, die in ihr Korn getriebenen Schweine fräßen doch ihre Nahrungsgrundlage auf: »Ist das Feld mein oder euer, ich vermeine, dass das Feld sei mein! Nichts gehört euch zu, die Seele gehöret Gott, eure Leiber, Güter und alles was ihr habt ist mein, wollt ihr mir das wehren, dass ich meine Schweine auf euer Feld soll hüten lassen, davon sollt ihr das Unglück bekommen, gehet man, dass ihr vor meinen Augen wegkommt.« Und so finden auch lange nach Joachim von Brockdorffs Tod 1720, als das Gut von seiner Frau geführt wird, gefolgt vom Sohn Christian und später von Graf Luckner und dessen Sohn, bis ins Jahr 1798 immer wieder militärische Kommissionen und Untersuchungen auf Gut Depenau statt. Und immer geht es dabei um Auflösung von Bauernstellen, zu erbringende Leistungen, Landwegnahme, Arbeitsverweigerung, Hofdienste. Singulär ist dies Phänomen beileibe nicht, doch die überwiegend ausgefochtenen Fälle in anderen Landstrichen liegen meist um Generationen zurück. Vor allem das 16. und

17. Jahrhundert bot einiges an derlei Begebenheiten. Vor allem die Zeit zwischen 1495 und 1600 war reich an Konflikten, die immer auch unter Anwendung von Gewalt ausgetragen wurden. Singulär ist aber, die fortwährend, nahezu ein Jahrhundert andauernde Aufsässigkeit im Gutsbezirk Depenau.

Erst als 1805 die Leibeigenschaft im Holsteinischen aufgehoben wird, erhalten die Bewohner im Gutsbezirk ein gewisses Maß an Freiheit. Dass sie sich damit auch neue Unsicherheiten einhandeln, steht außer Frage. Frei sind sie von da ab, doch auch frei der letzten, wenigen, überkommenen sozialen Strukturen, so man die Konservation des Gutsherrn als solche gelten lassen mag. Gelernt haben die kämpferischen Dorfbewohner, über die es zu berichten galt, über all die Jahre jedoch, was es heißt, sich nicht zu ducken, ehrerbietig zu kuschen, sich fatalistisch alles gefallen zu lassen. Sie haben gelernt, was es bedeutet, vielmehr ihre Interessen furchtlos zu vertreten, füreinander einzustehen, solidarisch ihre Interessen zu vertreten. Auch die neue Zeit werden sie zu zwingen wissen. Noch den folgenden Generationen wird der Aufstand der Vorväter immer auch ein leuchtendes Beispiel mutvollen Handelns abgeben. Ableiten lässt sich auch die Erkenntnis, so unterschiedlich die Interessen zwischen Herrschenden und Abhängigen auch immer sein mögen, keiner kann letztlich auf Dauer seine Interessen auf Kosten der anderen Seite durchsetzen und behaupten. Wir sind alle eine »Notgemeinschaft von Schiffbrüchigen auf einem Kugelfloß«.

Ein Jahrhundertbauwerk.
Die Entstehung des Schleswig-Holstein-Kanals, 1777–1784

Eine Landschaft wird bezwungen

Gellend erklingt das Kommando über die Köpfe hinweg: Hau-Ruck, Hau-Ruck. Immer wieder erschallt der taktgebende Ton. Langsam ziehen die gut zwei Dutzend Tagelöhner an ihren Stricken, langsam beginnen die Umlenkrollen zu quietschen. Der turmhohe Galgen, an dem sie befestigt sind, ächzt und knarrt; sehr zögerlich erhebt sich das mehrere hundert Kilogramm schwere Gewicht in die Höhe. Zu ächzen beginnen auch die Leute an den Seilen. Sie werfen den Kopf in den Nacken, holen unter Stöhnen Luft. Griff auf Griff muss sitzen. Fortwährend wird der Takt durch den Schanzmeister vorgegeben. Endlich hat das Gewicht der Ramme die erforderliche Höhe erreicht, endlich erklingt das Kommando zum Loslassen der Seile. Die Arbeiter drehen sich zur Seite, um nicht durch die hochschnellenden Hanfstricke im Gesicht getroffen zu werden. Mit Macht fährt das Gewicht nieder und trifft mit lautem Knall auf den Eichenpfahl. Und immer wieder das Kommando zum Ergreifen der Seile, zum Anheben des Gewichtes, zum Loslassen; sie arbeiten wie willenlose Maschinen. Alles geschieht im vorgegebenen Rhythmus. Wer aus dem Takt fällt, bekommt es mit dem Schanzmeister zu tun. Hundertfach wird das Gewicht gehoben, hundertfach fällt es auf die Pfähle. Seit Wochen arbeiten hier drei Rammen gleichzeitig, immer wieder müssen aufgrund der Erschöpfung die Bedienmannschaften ausgewechselt werden. Nur langsam senken sich die 10 Meter langen Eichenpfähle in den Boden, fünf auf den Quadratmeter. Bei gutem Untergrund – wenn kein Findling den Weg versperrt – kann in ein bis zwei Stunden das Holzstück in den Grund gerammt sein; sieben bis acht schaffen sie an einer Ramme pro Tag; insgesamt werden für das anstehende Bauwerk rund 1400 benötigt.

Während an der einen Stelle schon der Boden für die Aufnahme des Fundaments vorbereitet ist, und die Ramme an einer anderen Stelle neu aufgebaut wird, beginnen Zimmerleute mit dem Auslegen einer mehrlagigen, mit Lehm ausgefachten Bohlen- und Bretterschicht, da folgen Maurer, die die Seitenwände der Schleusenkammern Stein für Stein aufeinander fügen, da setzen Steinmetze die Kanten auf. Andernorts laufen Handlanger, Tagelöhner und Aufseher in einem scheinbaren Durcheinander jeder zu seinem ihm angestammten Platz. Zeitweise befinden sich 800 Menschen auf der eng begrenzten Baustelle, die, trotz des hohen Personaleinsatzes, dann doch erst nach 18 Monaten fertig gestellt ist. Und weiter ziehen die Arbeiter zu den nächsten Schleusenbauwerken; lassen sich dort mit ihrer inzwischen erworbenen Erfahrung anwerben. Nach diesem von Menschenhand geschaffenen Werk in Holtenau und in Knoop folgen Rathmannsdorf, Königsförde, Kluvensiek und Rendsburg – allesamt Bauten, benötigt für ein Jahrhundertwerk, das seinesgleichen in der Welt noch nicht gesehen hat: hier entstehen Schleusen eines Nord- und Ostsee verbindenden Kanals für kleine seegehende Schiffe.

Seit 1777 wühlen sich zeitlich versetzt die Arbeiterkolonnen der Unternehmer Soltau, Kettner und Minck auf drei Bauabschnitten durch die malerische Landschaft von Holtenau bei Kiel bis nach Fohrde hinauf; tausende Arbeiter, Tagelöhner, entlaufene Leibeigene verbreiten mit Hacke und Schaufel, die sie meist noch selbst mitbringen müssen, eine ameisenhafte Geschäftigkeit. Überwacht wird das Menschengewimmel von den wenigen vom dänischen Staat abgeordneten Soldaten, sogenannte Kronarbeiter. Zwölf Stunden am Tag wird gearbeitet, unterbrochen von zwei einstündigen Pausen. Sechs Tage die Woche währt die Arbeit, nur am Sonntag herrscht Ruhe, sofern man sein Handwerkszeug in Ordnung hat, sonst nutzen die Arbeiter die Zeit zur Reparatur.

Ist das Teilstück erst einmal vermessen, sind die Bäume gefällt, die Stubben gerodet, beginnt die eigentliche Arbeit: Entwässerungsgräben und Dämme zum Ableiten von Bächen werden angelegt. Beginnen einige mit den Grabungsarbeiten, planieren andere die ausgehobenen Erdmassen zu beiden Seiten und legen die Treidelwege an, wieder andere versuchen mit Reisigbündeln die abgeschrägten Seitenwände gegen ein Abrutschen zu sichern. Alles geschieht im Akkord, angetrieben von den Aufsehern, überwacht von Pottmeistern und Aufmessern, denn die Unternehmen werden vom Staat nach Kubikmeter bezahlt, da ist Kontrolle oberstes Gebot. Auch schadet eine ständige Präsenz des Auftraggebers nicht; die vorgegebenen Fertigstellungstermine sind recht eng gesetzt. Jegliches Schludern, jegliches Schleifenlassen kann so direkt und schnell an die zuständige Ausführungskommission gemeldet werden.

Doch obwohl der Staat mit seinen Aufpassern den Unternehmern ständig im Nacken sitzt, geht es nicht im vorgegebenen Tempo voran; immer wieder treten Stockungen auf. Je mehr es in die Tiefe geht, um so unbequemer wird es: müssen hier große Findlinge aus dem Weg gesprengt werden, trifft man andernorts unvermittelt auf Moorlinsen, deren mit Wasser gefüllte Hohlräume sich unvermittelt in die Erdgrube ergießen, behindern dort einbrechendes Schichten- und Grundwasser die Arbeiten, verwandeln an anderer Stelle unvermittelt Regengüsse die Baugruben in Morastlöcher, in denen die knietief versunkenen Arbeiter nur zögernd den Befehlen der Antreiber folgen können. Wieder und wieder versuchen Kolonnen mit Hilfe von »Pumpen«, dem archimedischen Prinzip folgende Wasserschnecken, das Nass aus der Tiefe zu fördern. Mal werden diese mit Windkraft, andere wiederum per Hand und rund um die Uhr in mehreren Schichten betrieben.

Immer mehr Arbeiter werden an den Grabungsstellen und Schleusenbauwerken benötigt, stehen aber nicht in ausreichendem Maße in der Umgebung zur Verfügung. So ziehen die Werber in die Provinzen aus. Und schon kommen die Gerufenenherangezogen, ihr Bündel auf den Rücken geschnallt, Schaufel, Spaten oder Hacke in der Hand, soweit die Füße tragen, um teilzuhaben am größten Bauvorhaben der Zeit; sie machen sich auf den Weg von der Kremper- oder Wilstermarsch, kommen, angelockt durch guten Tagelohn, aus dem Königreich Hannover, aus Mecklenburg oder aus der Hansestadt Lübeck.

Zeitweise arbeiten bis zu 4300 Menschen, mehr Einwohner als Kiel zählt, auf den nur wenige dutzend Kilometer sich hinziehenden Baustellen. Doch die Konkurrenz ist immer noch groß. Wieder und wieder kommt es zu Abwanderungen der Menschen zu einem anderen Arbeitgeber, der mit höheren Löhnen lockt. Auf mancher unbeliebten und langsam verwaisenden Baustelle geht es nur noch schleppend voran.

Versucht die Bevölkerung der Umgebung zunächst noch aus der zunehmenden Bautätigkeit einen Vorteil zu erlangen, indem für ein geringes Entgelt Schlafstellen zur Verfügung gestellt werden – Einzelne statten ihre gesamten Katen mit Bettgestellen aus und ziehen zu Verwandten –, so entpuppt sich die Situation zunehmend als Belastung. Mehr und mehr Menschen drängen herbei, benötigen Wohnraum, Heizmaterial und Lebensmittel. Längst schon sind in der Nähe der Baustellen für die Arbeiter Barackenlager auf angemieteten Wiesen errichtet worden, die mit ihren Hütten aus Brettern und Fachwerk mit teilweise mehr als tausend Menschen bald großdörflichen Charakter annehmen. Doch mit der Unterbringung ist auch die Verpflegung aberhunderter hungriger Mäuler sicherzustellen. Und so lassen sich neben Schlachtern, Bäckern, Schankwirten auch Marketender mit ihren Kramläden und Vergnügungseinrichtungen, mit denen die Arbeitgeber meist einen festen Vertrag abschließen, im Lager nieder. Bunt ist das Treiben in diesen Lagern. Die Siedler der umliegenden, meist weniger Einwohner zählenden Dörfer schauen mehr und mehr argwöhnisch auf die Baracken, Katen, Buden und Zelte, bei deren Bewohnern sie zunehmend Zügellosigkeit im Reden und Tun zu erblicken vermeinen: Im Grunde handelt es sich um Animositäten, hervorgerufen nicht zuletzt durch die Fremdheit einzelner aus anderen Regionen stammender Arbeiter mit ihren eigenen Sitten und Gebräuchen. Hinzu tritt bei den hart arbeitenden Menschen naturgemäß der Wunsch nach Zerstreuung in der Freizeit, und dieses Vergnügen der zudem mit gutem Lohn versehenen Lagerbewohner bildet immer auch einen Anziehungspunkt für allerlei zweifelhafte Subjekte. Und während die Arbeiter in der Erde wühlen, versuchen zunehmend die Marketender in den Taschen der Arbeiter nach Gold zu graben, versuchen ihnen mit Karten-, Würfel- und dergleichen Glücksspielen und mit Prostituierten das hart erarbeitete Geld abzujagen. Schließlich gerät das bunte Treiben doch zu arg. Die Arbeitgeber bemühen notgedrungen den Staat, um ihr kostbarstes Gut, den Arbeiter, zu schützen, diesmal vor sich selbst. So erlässt die Ausführungskommission eine Verordnung, die Versammlungen, Prostitution und Glücksspiel verbietet, ferner eine Sperrstunde ab 21 Uhr festlegt sowie Wachmannschaften zur Lagerkontrolle vorsieht. Von Stund an ist bis auf wenige Ausnahmen Ruhe. Die um ihr Kapital, nämlich um ihre Arbeiter und deren ungeschwächten Arbeitswillen, fürchtenden Unternehmer sind wieder beruhigt.

Erste Pläne

Sie sind Legion; immer wieder tauchten Pläne auf, Skagerrak und Kattegat bei Skagen durch eine die jütische Halbinsel querende Wasserstraße zu umgehen, und immer wieder verschwanden sie im Nebel der Geschichte.

Schon König Christian III. von Dänemark ließ während seiner von 1533–1559 währenden Regierungszeit eine künstliche Verbindung von Ripen über die Königsau nach Kolding oder Hadersleben prüfen. 1571 gar wurde durch Herzog Adolf I. von Gottorf, dem Bruder Christians III., ein erster Plan einer Wasserstraße unter Benutzung der Eider von Rendsburg nach Kiel ins Auge gefasst, doch schreckten die für damalige Verhältnisse unüberschaubaren Kosten und Mühen; die Zeit war noch nicht reif. Jahre gingen ins Land, in denen ein Meister seines Faches gesucht und mit dem Niederländer Cornelius Claussen Pitael letzlich gefunden wurde. Doch auch sein ausgearbeiteter Plan eines Kanals zwischen Ballum und Apenrade diente nur dazu, das Archivmaterial zu mehren. Jahrzehnte später blühte die Idee wieder auf, als der unvermeidliche Wallenstein, »General der ganzen Kaiserlichen Schiffsarmada wie auch des Oceanischen und Baltischen Meeres General« während des 30-

jährigen Krieges für seine Kriegsflotte mit aller Macht eine Verbindung quer durch Holstein zur Elbe schaffen wollte. Seine Entlassung kam der Ausführung allerdings zuvor.

Immer wieder tauchten neue Pläne einer Kanalverbindung auf, bekamen alte wieder Leben eingehaucht, doch wie heiße Kartoffeln wurden Dossiers und Vorschläge, wurden Entwürfe nach kurzem Hin- und Herwenden wieder aus der Hand gelegt. Ob von Tondern oder Hoyer nach Schleswig oder Ekkernförde, ob von Kiel entlang der Schwentine zum Großen Plöner See, weiter nach Segeberg und über die Alster nach Hamburg, so fortschrittlich und vorausschauend sie alle auch waren, es blieb von diesen Plänen nicht viel mehr übrig als eine handvoll beschriebener Blätter, Makulatur, einzig für Historiker von Wert. Und das sie meist auch ohne Berücksichtigung der geographischen Gegebenheiten entstanden – vom finanziellen Aufwand ganz zu schweigen – sei nur am Rande erwähnt.

Eine weitere Sternschnuppe am Himmel schien 1774 kurz aufzuglühen, als Generalmajor und Ingenieur Wilhelm Theodor von Wegener auf königlichen Befehl einen Kanal für seegehende Schiffe von Husum nach Eckernförde ausarbeiten durfte. Nun war der Wegenersche Entwurf, innerhalb eines Monats vollendet, trotz seiner kurzen Entstehungszeit wahrlich großartig gelungen. Zwar ereilte ihn ein gleiches Schicksal wie schon seinen Vorgängern, er wurde zu den Akten gelegt, doch erstmalig lassen die Ausführungen erkennen, dass der Bau einer Wasserstraße quer durch die Herzogtümer nicht nur theoretisch, vielmehr auch technisch möglich wäre. Man horchte am dänischen Hof auf, das Interesse war erstmals richtig geweckt, und als schließlich der König im selben Jahr noch den folgenschweren Entschluss verkündete, die »Ostsee mit der Westsee zu vereinigen«, gab es kein Zurückweichen mehr. Zwei neu eingesetzte Kommissionen erhielten sofort die Weisung, mit den Planungen für eine realistische Trasse und der Vorbereitung zu deren Ausführung zu beginnen. Wieder nahm Wegener, diesmal unterstützt von zwei Helfern, die Arbeit auf, eine neue Kanaltrasse und alles für deren Realisierbarkeit herauszufinden. Wieder tauchten neue ebenso schnell verworfene wie hervorgezauberte Namen auf: Glückstadt, Stör, Bordesholmer See, Eider, Schulensee, Kiel wechselten ab mit Stör, Brame, Osterau, Daldorfer Moor, Großer Plöner See, Schwentine, Kiel, um schließlich ersetzt zu werden durch Stör, Schwale, Neumünster, Kiel. Verworfen wurde eins wie das andere. Immer wieder stand fest, dass die Hindernisse zu groß, die Kosten nicht zu bewältigen wären. Doch ein Zurück, ein Aufgeben gab es nicht mehr, nun, da der König seinen unumstößlichen Willen zum Kanal kundgetan. Und da sich Wegener frühzeitig an der Idee einer Verbindung zur Elbe festgebissen hatte, wurde ein altbekannter Plan wieder ans Tageslicht gezerrt. Hin und her ging die Überlegung, wieder und wieder wurde alles gewendet, technisch und finanziell durchgerechnet, bis schließlich im Sommer 1775 der Gordische Knoten durchschlagen schien und der fertige Plan vorgelegt werden konnte: der Kanal sollte von der Kieler Förde entlang der Levensau, durch den Flemhuder See zur Obereider nach Rendsburg – ganz wie sein Vorgänger aus alter Zeit, aber auch ganz anders – nämlich weiter über die Stör zur Elbe verlaufen und durch seine durchgängige Tiefe von 16 Fuß auch für die großen seegehenden Schiffe befahrbar sein; ein kühner Entwurf und wieder einmal seiner Zeit weit voraus. Doch das Kabinett in Kopenhagen befielen Skrupel. Zu hoch erschien ihm die veranschlagte Bausumme, und es musste – wie in der Politik zu allen Zeiten üblich – ein Kompromiss her. Schnell stand die Entscheidung fest: gebaut wird der Kanal, jedoch zunächst nur bis Rendsburg und statt der 16 Fuß Tiefe wird eine von 10 Fuß genehmigt; der weitere Abschnitt zur Stör könnte dann immer noch dermaleinst erfolgen, lautete der Entschluss.

Jetzt, da die Strecke einmal festgelegt und die Mittel bewilligt waren, stand dem Bau nichts mehr im Wege. Einzig die Landbesitzer entlang des geplanten Wasserweges waren noch ein Hindernis. Doch auch hier griff der König helfend mit einem Erlass ein. Gegen eine »angemessene« Bezahlung hatten all die Gutsbesitzer von Seekamp, Knoop, Schwartenbek, Warleberg, Groß-Königsförde, Sehestedt, Groß Nordsee, Schinkel, Osterrade und Kluvensiek ihr Land für das Bauvorhaben abzutreten. Dass es sich hierbei um eine für den Staat recht preiswerte, um nicht zu sagen billige handelte, versteht sich von selbst.

Die Ausführungskommission begann unverzüglich mit ihrer Arbeit Vergütungen und Abfindungen zu regeln. Musste hier eine Wassermühle, dort eine Gastwirtschaft der geplanten Trasse weichen, waren andernorts Heueinbußen wegen versumpfter Wiesen, herbeigeführt durch notwendige Aufstauungen, zu begleichen. An anderen Stellen galt es Ländereien für Rüstplätzen oder für Arbeiterlager anzumieten. Monate gingen darüber ins Land, manch ein Einspruch musste berücksichtigt oder entkräftet werden. Doch schließlich, noch bevor am 14. Juni 1777 auf dem Kieler Rathaus der erste Bauabschnitt von der Kieler Förde bis Knoop öffentlich vergeben wurde, begannen die ersten Arbeiten mit der Begradigung und Verbreiterung einiger Stellen der Untereider.

Konflikte allenthalben

Groll herrscht allenthalben auf Seiten der unmittelbar an der Strecke gelegenen Bewohner, Groll auf die Herren des Kanalbaus, die per Erlass des Königs ihnen Ländereien abnehmen oder Wiesen zur Pacht abverlangen; andere wiederum sehen ihre Gebäude, die der Trasse im Wege stehen, dahinschwinden. Auch die Städter sind aufgebracht. In Rendsburg fallen durch die während der Grabungsarbeiten notwendige zweijährige Absenkung des Wasserspiegels der Obereider die Korn-, Stampf-, Graupen-, Öl- und Lohmühlen aus. Auch können die Schöpfpumpe, die die innerstädtischen Brunnen mit Wasser versorgt, nicht weiter betrieben werden. Zwar werden schnell zwei Windmühlen für die Getreideverwertung errichtet, doch für den langen Zeitraum sehen sich die anderen Unternehmer und die davon abhängigen Nutzer in ihrem Lebensunterhalt behindert. In Kiel gar versuchen die Zünfte, voranschreitend die Maurergilde, ihren noch herrschenden Einfluss gegen den

Kanalbau geltend zu machen. Immer wieder bedrohen sie Maurermeister, die in der Stadt Gesellen anzuwerben versuchen. Es wird das Gespenst an die Wand gemalt, man hätte nicht mehr genügend Arbeitskräfte für die eigene Arbeit zur Verfügung. Doch sitzt ihnen wohl mehr die Angst im Nacken, dass die neuen, fortschrittlichen Privatunternehmer mit ihren überdurchschnittlichen Entlohnungen einen schlechten Einfluss auf das Zunftwesen nehmen könnten. Auch die Eiderschiffer versuchen Widerstand zu leisten und versuchen die Ausbauarbeiten der Obereider zu behindern. Sehen sie doch nicht nur ihr althergebrachtes Privileg des Holzhandels auf dem Fluss dahinschwinden, auch die kommenden Kanalgebühren sind ihnen ein Dorn im Auge.

Doch auch die Unternehmer, die im Auftrag des Staates mit den Arbeiten betraut sind, geben ihre Unzufriedenheit immer wieder zu Protokoll. Nicht nur dass sie versuchen müssen, durch gute Entlohnung die Arbeiter bei der Stange zu halten und sich gegen ihre Konkurrenten zu behaupten, nein, auch der dänische Staat versucht sich ihnen gegenüber einen Vorteil zu verschaffen. Junge arbeitsfähige Männer werden nicht nur zur täglichen Arbeit benötigt, es bedarf ihrer auch zur Ausübung des ältesten Handwerks der Welt: des Kriegshandwerks. Immer wieder tauchen Werber der Garnisonen bei den Baustellen auf und versuchen den einen und anderen Arbeiter betrunken zu machen, ihm das Handgeld aufzunötigen und so für den Staat »in Besitz« zu nehmen. Der Einspruch der Privatunternehmer, die den Ruf ihrer Baustellen gefährdet sehen und sich durch drohende Abwanderung der Handwerker in der Ausführung ihres Auftrags behindert fühlen, lässt nach zahlreichen Beschwerden den Staat ein Einsehen haben. Die Werber verschwinden wieder von der Bildfläche.

Unkoordiniert, um es noch einigermaßen sachlich zu formulieren, tritt ferner die Planung der Ausführungskommission mehr und mehr zu Tage, die auf Biegen und Brechen eine schnellere Fertigstellung der Bauarbeiten an den dänischen Hof vermelden will. Immer öfter erfolgen, mehr hindernd als befördernd, Eingriffe in die wohldurchdachten Arbeitsabläufe. Da kommt es schon einmal vor, dass, während eine Etappe noch nicht ganz fertig gestellt ist, im anschließenden Bauabschnitt die Gewässer schon aufgestaut werden und der Boden bald eine einzige Sumpffläche darstellt. Der neue Unternehmer würde, so er seine Arbeit aufzunehmen gedenke, auf seinem Areal förmlich im Morast versinken. Doch was folgt? Völlig unrealistisch wird von ihm verlangt, seine 600 angeworbenen Arbeiter, die er täglich zu entlohnen und zu verpflegen hat, mal hier mal dort mit Grabungen zu beschäftigen. Doch es entstehen dabei verständlicherweise nur Schlammlöcher. Das Unternehmen gerät ins Stocken und die Firma in finanzielle Schieflage, doch die Ausführungskommission macht die Unfähigkeit des Unternehmers verantwortlich. Überhaupt: nach Meinung der Kommission scheint sich hier einmal mehr zu bewahrheiten, dass die privaten Unternehmer, von deren Beauftragung sich einige Fürsprecher in Kopenhagen eine zügige Durchführung versprochen hatten, nicht das Geld wert seien. Ohne den Staat gehe es wohl doch nicht. Und so schwelt immer stärker ein Konflikt zwischen den privaten Großunternehmern auf der einen Seite und der Kommission – in der sich mehr und mehr die das Althergebrachte favorisierenden Kräfte durchsetzen. Immerhin sind es die Privatunternehmer, die letztlich fortschrittliche Arbeitsweisen eingeführt haben, Ausgeburt einer neuen, freieren und vom wirtschaftlichen Denkansatz geprägten Zeit.

Als der Staat ab 1782 die letzten Arbeiten in eigener Regie durchzuführen beginnt – alles soll jetzt schneller und besser gelingen – gerät das vielmehr in sein Gegenteil. Als erstes werden die Kosten gesenkt; am Lohn wird gespart, an der Verpflegung, an der Unterbringung. Auf den Baustellen ist gleich gar nicht mehr für eine Unterkunft gesorgt worden. Schließlich können erste Arbeiter die Miete für ihre Schlafstätte nicht mehr aufbringen und beginnen, sich in den Wäldern ein wildes Quartier zurechtzumachen. Die durch starke Nachfrage während all der Jahre inzwischen verteuerten Lebensmittel werden darüber hinaus auch einfach nur noch in schlechter Qualität und nicht mehr ausreichend für die hart und entbehrungsreich Arbeitenden zur Verfügung gestellt. Hinzu kommt: die Jahre 1782 bis 1784 sind die regenreichsten seit Menschengedenken. Durch schlechte Unterbringung und schlechte Ernährung schon in der Gesundheit labil, stehen die Menschen jetzt oft tagelang im Schlamm und sehen sich unablässig dem niederprasselnden Regen ausgesetzt. Erste Ausfälle sind zu beklagen, bis schließlich fast nichts mehr geht. Eine Epidemie folgt der anderen. Das Sumpffieber ergreift im Jahr 1783 nahezu die Hälfte der noch 2644 Beschäftigten. Manch ein Bürgermeister verweigert aus Angst vor Ansteckung in übereinstimmender Geschlossenheit der Dorfbewohner die Beherbergung der Kranken, ja, lässt sie gar aus ihren Quartieren jagen. Oft kann der so seinem Schicksal Überlassene sich nur noch notdürftig ein Erdloch in der Umgebung herrichten. Endlich hat auch der Staat ein Erbarmen und beginnt mit der Einrichtung einer Anzahl Lazarette. Pausenlos sind jetzt die Feldschere und Barbiere im Einsatz, versuchen mit Vitriol-Säure, Kampfer, Chinarinde und Virginischer Schlangenwurzel das Übel zu bekämpfen. Das Resümee ist einfach, aber bezeichnend: keinen einzigen Taler spart der Staat als Unternehmer ein, im Gegenteil, immer wieder müssen Geldmittel nachbewilligt werden und auch der Fertigstellungstermin rückt immer weiter nach hinten.

Der Kanal

Sieben Jahre wühlen sich tausende von Menschen durch Wälder, Moore und folgen Flussläufen; sieben Jahre sind Hacke, Spaten, Schaufel, Schubkarre im Ringen mit Millionen von Kubikmetern Erde ihr täglicher Begleiter. Der Kanalbau ist mit 34 Kilometern reiner Grabungsstrecke das größte Bauvorhaben der Zeit, größtenteils die Flussbetten der Levensau, der Obereider und neun Kilometer Obereiderseen nutzend. Und es ist der größte künstlich durch Menschenhand erschaffene Kanal der Zeit, mit einer Tiefe von 3,45 Metern, einer Sohlbreite von 18 Metern und einer Wasserspiegelbreite von 28,70 Metern. Mit Hilfe von sechs Schleusenbauwerken, mit einer Hubhöhe bis zu 2,60 Metern die modernsten ihrer Art, überwindet der Kanal die Wegstrecke zwischen Rathmannsdorf und Klein-Königsförde, und auf einer Höhe von 7,30 über Normalnull selbst den Flemhuder See, die Wasserscheide zwischen Nord- und Ostsee. Beeindruckend wuchtige Speicherhäuser entstehen in Holtenau, Rendsburg und Tönning, zugleich werden Brückenbauwerke, Schleusen- und Lotsengebäude errichtet. Es entstehen Pferdestationen, in denen immer zwei Pferdegespanne für die Treidelung vorzuhalten sind, und Brieftaubenexpeditionen entlang der Strecke übernehmen von Holtenau bis Tönning die Nachrichtenübermittlung. Vor der Kanalmündung in Holtenau erhalten zwei granitene Obelisken einen Platz, deren Inschrift »Patriae et Populo«, »Für Vaterland und Volk« die Intention, die den dänischen Staat zum Bau bewogen hat, nicht besser darzulegen vermag. Dem Volk soll die neue Wasserstraße in erster Linie dienen, soll den rückständigen Herzogtümern zu einem gewissen Aufschwung verhelfen und die Erschließung vorantreiben.

Endlich ist es soweit. Anfang Oktober 1784 meldet die Ausführungskommission die Fertigstellung des Kanals nach Kopenhagen, nachdem zuvor schon ein Schiff den Weg nach Holtenau genommen hatte. Am 18. Oktober, morgens um sechs Uhr beginnt dann die offizielle »Probefahrt«. Die Mitglieder der Kommission begeben sich auf das Kanalschiff ›Rendsburg‹ und lassen Ablegen. Ein Paketboot folgt. Beide werden jeweils von vier Pferden gegen den vorherrschenden Westwind gezogen. Nur langsam geht es zunächst voran; zu unerfahren sind die Schiffer, zu stark ist der Wind. Doch man ist nicht allein auf dem Kanal. Gleich zu Beginn, zwischen Holtenau und Knoop kommt ihnen ein nach Stettin gehender Heringsfänger entgegen, der von Tönning an den Großteil der Strecke unter Segeln zurückgelegt hat; auch viele kleinere, einheimische Boote befinden sich, meist Holz transportierend, auf dem Weg. Aufgrund der vorgerückten Stunde wird schließlich der Entschluss gefasst, für diesen Tag in Kluvensiek die Fahrt abzubrechen. Um halb sieben Uhr des folgenden Tages geht es weiter; 13 Uhr 30 ist Rendsburg erreicht. Die größte künstliche Wasserstraße der Welt, dieses dank seiner modernen Schleusen als technisches Wunderwerk geltende Bauwerk, kann endgültig seiner Bestimmung übergeben werden.

Zwar ist es großen seegehenden Schiffe nicht möglich, den Kanal zu passieren, doch entwickelt sich in der folgenden Zeit ein reger Verkehr mit speziellen Bootstypen, besonders nach 1785, als mit der Freigabe für den »Weltverkehr« die Wasserstraße nicht mehr ausschließlich einheimischen Schiffen dient. Neben dänischen nutzen vor allem holländische und Hamburger Reeder mit den kleineren Eider-Galiot, Eider-Schnigge, Tjalk, Bojer oder Kuff die Abkürzung, bringen Früchte, Kaffee, Tabak, Zucker in den Ostseeraum, holen Getreide, Malz, ein wenig auch Teer und Tran in den Westen und machen den Schleswig-Holstein-Kanal zur meistbefahrenen künstlichen Wasserstraße der Welt. Lebhaft entwickelt sich auch der Schiffbau in Tönning, Friedrichstadt, Nübbel und Rendsburg, auf deren Werften eigens für den schmalen Kanal angepasste Schiffstypen entstehen. Stetig steigt der Verkehr, bis er um 1850 auf hohem Niveau stagniert. Fünf von sechs Schiffen, jährlich bis zu 5000, nutzen in diesen Jahren den Kanal, statt den Weg durch die oft stürmische Öresundpassage zu nehmen. Erst mit dem Auftauchen der weniger sturmanfälligen Großsegler und Dampffrachter schwindet die Bedeutung. Hatten die größeren Schiffe, die den Kanal nicht befahren konnten, bisher ihre Fracht auf die kleineren Kanalschiffe umgeladen, so trotzen die neuen gewaltigen Frachtschiffe dieser Zeitverzögerung und benutzen mehr und mehr die Passage um Jütland herum in die Ostsee. Obwohl der Kanal zunehmend an Bedeutung einbüßt, bleibt er doch bis zuletzt die meistbefahrene künstliche Wasserstraße Europas.

*

»Von der Pracht der Vegetation dieser nordischen Lande macht sich Derjenige, der sie nicht selbst gesehen hat, kaum eine richtige Vorstellung. Es scheint, als ob die Natur nach sechsmonatlichem Winterschlafe hier desto schneller erwachte. Sie beeilt sich gleichsam den grünen Frühlingsschmuck anzulegen, um die düsteren, traurigen Tage der strengeren Jahreszeit vergessen zu machen. Die Feldblumen warten nicht einmal das Schmelzen des Schnees ab, die Baumknospen sprengen die dünne Eiskruste, welche die durch den aufsteigenden Saft belebten Zweige etwa noch bedeckt, und Alles entwickelt sich mit einem Ungestüm, das in dem wärmeren Klima Frankreichs unbekannt ist.

Von Rendsburg bis Kiel führt der Kanal durch einen wirklichen Park, eine Art Saint Cloud, aber mit zweihundert Fuß hohen Bäumen, vorzüglich Buchen, welche an Stelle der Eichen und Tannen der Vorzeit getreten sind. Hier erweitert sich die Eider zu einem ausgedehnten und ruhigen Wasserbecken, welches das Bild ihrer anmutigen Ufer unverändert widerspiegelt; weiterhin zieht sich der Fluss zusammen und windet sich in zahllosen Biegungen unter prächtigen Bäumen hin, deren Kronen sich über seinem Bette berühren und ein für die Sonnenstrahlen undurchdringliches Blättergewölbe bilden. Die Jacht gleitet ruhig durch den geheimnisvollen Laubengang, zwischen hölzernen Baken und geflochtenen Uferwänden hin. Die Fahrt scheint nach unbekannten Welten zu gehen. Rings um das Schiff säuselt und zittert ein Blättermeer, und das Ufer verschwindet gänzlich unter dem dunkelglänzenden Grün. Rosenstöcke neigen sich bei unserem unerwarteten Erscheinen; Wasserpflanzen mit grünen, still daliegenden Blättern scheinen zu erschrecken und tauchen in die schützende Tiefe, dagegen bleiben – um der bezaubernden Landschaft einen bestimmten Stempel aufzudrücken – während Buchfinken und Stieglitze eilends entfliehen, die Störche furchtlos stehen, wenn wir vorüberfahren, erheben sich dann raschen Fluges und suchen einen Platz auf den Gipfeln der Bäume oder auf dem Radneste der Bauerngehöfte.«

Kein geringerer als der französische Schriftsteller Jules Verne, dessen am Schreibtisch ersonnene utopische Reisen zum Mond, zum Mittelpunkt der Erde oder in 80 Tagen um den Globus zu den vielgelesenen Romanen seiner Zeit gehörten, bereiste am 17. Juni 1881 mit seiner Jacht ›Saint Michel‹

den Schleswig-Holstein-Kanal. Und wie er, so erlebten in der zweiten Hälfte des 19. Jahrhunderts viele Ausflugsreisende auf Dampfbooten die Schönheit der Wasserstraße zwischen Kiel und Rendsburg, bis durch den Bau des Kaiser-Wilhelm-Kanals, nachmaligen Nord-Ostsee-Kanals in den Jahren 1887 bis 1895 die alte Strecke bis auf wenige Rudimente verschwindet. Mit der neuen Wasserstraße, gegen alle Widerstände des preußischen Militärs und Kaisers Willhelm II. durch Kanzler Otto von Bismarck durchgeboxt, ist endlich das mehr als ein Jahrhundert währende Provisorium beendet, ist endlich die direkte Verbindung selbst für die großen Schiffe von der Ostsee zur Elbe hergestellt.

Weder Sieg noch Niederlage.
Das Gefecht bei Bornhöved und seine Folgen, Dezember 1813

Der Anfang vom Ende

Der Sieg Napoleons I. über die verbündeten österreichisch-russischen Truppen in der Dreikaiserschlacht bei Austerlitz am 2. Dezember 1805, die Gründung des Rheinbundes im Juli 1806 und die nur wenig später von Franz II. erfolgte Niederlegung der Kaiserkrone des Römischen Reiches Deutscher Nation veränderte das Antlitz Europas innerhalb weniger Monate. Immerhin versuchte Preußen, bis dahin auf Neutralität bedacht, noch einmal in Geheimdiplomatie einen Norddeutschen Bund als Gegengewicht zustande zu bringen. Und es sah tatsächlich im Juli 1806 so aus, als ob ein erster Schritt gelingen sollte, als die Diplomatie eine Verständigung mit dem Zarenreich herbeiführte. Doch die im selben Jahr erfolgte Niederlage Preußens in der Doppelschlacht von Jena und Auerstedt machte alle Hoffnungen endgültig zunichte.

Eine neue Zeit schien 1812 mit dem ins Stocken geratenen Einmarsch Napoleons in Russland anzubrechen. Als der französische Kaiser am 5. Dezember 1812 angesichts der drohenden Niederlage seine Truppen gar im Stich ließ und wegen eines bevorstehenden Staatsstreichs nach Paris zurückkehrte, da war der Untergang der zirka 300 000 Mann starken Armee in den Weiten und der Kälte Russlands endgültig besiegelt. Nur wenige Tausend der »Grande Armée« sollten in den folgenden Wochen nach Westeuropa zurückkehren. Die Herrscherhäuser und ihre Diplomaten horchten auf. Die Gemengelage schien diesmal entschieden günstig zu sein, und so gelang es schließlich, eine Koalition zwischen Preußen, Russland, Schweden und England zusammenzuschmieden, deren Truppenteile während des Jahres 1813 aufgestellt und in Stellung gebracht wurden. Wochen-, ja, monatelang belauerten sich die Kontrahenten, bis letztlich jede Seite meinte, ausreichend Soldaten hinter der eigenen Fahne vereint zu haben. Mit der Niederlage der napoleonischen Armee in der Völkerschlacht bei Leipzig vom 16. bis 19. Oktober war der Abgesang auf den französischen Kaiser in Mitteleuropa endgültig angestimmt. Jetzt galt der Weg Napoleons letztem Verbündeten: noch Anfang Oktober erklärte der dänische König, in völliger Verkennung der sich schon anbahnenden Tatsachen, Russland und Preußen den Krieg, ja, er stellte gar dem Kaiser ein hauptsächlich aus Schleswig-Holsteinern bestehendes Hilfskorps unter dem Kommandanten Prinz Friedrich von Hessen zur Verfügung. Der ehemalige französische Marschall Bernadotte, nunmehr als Kronprinz Karl-Johann auf dem Schwedenthron, erkannte deutlich die Chance, die es zu ergreifen galt. Hatte er doch ein Auge auf das seit dem 14. Jahrhundert in Personalunion mit dem Königreich Dänemark verbundene Norwegen geworfen. Nichts kam da gelegener als die beiden Herzogtümer Schleswig und Holstein, gleichsam als Faustpfand und Tauschmasse, in seine Gewalt zu bringen. Waren die Alliierten, vor allem Russland, zunächst skeptisch, so leistete der »Schwede« doch ganze Arbeit und erhielt letztlich die Genehmigung zu seinem Vorhaben. Die unter seinem Kommando stehende Nordarmee, zunächst zur Befreiung der Städte Lübeck und Hamburg in Marsch gesetzt, erhielt neue Order. Der Vormarsch der vereinigten Truppen der Armee in Richtung Norden – unter anderem auch auf Hamburg und Holstein, wo noch französisches Militär in Stellung lag – begann.

Im Herzogtum Holstein ist die Lage zunächst noch ruhig; Friede herrscht noch wie seit Urgedenken. Doch am 12. November erfolgt ein erstes Donnergrollen. Eine Bekanntmachung der »Königl. Holstein-Schleswigschen Kanzelay zu Kopenhagen« trifft in den Bezirken ein, in der angeordnet wird, der nach Holstein zurückkehrenden Militärdivision Verpflegung und Quartier unentgeltlich anzuweisen. Nun ist es mit der Verproviantierung so eine Sache, wenn, wie in diesem Jahr, die Ernte nicht gut war, wenn die Lager nahezu leer stehen. Von März bis Ende Juni wehten beständig starke, kühle Winde aus Norden und Osten, gefolgt von Nebel, und auch heftige von Überschwemmungen begleitete Regengüsse minderten die

Erträge um ein Beträchtliches. Darüber hinaus setzte auch der Winter 1813 früh und kalt ein.

Die Schlinge zieht sich zusammen

Die Waffenbrüderschaft zwischen Franzosen und Dänen beginnt sich angesichts des heraufziehenden Ungemachs langsam aufzulösen. Noch stehen die Truppen Seit an Seit, halten Wacht entlang der Linie Lübeck-Travemünde, Ratzeburg-Mölln, Hamburg. Dann lässt Marschall Davout die Katze aus dem Sack. Während eines in Mölln abgehaltenen Kriegsrates am 22. November teilt er kurz und bündig mit, seine französischen Truppen in den folgenden Tagen in Richtung Hamburg abzuziehen. Der Rückzug beginnt am 1. Dezember und schon bald klafft eine Lücke von 25 Kilometern zwischen den Verbündeten. Zwei Tage später befinden sich die Franzosen im ihnen sicher erscheinenden Hamburg. Auf die dänischen Verbände unter dem Oberbefehl Friedrichs von Hessen, Schwager des dänischen Königs, kommen schwere Zeiten zu. Seine Truppen bestehen nur aus zwei Brigaden und sind mit ihren 10000 Mann den 34000 heranmarschierenden Schweden, Russen und Freicorps-Verbänden unter General Tettenborn hoffnungslos unterlegen. Da scheint der geordnete Rückzug, unter fortwährender, den Gegner zermürbender Verteidigung, das richtige Mittel, um Zeit zu gewinnen. Eine ordentliche Verteidigungslinie kann nur weiter im Landesinneren aufgebaut werden.

Als die ersten Meldungen eintreffen, die feindlichen Truppen hätten am 1. Dezember bei Boizenburg über die Elbe gesetzt und kontrollierten auch schon die Straße nach Lübeck, wird Mölln Hals über Kopf aufgegeben. Während man noch dabei ist, die Hauptteile der Armee mit ihrem Hauptquartier nach Oldesloe zu verlegen, schlägt der schwedische Oberbefehlshaber schon sein Quartier in Ratzeburg auf und definiert die Ziele der nächsten Tage: sollte der Stoß zunächst auf Hamburg erfolgen, so kristallisiert sich jetzt die Meinung heraus, zunächst Oldesloe und Lübeck in seine Gewalt zu bringen. Hamburg mit seinen massierten französischen Verbänden müsse dagegen umgangen und vom Hinterland abgeschnitten werden. Notwendige Umstellungen einzelner Truppenteile erfolgen und bescheren den Dänen einige Stunden des Verschnaufens. Doch schon stößt General Tettenborn überraschend mit seinen »wilden Reitern«, diesen wieselflinken Kosaken-Verbänden, in das Innere Holsteins vor, um die rechte Flanke der Dänen bei Oldesloe zu bedrängen, schon brechen zeitgleich schwedische Truppen in Richtung Lübeck auf.

Im dämmernden Morgengrau des 5. Dezember stehen schließlich Teile der Invasionstruppen vor den Toren der ehrwürdigen Hansestadt an der Trave. Zeitgleich mit den Vorbereitungen zum Sturm auf die Mauern laufen Verhandlungen mit dem französischen Stadtkommandanten General Lallemand. Endlos lang ziehen sich die Stunden dahin. Endlich, als dem noch in der Stadt weilenden dänisch-polnischen Truppenverband ein freie Abzug zugestanden wird, gibt es ein Aufatmen. Um 15 Uhr ist die friedliche Kapitulation beschlossene Sache, und sieben Stunden später entschwinden die eingeschlossenen Truppen unbehelligt im Dunkel der Nacht in Richtung Segeberg. Rund 2000 Mann stapfen über unwegsame, vom Mond beschienene Schlammwege. Es gilt einen beruhigenden Vorsprung zwischen sich und die Schweden zu bringen, denn, so hatte der Befehlshaber es sich in den Verhandlungen mit den Schweden ausbedungen, erst mit Anbruch des folgenden Morgengrauens darf mit der Verfolgung begonnen werden.

Und noch jemand befindet sich auf dem nächtlichen Weg. Zur selben Zeit müht sich Friedrich von Hessen mit seinen aus Oldesloe abgezogenen und von den Kosakenverbänden hart bedrängten Truppen über Niendorf und Leezen ebenfalls in Richtung Segeberg, immer noch das große Ziel vor Augen, eine feste Verteidigungslinie aufzubauen. Dabei verhindern die grundlosen Wege, ein typisches Merkmal Holsteins, den direkten Marsch. Nach großen Strapazen gelangen er und Lallemand mit ihren erschöpften Truppen mittags nahezu zeitgleich im Ort mit dem Kalkberg an. Der einzige Vorteil, der beiden in die Hände spielt, ist das Wissen um das Gelände und die Wege. Die Verfolger, meist ohne ortskundigen Führer, verzweifeln immer wieder an diesen. Bis zum Bauch versinken die Pferde oft im Morast, tiefe Gräben müssen durchquert werden, um dann stundenlang über aufgeweichte Wege und durch hauchzart mit einem Eisfilm überzogene Buschgewässer voranzustolpern. Hin und wieder gelingt es ihnen, einen Bauern als Führer zu erwischen, der, seine Flucht zu verhindern, meist mit einem Strick um den Hals mitgeführt wird.

Nur einen Tag zuvor: Während die zurückziehenden Truppen aus Lübeck und Oldesloe sich noch in Richtung Segeberg bewegen, herrscht zwanzig, dreißig Kilometer weiter nördlich im Landesinneren tiefster Friede. Hier haben sich die Bewohner der Ortschaften und Gehöfte der Herrschaft des Winters gebeugt. Der leichte Frost hat die schlammigen, durchweichten Wege noch nicht hart gefroren; sie gelten gemeinhin als nahezu unpassierbar. Nachrichten treffen wenn überhaupt, dann nur aus den unmittelbar angrenzenden Nachbardörfern ein. Zwar ist die Kunde von Napoleons Niederlage in Russland und dem Ausgang der Völkerschlacht bei Leipzig inzwischen auch bis in die entferntesten Siedlungen gedrungen, auch haben einige der Bewohner von neu aufgestellten Heeren im Norden des alten deutschen Reiches gehört, doch noch ist die Bevölkerung völlig ahnungslos und im Zweifel, ob die gegen Napoleon vereinten Kräfte auch in ihr dänisches Holstein eindringen würden. Hin und her gehen die Reden. Im kleinen Ort Bornhöved hält es indes der Pastor immerhin für geboten, am zweiten Adventssonntag, dem 5. Dezember, durch eine Predigt die Kirchengemeinde auch auf diesen Fall vorzubereiten. Wie recht er tat, zeigt schon der folgende Tag.

Ein kurzer Blick des Oberbefehlshabers auf seine und Lallemands Soldaten, auf die von den gewaltigen Anstrengungen der vergangenen Nacht noch dampfenden und schnaubenden Pferde genügt, um immerhin eine Entscheidung zu fällen: Zeit zu einer geordneten Verteidigungslinie ist auch hier nicht gegeben. Weiter, es muss weiter an den Rückzug gedacht werden, und zwar schneller als erhofft. Der Weg über Neumünster zur Festung Rendsburg ist mit diesem erschöpften Material an Menschen und Pferden selbst auf dem eingermaßen passierbaren Weg zu risikoreich. Besser wäre es, sofort mit der Hauptstreitmacht über Bornhöved nach Kiel zu ziehen, um dort das gedachte Werk zu verrichten. Die von Hügeln geprägte und mit zahllosen Knicks durchwirkte Landschaft wäre dabei ein ideales Gelände, um die – wie sich herausgestellt hatte – überlegene schwedische Kavallerie nicht zur Entfaltung kommen zu lassen. Die bewachsenen Erdwälle böten immer wieder reichlich Möglichkeit, ungesehen eigene Verteidigungslinien aufzubauen. Nach nur zwei Stunden Rast bricht Friedrich von Hessen mit seiner Hauptstreitmacht aus Segeberg auf, um gegen Mittag mit der ersten Brigade und dem Stab vor den Toren Bornhöveds sein Biwak für diesen Tag aufzuschlagen. Er selbst bezieht mit seinem Stab fünf Zimmer des Pastorats. Für den Geistlichen und seine Familie bleibt immerhin noch ein Raum.

Das Gefecht

Bornhöved, ein erwürdig alter, wohl von Bischof Vicelin im 12. Jahrhundert gegründeter Ort mit seiner 1150 geweihten, das Land überragenden Feldsteinkirche, dieser Ortsname hat entschieden historische Bedeutung für das ganze Land. Am Knotenpunkt zweier für das mittlere Holstein wichtiger Überlandwege gelegen, hielt im Mittelalter die holsteinische Ritterschaft, hielten Adel, Prälaten, Stände und die Vertreter der Städte ihren Landtag ganz in der Nähe auf dem Vierth bei Ruhwinkel ab. Doch weitreichendere Bedeutung erlangte der Ort durch zwei entscheidende Schlachten, die sich vor den Toren des Ortes zutrugen. Gelang es den Franken und ihren Verbündeten 798 auf dem Sventanafeld die nordelbischen Sachsen in die Flucht zu jagen und damit die Christianisierung Holsteins einzuleiten, so besiegten die Schauenburger an der Spitze einer Koalition 1227 das Heer König Waldemars II.

Der dänische Einfluss wurde bis zur Eider zurückgedrängt. Sollte sich hier erneut eine Entscheidungsschlacht anbahnen?

Nach einem Tag des Verschnaufens erscheint auch dieser Ort nicht mehr allzu sicher. Ordonnanzen bringen Kunde vom nahenden Gegner. Friedrich von Hessen erteilt den Befehl zum Aufbruch. Wieder binden die Infanteristen die Lappen um die wunden Füße, schnüren die Stiefel, schultern den Tornister. Wieder satteln Reiter ihre Pferde und fahren Gespanne vor die Kanonen. Gegen die Mittagsstunde melden die Befehlshaber der einzelnen Abteilungen die Abmarschbereitschaft. Die Brigade setzt sich in Bewegung und zieht schließlich durch den Ort, um jenseits desselben wieder Halt zu machen und erneut Stellung zu beziehen. Die zweite Brigade, die in der Umgebung Bornhöveds in Hamdorf, Daldorf und Tarbek Quartier bezogen hatte, folgt unmittelbar. Sie durchquert den Ort, rastet schließlich nur wenig weiter nördlich hinter der ersten und erwartet das Kommende, allerdings weiter in Marschkolonne in Richtung Norden verharrend. Zwei Jägerkompanien und eine Husarenschwadron dagegen werden südlich vor den Toren des Ortes an einem Engpass, einem zum Dorf führenden Redder, postiert. Hier kreuzt der Weg Bornhöved-Segeberg einen ostwestlichen; hier sind beide Wege mit von Gräben gesäumten Erdwällen seitlich eingefasst und bilden so eine natürliche Verteidigungslinie in Richtung Südwest-Nordost. Durch diesen hohlen Weg, diesen natürlichen Engpass, muss der Feind kommen, so er den Ort nach Norden in Richtung Kiel passieren will. Der Oberbefehlshaber der dänischen Soldaten hatte die militärische Bedeutung des Ortes gut erfasst. Östlich von einem durch zwei Wasserläufe durchzogenen Sumpfgelände und dem See geschützt, scheint das sandige, von Gräben und Weißdornhecken durchwobene Gelände vor dem Dorf einen Angriff auf breiter Front nahezu unmöglich zu machen. Reiter können bei einem Angriff jenseits der vorgegebenen Wege nur durch die Heckentore, die die Felder untereinander verbinden, vorankommen oder aber durch den »Hohlweg«, der ins Dorf führt. Und dort, vor der Kreuzung, liegt eine größere freie Ebene, die einen guten Blick auf näher kommende Truppen erlaubt. Wird es hier möglich sein, eine feste Verteidigung aufzubauen? Der inzwischen eingetroffene Befehl des dänischen Königs, umgehend Waffenstillstandsverhandlungen einzuleiten – der Staat ist inzwischen bar jeglicher Mittel zum Unterhalt der eigenen Truppen – lässt sich nur aus einer gefestigten Position heraus vorantreiben. Flüchtende Soldaten sind keine Gegner mit denen verhandelt wird.

Noch sind die letzten Befehle kaum verklungen, und die Truppen bemühen sich, die erteilten Orders umzusetzen, noch beziehen die Posten ihre Stellungen hinter den Knicks und an den Heckentoren am Engpass, als auf der offenen Ebene der kargen, leicht ansteigenden Heidelandschaft ein Haufen Soldaten erscheint. Reiter, marschierende Infanterie, gefolgt von Artillerie mit vier Kanonen, versuchen hastig das offene Gelände zu durchqueren. Die Aufklärer erkennen bald die eigenen Truppen: General Lallemand erreicht, kaum eine halbe Stunde nach Beginn des Aufbruchs des Oberbefehlshabers, abgekämpft Bornhöved. Seit seinem Abzug aus Segeberg sind ihm die Schweden auf den Fersen. Mit den Fußtruppen und den schweren Geschützen ging es nur langsam voran, und seit Stunden berichten ihm die Adjutanten immer wieder von einzelnen Geplänkeln zwischen seiner Nachhut und den vorderen Truppenteilen der Schweden.

Erleichtert, dass die Verfolger seine Truppe unbeschadet die offene Heidefläche passieren ließen, erteilt der französische General unmittelbar mit Erreichen der sicher scheinenden Kreuzung mit dem dahinter beginnenden Engpass seine Befehle: zwei Kanonen werden am Beginn der Wegkreuzung postiert, Schleswiger und Oldenburger Jäger sowie Holsteiner Scharfschützen zwängen sich zwischen Büsche und Bäume des Knicks links und rechts der Kreuzung. Dahinter folgt Infanterie, gebildet aus zwei holsteinischen Scharfschützenbataillonen, die im Engpass Stellung beziehen und ihn so abzuriegeln versuchen. Dergestalt gesichert, passiert der Rest der Truppen den Weg und rückt in den südwestlichen Teil Bornhöveds am Kirchhof ein. Doch noch sind nicht alle Soldaten im sicher scheinenden Ort. Gerade reiten zwei polnische Ulanenschwadronen in den Engpass ein, als hier das für Dänen und Franzosen Unbegreifliche geschieht.

General Skjöldebrand, der mit seinen Männern von Lübeck aus die Verfolgung Lallemands aufgenommen hatte, war mit Teilen seiner Kavallerieabteilung während der letzten Kilometern den Franzosen wieder sehr dicht auf die Fersen gerückt, ohne jedoch, aufgehalten durch kleinere Scharmützel und das Gelände, nah genug heranzugelangen. Sollte noch etwas machbar sein, dann nur jetzt, wo zahlreiche Mannschaften der Dänen noch selbst im Engpass Richtung Dorf stecken. Wenn auch noch ein Teil seiner Soldaten wenige Kilometer südöstlich durch Daldorf reitet, nehmen die Schweden mit rund 900 Mann zunächst in leichtem Trab, dann im Sturm die Richtung über das freie Gelände nach dem Querweg. Die Holsteiner Jäger senden den heranstürmenden Reitern aus ihrer sicheren Deckung hinter den Erdwällen und Hecken erste Schüsse entgegen. Während die beiden Kanonen ein erstes Mal wummern, erreichen im Vorgeplänkel weitere schwedische Husarenschwadronen die vorderste Linie. Trompetensignale erschallen, und während der schwere Pulverrauch des ersten Scharmützels in Schwaden über das Feld wabert, die Vorgepreschten wieder zurückreiten, bildet sich die Front heraus. Die Dänen fühlen sich hinter den Hecken und Wällen immer noch sicher; ein wahrhaftiger Angriff der Schweden wird nicht erwartet, ja, scheint einigen Offizieren gar unwahrscheinlich. Und so stehen sie fernab ihrer Truppenteile auf dem Hauptweg in einem Schwätzchen begriffen, schauen auch noch zu, wie der letzte Rest der Lallemandschen Truppe, polnische Ulanen, müde auf ihren abgekämpften Pferden im Engpass Richtung Bornhöved einreiten.

15 Uhr ist es, und der Tag beginnt zu dunkeln. Irgendwo erklingt bei den Schweden das Kommando »Marsch, marsch!«, dessen Silben fetzengleich der Wind fortträgt; Reiter preschen los. In höchstem Tempo nähert sich die aus sechs Reiterschwadronen gebildete schwedische Front. Als Vorbild mit seinem Stab mitten unter ihnen, braucht General Skjöldebrand niemanden seiner Soldaten anzuspornen. Natürlich ist nach

einigen Metern wieder einmal der verwegene »kleine Teufel«, Major von der Lancken, mit seinen Männern eine kurze Pferdelänge voran. 30 Schritte vor der Kreuzung am Querweg empfangen erste Gewehrsalven und das Donnern der beiden Kanonen die Heranstürmenden. Trotz des Verlustes an Pferden, trotz zahlreicher Verwundeter, tritt keine Verwirrung ein. Weiter geht es in Richtung der Feuer speienden Kanonen. Doch dort wird es plötzlich ruhig. Die Schweden setzen über die Kanonen hinweg, säbeln die Artilleriesoldaten nieder, reiten die zur Absicherung der Stellung gehörenden 35 Infanteristen und Scharfschützen regelrecht über den Haufen und sprengen hinter den noch immer mitten im Rückzug begriffenen polnischen Ulanen in den Engpass. Wenige Reiter kümmern sich um die überrumpelten Dänen und führen sie in die Gefangenschaft.

Auch die seitlich der Kreuzung links und rechts heranstürmenden Reiter werden 50 Schritt vor dem Erdwall mit Gewehrsalven empfangen. Stürzende Pferde, schreiende Verwundete und Tote, lassen den Vorstoß hier zunächst in große Stockung geraten. Doch schon setzen an einigen Stellen die ersten Reiter, im Versuch, den Gegner von der Seite anzugreifen, tollkühn über den Wall. Den Dänen gelingt es sofort, eine zweiseitige Front aufzubauen und mit ihrem Gewehrfeuer den Schweden ausreichend Verluste beizubringen. Es sieht im ersten Moment so aus, als ob sie auf einen neuerlichen und stärkeren Ansturm verzichten würden. Der Angriff östlich des Engpasses scheint gescheitert. Doch plötzlich springt die Leibschwadron in die Bresche und verstärkt die dezimierten Reiter. Erneut beginnt der Angriff der Schweden, kein Halten gibt es mehr, der Wall wird regelrecht überritten. Die holsteinisch-dänische Fußtruppe gerät angesichts der Präzision der Angreifer, deren Schnelligkeit und Tollkühnheit in Panik, und als die ersten schwedischen Reiter heranstürmen und auf die Männer einhauen und einstechen, hat es ein Ende mit der geordneten Verteidigungslinie. Nur das eigene Leben retten, lautet die Devise. Einige versuchen zum Engpass zu gelangen, stehen dort ja eigene Truppen, andere zerstreuen sich im Gewirr der Hecken und Gräben. Die Befehlshaber versuchen zunächst noch unter Anwendung körperlicher Züchtigung Ordnung in den fliehenden Haufen zu bringen und ihn zur Umkehr zu bewegen. Doch es ist vergebens.

Auch westlich der Kreuzung spielt sich Ähnliches ab. Vermeintlich sicher hinter dem Erdwall vor einem Angriff geschützt, gelingt es auch hier den Schweden dank ihrer Schnelligkeit, doch den Wall zu erreichen, über die darauf befindliche Hecke zu setzen und die Scharfschützen zu überrumpeln und in die Flucht zu schlagen. Ein weiteres, dahinter liegendes Bataillon, versucht noch in aller Eile ein Karree zu bilden, wird aber durch die heran- und hindurchpreschenden Reiter einfach auseinander gerissen. Auch hier folgen Panik und Flucht. Waffen werden weggeworfen. Das eigene Leben hat oberste Priorität. Nur zu spät gelingt es einigen dänischen Offizieren verstreute Reste auf einem Feld zu sammeln.

Während rechts und links des Wegekreuzes der Kampf beginnt, stürmen auch schon die ersten Reiter in den Engpass hinein. Der schnelle Vorstoß der Husaren zeigt Wirkung. Zu den Seiten gibt es wegen der immer enger zusammenlaufenden Erdwälle kein Entweichen, im Rücken drängen die Schweden, vor ihnen stehen im Engpass die eigenen Truppen. Die Angst, zwischen den beiden Blöcken zermalmt zu werden, steht jedem Einzelnen auf dem Gesicht geschrieben; Panik macht sich bei den Ulanen breit. Einziger Ausweg bleibt die Flucht nach vorn, in Richtung Bornhöved. Die Lanzen werden gefällt und gegen die eigenen Waffenbrüder gerichtet. Angesichts der Gefahr, von den Kameraden aufgespießt zu werden, versuchen nun auch die im Engpass postierten dänischen Truppen wieder in Richtung Dorf zu gelangen. Genau in diese Umkehrbewegung der Soldaten stoßen die Ulanen. Eine Stauung entsteht. Auf engstem Raume drängen sich schon bald Freund und Feind und schieben sich gleichsam als Korken in einen Flaschenhals, getrieben durch immer stärker herandrängende schwedische Husaren, langsam nach Norden dem Dorf zu. Ineinander verkeilt geht es nunmehr aus dem Engpass heraus in Richtung Bornhöved. Von der Schusswaffe Gebrauch zu machen, selbst zu einem Säbelhieb auszuholen, ist nahezu unmöglich. So ist es durchaus nicht verwunderlich, wenn es später lauten wird, es seien »nur« sechs Dänen getöteten worden. Und so gerät die Masse unter großem Tumult mit Handgreiflichkeiten und Geschrei in den Ort auf die Hauptstraße. Doch eine Entwirrung findet auch hier nicht statt. Machte sich bei der Bevölkerung bei den ersten einmarschierenden Truppenteile zuerst Unruhe breit, so folgt jetzt die schiere Angst angesichts der ineinander verkeilten, umeinander in verschiedensprachigem Stimmengewirr herumtobenden Soldaten. Viele Bornhöveder versuchen sich in Kellern oder auf den Dachböden in Sicherheit zu bringen. Hier und dort fällt ein Blick aus einer Luke auf das wirre Treiben auf der Hauptstraße.

General Lallemands Hauptstreitmacht, kaum das sie am Kirchhof ihr Biwak aufschlägt, so erhält sie auch schon den Befehl zum sofortigen Aufbruch. Mitten im begonnenen Rückzug trifft nun ein Knäuel an Soldaten im Dorf ein. Die hart drängenden schwedischen Reiter stoßen nach kurzer Zeit auch Teile dieser Truppe vor sich her. Ein Befehlshaber geht dabei verloren, so dass eine im Aufbruch stehende Abteilung brav auf der Stelle tritt, ohne dem Feind eine ordentliche Gewehrsalve zuzusenden. Auch sie wird schließlich mit in den gemischten Haufen integriert und von den immer zahlreicher in das Dorf einreitenden schwedischen Husaren in Richtung Nordausgang des Dorfes gedrängt, wo auf einem Feld die dänische Hauptstreitmacht lagert. Wie würde sie reagieren?

Als die ineinander verbissenen Soldaten dem Dorfausgang zustreben, folgt von den inzwischen in Stellung gegangenen Dänen der Hauptstreitmacht Gewehrsalve auf Gewehrsalve in Richtung Dorf. Auch der dumpfe Knall der Geschütze mischt sich hinzu, doch meist treffen die Kugeln nur die Häuser. Hier im Norden, auf freiem Feld vor den Toren Bornhöveds, findet schlussendlich die Entwirrung des Menschenknotens durch den kräftigeren Widerstand, den der Kugelhagel ankündigt, statt. Um nicht dem Feuer der eigenen Soldaten zu erliegen, entweichen Dänen und Polen nach den Seiten, während Skjöldebrand den sofortigen Rückzug befiehlt. Seine Reiterscharen sind inzwischen weit auseinander gerissen und in Unordnung geraten. Zu schnell, zu unübersichtlich vollzog sich der Ritt durch den Ort. Noch befindet sich dort geflohene, in einzelnen Bauten versteckte und somit bedrohliche Reste dänischer Infanterie.

Der Rückzug

Wie erfolgreich und forsch das Vorpreschen der Schweden zunächst auch erschien, der Rückzug gerät zu einem Spießrutenlauf. Von in Häusern und Gärten verschanzter Infanterie beschossen, findet im schnellen Ritt der Rückzug durch Bornhöved statt. Am südlichen Ausgang angelangt, geht es in wildem Galopp durch den Engpass. Versprengte dänische Infanteristen, von ihren Vorgesetzten gesammelt und hierher geführt, feuern Salve auf Salve in die Seite der schwedischen Reiter. Nirgends während des ganzen Gefechtes sind die Verluste der Schweden größer als zu diesem Zeitpunkt, obwohl sie versuchen, die Pferde zum Äußersten anzutreiben und durch tiefes Niederbeugen auf den Pferdehals die Zielfläche zu verringern. Glücklich, wenn auch unter zahlreichen Verlusten, aus dem Engpass heraus auf das freie Feld gelangt, lässt Skjöldebrand dort, wo alles begonnen hatte, zum Sammeln trompeten und befiehlt das Bilden einer Front in Richtung Dorf. Sollte der Feind wieder aus dem Ort herauskommen, so werde der Empfang ein entsprechender sein. Zur Säuberung des Engpasses von den gegnerischen Infanteristen wird noch schnell eine Reiterschwadron in Bewegung gesetzt, welche auch mit der Vertreibung der Dänen in das Dorf ihren Auftrag erfüllt. Die Minuten rinnen dahin, während die Schweden warten. Inzwischen hat die Dunkelheit die Vorherrschaft übernommen. Nichts geschieht, nirgendwo bewegt sich etwas. So müssen die Kundschafter ran, um die Lage im Ort zu klären. Das Schweigen wird nur durch das Stöhnen der Verwundeten durchbrochen. Dann verbreitet sich die überraschende Erkenntnis in Windeseile: rückkehrende Späher vermelden ein geräumtes Dorf.

Die Dänen hatten den Ort nicht wieder in Besitz genommen, waren vielmehr hastig mit ihrem Haupttross in der Dunkelheit in Richtung Preetz und weiter nach Kiel aufgebrochen; die Nachhut dagegen wählte den direkten aber vom Zustand der Straßen beschwerlicheren Weg und rastete erst wieder zwischen Nettelsee und Honigsee. Einzelne verspengte Verbände flohen in Panik immer weiter, bis sie Tage später in Jütland auftauchen.

Die Neuigkeit ist bei den schwedischen Truppen kaum verklungen, als sie im Mondschein wieder ins Dorf einreiten und Bornhöved diesmal endgültig in Besitz nehmen. Endlich, nachdem auch die Verteidigung geregelt worden ist, ist Zeit, Verwundete und Gefangene zu versorgen, darunter viele blessierte Dänen. Auch zahlreiche Versprengte sind in die Hand der Schweden geraten. Im ersten Wirrwarr lauten die Bekanntmachungen auf über 300, ja, bis zu 600 Gefangene. Später gelten offiziell bei den Dänen 75 Mann als verschollen, 35 als verletzt bei 11 Toten. Auf Seiten der Schweden sind 55 Soldaten verwundet, 21 getötet bei 128 verlorenen Pferden. Ein immer merkwürdiger Vorgang bleibt aber das Verschwinden der Toten; ihre letzte Ruhestätte ist unbekannt. Ob sie zunächst in die Kirche gebracht werden – Augenzeugen wollen brennende Kerzen auf dem Altar erkannt haben –, ob Gefangene im Gotteshaus festgehalten werden – Stroh wurde hereingetragen – oder gar die Verwundeten dortselbst liegen, darüber kann uns auch der Pastor keine Auskunft erteilen. Wie schon zuvor der dänische Oberbefehlshaber mit seinem Stab, so bezieht auch General Skjöldebrand das Pastorat und bindet mit seinen Wünschen und Forderungen den Geistlichen ans Haus.

Das Gefecht bei Bornhöved war vordergründig keine große Schlacht, endete weder mit Sieg noch Niederlage der einen oder anderen Seite, doch eine unmittelbare Wirkung auf die politische Gemengelage in Europa ist ihm nicht abzusprechen. Die Schweden erreichen durch ihren mit Mut, Verwegenheit und eine gehörige Portion Glück ausgeführten Reiterangriff einen moralischen Vorteil. Demoralisierung und die Flucht zahlreicher ohnehin schon erschöpfter Truppenteile bis weit ins Landesinnere ließen den dänischen Oberbefehlshaber erkennen, dass seine Intention, eine sicheren Verteidigungslinie vor Kiel zu bilden, wenig Erfolg versprechend, wenn nicht gar unmöglich sei. Schon am Morgen des 8. Dezember, dem Tag nach dem Gefecht, beginnen Waffenstillstandsverhandlungen, die schlussendlich am 14. Januar zum »Kieler Friede« führen.

Fremde Truppen

Noch ist das Gefecht kaum ein paar Stunden alt, da wird die Umgebung schon durch schwedische Truppen besetzt. Zahlreich sind die Einquartierungen auf den Bauernhöfen in den umliegenden Ortschaften. Und die Soldaten nehmen sich, was sich ihnen links und rechts des Weges anbietet: hier ein Pferd, da das eigene den Strapazen erlegen war, und dort werden Lebensmittel in Beschlag genommen, da der Nachschub nicht nachkommt. Auch die gerechte Verteilung der Truppen ist im Wirrwarr der ersten acht Tage nicht möglich. Die Einheiten fordern willkürlich Quartier in den Dörfern und dort, wo sie untergebracht sind, auch eine entsprechende Beköstigung. Die Soldaten leben aus den Töpfen der Bevölkerung. Immerhin verhalten sich die schwedischen Truppen im allgemeinen diszipliniert. Anders sieht es bei den Tage später folgenden Freicorps- und russischen Kosaken-Verbänden aus. Sie erhalten keinen Sold, sondern müssen sich an den Unterlegenen schadlos halten. Allein zu diesem Zweck führen sie in ihrem Tross Wagen mit und bepacken diese mit den Gütern, die sie aus den Häusern wegplündern. Obwohl die Kosaken unter General Tettenborn mit nur 2000 Mann im Lande agieren, hinterlassen sie doch, aufgrund ihres fremdländischen Aussehens, der bunten Uniform, vor allem aber durch ihre für die Bevölkerung unvorstellbare Geschwindigkeit, mit der sie auf ihren kleinen Pferden hier und dort auftauchen und wieder verschwinden, einen bleibenden Eindruck. Besser wird es erst mit Abschluss des Kieler Friedens am 14. Januar 1814. Die Freicorpsverbände werden jetzt durch reguläre, meist russische

Truppen ersetzt und die Plünderungen in weiten Teilen des Landes somit unterbunden. Nun sollen sich diejenigen, von denen requiriert wird, möglichst Quittungen geben lassen, damit – ein wohl eher frommer Wunsch – zu einem späteren Zeitpunkt der entstandene Schaden auf eine »noch festzulegende Art« erstattet werden könne.

Bei dieser unsicheren Lage handelt es sich aber nicht um das einzige Ungemach. Nicht nur, dass nach einer fast hundertjährigen Zeit, in der die Herzogtümer Schleswig und Holstein von größeren militärischen Auseinandersetzungen verschont geblieben waren, nunmehr der Krieg und seine damit verbundenen Lasten hautnah zu erleben sind, man ist auch noch doppelt gestraft. Spätestens ab dem 25. Dezember 1813 bricht durch aus Mecklenburg mit den Truppen eingeführte Rinder die Viehseuche aus. Nun ist es mit dem Tode der verseuchten Tiere nicht getan. Damals gilt es nur als Empfehlung, die verseuchten Rinder von den gesunden zu separieren, zu töten und die Ställe auszuschwefeln. Und dort, wo man sich das Erschlagen schlichtweg erspart, geht zu allem Unglück der gesamte Bestand an Kühen verloren. Zwar dauert die Seuche nur einige Wochen, doch bringt sie manchen einmal mehr an den Rand seiner Existenz. Die nüchterne Bilanz in den umliegenden Dörfern Bornhöveds vermag darüber nichts auszusagen: 486 Stück Vieh werden erschlagen, 1132 Stück sterben an der Seuche. Und während all dieser Wochen folgen Einquartierungen mal hier, mal dort. Es gibt Zeiten, da ist jeder Bauernhof mit 15–16 Soldaten belegt. Oftmals gibt es kein Atemholen mehr. Eine Einquartierung folgt der nächsten. Mit dem Friedensschluss im Januar keimt kurz die Hoffnung auf einen Truppenrückzug auf. Doch diese Hoffnung erweist sich als Trugschluss, da immer noch französische Soldaten Hamburg besetzt halten und auch Schweden noch nicht sein Ziel erreicht hat, Norwegen als Kriegsbeute den Dänen abzuringen.

Um von vornherein mögliche Konflikte zu begrenzen, werden den Bezirksverwaltungen die Verhaltensweisen im Umgang untereinander klar dargelegt: die Bauernvögte und die Gastgeber haben für Verpflegung und Unterkunft der einquartierten Soldaten zu sorgen, ferner sich in gutem Einvernehmen mit den Offizieren, ja, mit der gesamten Einquartierung zu setzen. Dabei sind die Bauernvögte und ihre Untergebenen für die strikte Befolgung dieses Befehls verantwortlich. Die ohnehin nicht reichlichen Vorräte in den Häusern schmelzen darüber hin. Ganze Bezirke geraten nahe an den Rand des Ruins.

Nun ist das Unterbringen der Soldaten nur ein Aspekt; ganze Truppenteile und deren Material müssen auch bewegt werden. Insgesamt sind zwar in Kiel, Neumünster, Itzehoe, Bramstedt, Nortorf, Preetz und Oldesloe Wagenparks mit requirierten Gespannen und Pferden angelegt worden, stehen dort zwei- und vierspännige Wagen, reitende Boten und Vorspannpferde zur Verfügung, doch lässt sich das Transportwesen aufgrund starker Nachfrage während all der folgenden Monate kaum zur Zufriedenheit organisieren. Und da greifen die Platzkommandanten – wie soll es anders sein – auf die Besitzenden der Umgebung zurück. So werden immer wieder Gespannwagen für Fahrten angefordert, die von den Bauern nur unter Murren zur Verfügung gestellt werden. Immer wieder fehlen diese Wagen und deren Gespannführer bei der eigenen, doch bitternotwendigen Arbeit.

Hinzu kommt: nicht immer ist den Befehlen eine klare Linie zu entnehmen; hektisch versehen im Zeitalter der noch draht- und funklosen Kommunikation die Depeschenreiter wichtige Einsätze. Mal fordert ein Platzkommandant zur Beförderung eines Eskadrons Wagen an, die sich am Abend hier oder dort einfinden sollen. Nur wenige Stunden später geht jedoch von dort ein Schreiben ab, das die Wagen genau zum entgegengesetzten Platz beordert.

Das Jahr nähert sich dem Ende und immer noch sind Truppenteile unterzubringen; nach einem Jahr der Beherbergung fremder Soldaten erfolgt am 6. Dezember 1814 von Kiel aus die Bekanntmachung des bevorstehenden Abzuges der russischen Soldaten. Aber auch die bisher noch zusammengezogenen dänisch-holsteinischen Truppen werden nunmehr aufgelöst und dürfen in ihre Heimat. Noch einmal sind die Lasten von der Landbevölkerung zu tragen, noch einmal sind Truppen unterzubringen, sind Hand- und Spanndienste zu leisten. Doch auch diese Wochen enden einmal; der Spuk ist endgültig vorbei.

Viele Dezennien bleiben die Erinnerungen an diese Monate in weiten Teilen der Bevölkerung Schleswig-Holsteins in der Überlieferung präsent. Vor allem die farbenprächtigen, mit ihren kleinen Pferden scheinbar verwachsenen, wild dreinblikkenden und zur Plünderung neigenden russischen Freicorpsverbänden prägen dabei trotz deren geringen Anzahl das Bild. Noch Generationen später treibt der Gedanke an den »Kosaken-« oder »Russenwinter«, wie er in der Überlieferung viele Dorfbewohner genannt wird, eine Gänsehaut über den Rükken. Noch Jahrzehnte später leidet das Land unter der erlebten Auszehrung.

Der Kampf um die Tiefsee.
Wilhelm Bauer und der Brandtaucher, Kiel 1851

Hoffnung

An einem Vormittag im März 1851 gegen elf Uhr – frisch ist es und der Wind weht leicht über das Wasser –, steht eine merkwürdige Gruppe von steif zylinderbehuteten Zivilisten und säbelbehangenen Militärs am Kai des Kieler Hafens beisammen. Scheinbar blicken sie zu einem nur wenige Meter vor ihnen im Wasser schwimmenden Ruderboot hinaus. Doch sieht man genauer hin, so ist zu erkennen, dass ihre gespannten Mienen vielmehr einem kleinen kupfernen, seehundähnlichen Gegenstand im Wasser gelten, der, wie von einer Schnur gezogen, um das Ruderboot herumsteuert. Die in Sichtweite kreuzenden dänischen Schiffe der Blockadeflotte wird von den Personen dabei keines Blickes gewürdigt. Mehrmals beugt sich ein Mann aus dem Boot, fischt den bronzenen Gegenstand aus dem Wasser, hantiert mit einer Art Schlüssel, fummelt noch hier und da und setzt das Ding wieder ins Wasser, das zuweilen nur wenig unterhalb der Wasseroberfläche seine Kreise zieht und dann wieder nur auf- und niedersteigt. Das Experiment scheint geglückt. Schließlich kehrt das Boot samt dem eingesammelten merkwürdigen Gegenstand ans Ufer zurück. Nur kurz wallt Beifallklatschen auf, als die Bootsinsassen wieder an Land steigen, auch das Gemurmel verebbt schnell. Die Begutachter, und in dieser Funktion einer militärischen und wissenschaftlichen Kommission sind die Herren hier, sind durchfroren, und wollen zum Mittagessen ins Warme. Außerdem handelt es sich ja doch um eine Art Spinnerei, zu der sie, quasi von oben befohlen, gute Miene machen müssen. Die Person mit dem bronzenen Gegenstand unter dem linken Arm muss noch ein paar Hände schütteln, empfängt für das gezeigte Experiment noch ein paar anerkennende Worte im Sinne von: im Großen und Ganzen praktisch durchführbar, das Urteil der Kommission werde günstig ausfallen, doch Geld sei nicht in der Kasse; der Herr könne wieder nach Rendsburg in seine Kaserne zurückkehren, er werde schon weiteres hören. Und so steht der Mann, der mit viel Herzblut in den letzten Wochen eigens auf ausdrücklichen Befehl des Ministeriums und mit Unterstützung von 30 Taler durch den schleswig-holsteinischen Staat einen »eisernen Seehund«, ein funktionstüchtiges Modell eines großen Tauchbootes konstruiert und zusammengebaut hatte, schnell alleine am Hafenkai. Waren die mit ungezählten Berechnungen durchwachten Nächte vergebens gewesen, war das mühselige Beschaffen des Materials, das Nieten, Hämmern, Feilen, das seine Zeit in der Rendsburger Kaserne ausfüllte – vom täglichen Dienst war er eigens frei gestellt worden –, war das alles nur ein Traum gewesen?

Aus dem Sundewitt

Der Wunsch, es den Fischen in den Tiefen des Wassers gleichzutun, ist wohl so alt wie der Traum des Menschen vom Fliegen und beschäftigte zu allen Zeiten die Fantasie von Forschern und Erfindern. Schon aus der Antike liegen Berichte von Aristoteles und Plinius d. Ä. über Tauchversuche vor, und Alexander der Große soll der Überlieferung nach im Mittelmeer gar entsprechende Experimente durchgeführt haben. Doch die große Zeit der theoretischen Beschäftigung mit der Materie begann erst im 15. Jahrhundert. So entwarf der Kriegsbaumeister Konrad Kyeser 1405 einen Tauchanzug und der große Leonardo da Vinci konstruierte 1515 auf dem Papier ein Einpersonen-Unterseeboot. Immer weiter gediehen die Ideen von da an. 1604 wurden alle bisherigen theoretischen Gedanken von Magnus Pregel in einem Buch zusammengetragen. Darauf konnte Cornelis Jacobzoon Drebbel 1620 schließlich aufbauen, als er ein mit Leder überzogenes Holzruderboot als erstes manövrierfähiges Unterseeboot erstellte und so der Theorie die Praxis folgen ließ. Der erste Schritt war getan; die Welt horchte auf.

In Deutschland gelang es erstmals 1772 im Steinhuder

Meer, mit einem Holzboot in Fischform, dem ›Hecht‹, ganze 12 Minuten unter Wasser zu bleiben. Nur wenig später, 1776, baute der Amerikaner David Bushnell mit der aus Eisen und Eichenholz konstruierten ›Turtle‹, angetrieben über zwei von Handkurbeln in Schwung gebrachte Schiffsschrauben, das erste richtige Unterseeboot. Jahre später war es dann sein Landsmann Robert Fulton, der mit seiner ›Nautilus‹ eine um Seiten- und Höhenruder verbesserte Ausführung entwarf. Doch noch war die Zeit nicht reif für den Durchbruch. Vor allem die Problematik des Sinkens, Steigens und Schwebens konnte nicht endgültig gelöst werden. Immer noch hieß es von fachlicher Seite, ein Unterwasserfahrzeug zu bauen sei eine physikalische Unmöglichkeit. Ein Schiff schwimme oder gehe unter. Zu glauben, man könne es schwebend unter Wasser halten, sei Unsinn.

Auch Wilhelm Bauer, ein 27-jähriger bayerischer Unteroffizier und gelernter Drechsler, 1822 in Dillingen an der Donau geboren, war in seiner Münchener Kaserne von der Idee fasziniert, einen solchen Plan zu verwirklichen; doch hier, in dieser Stadt, weitab vom Meer, ließ sich der Traum nicht in die Tat umsetzen. Er musste zurück ans Wasser, zurück nach Schleswig-Holstein, das er im Jahr zuvor mit seinem bayerischen Hilfskorps im Krieg gegen Dänemark unterstützt hatte. Beim Sturm auf die Düppeler Schanzen, am 13. April 1849, waren er und seine Kameraden mit vorne dabei gewesen.

Wie war das Panorama doch damals einladend gewesen mit dem herüber scheinenden blauen Alsensund und der von der Insel her grüßenden Silhouette Sonderburgs mit seinen roten Dächern und Giebeln, überragt von einem Kirchturm mit goldener Spitze. Windmühlen drehten sich im Winde und davor zogen sich auf dem Festland die Reihen der Schanzanlagen hin. Das Verteidigungssystem war gut. Die hinter den Schanzen liegenden dänischen Truppen wurden über eine Brücke von Alsen aus versorgt, und über eben diese Verbindung war auch ein Rückzug der Truppen fast ungehindert möglich. Dabei war sie aber auch – der bayerische Unteroffizier erkannte es mit einem Blick – die Achillesferse der Dänen. Würde die

Brücke in die Luft gesprengt, säßen die davor stationierten Truppen, und damit ein Großteil der gesamten dänischen Armee, in der Falle. Sie wären abgeschnitten von Nachschub und am Rückzug verhindert. Nur eine Frage der Zeit wäre es, wann die zahlenmäßig und vor allem materialmäßig unterlegene schleswig-holsteinische Armee den Sieg davon tragen würde. Doch die Kanonen der Schleswig-Holsteiner reichten nicht im Entferntesten an die dänischen Linien heran, und im Sund selbst ankerten die dänischen Kriegsschiffe, die mit ihren 6-Pfund-Kanonen den eigenen Geschützen weit überlegen waren. Man kam einfach nicht nah genug heran. Unbemerkt, so dachte Bauer, man müsste sich den Schiffen und der Brücke unbemerkt nähern können, um Sprengladungen, nach altem Begriff immer noch Brander genannt, anbringen zu können. Es bedürfte dazu eines »submarinen Apparates«. Doch alles Nachdenken half hier nicht weiter. Und wie befürchtet, zogen sich schließlich, unter den schweren Angriffen der verbündeten Kräfte, die gegnerischen Truppen zurück auf die Insel, geschützt durch das Feuer der schweren Kanonen der Kriegsschiffe.

In den folgenden Tagen schliefen die Kriegshandlungen ein, und Bauers Feldbatterie bezog ein Armeelager an der Küste. Doch diese Idee vom Alsensund, sich der Brücke und den Booten unbemerkt zu nähern, war eine Initialzündung geworden; sie ließ den Unteroffizier nicht mehr los und sollte sein ganzes weiteres Leben bestimmen. Bauer studierte nun nach der Natur, beobachtete Fische, vor allem aber Seehunde und deren »Konstruktion«. Erste praktische Experimente gelangten in den Abendstunden zur Ausführung: ausgeblasene Eier, mit Schrot gefüllt und mit Lack verschlossen, bewiesen, dass ein Objekt im Wasser verharren oder sinken und aufsteigen kann. Doch der Waffenstillstand vom 10. Juli 1849 beendete erst einmal alles Herumprobieren. Das bayerische Hilfskorps wurde abgezogen und für Bauer begann wieder der von ihm als eintönig empfundene Kasernenalltag in München.

Eine Idee entsteht

Doch Bauer hat einmal Blut geleckt und ist von einer Idee durchdrungen, die er unbedingt in die Tat umsetzen will. Ungeduldig absolviert er von nun an den täglichen Drill, um dann, nach Dienstschluss und zurück in seinem Zimmer, sich in die vor ihm liegenden Zeichnungen und Berechnungen zu vertiefen. Die Form eines Tauchbootes ist nicht das Problem, das gibt die Natur in Form des Seehundes vor. Dagegen ist die Art und Weise, wie das Gefährt sinken, auftauchen und in der Schwebe gehalten werden kann, wie der Ballast aufgenommen und wieder abgegeben werden kann, die eigentliche Herausforderung. Wer dieses Problem zu lösen vermag, der hat den Knoten gelöst, an dessen Entwirrung schon viele gescheitert sind. Doch hier im Binnenland würde sich nie der Hauch einer Chance ergeben, seine Idee in die Tat umzusetzen, darüber gibt sich der Autodidakt keiner Illusion hin. Dagegen herrscht, wenn auch momentan noch der Waffenstillstand hält, in Schleswig-Holstein der Kriegszustand. Seine Erfindung könnte da noch eine entscheidende Rolle spielen, denn die Dänen blokkieren immer noch die Häfen. Nur hier, so meint er, würde seine Erfindung geschätzt werden. So nimmt Wilhelm Bauer den Abschied von der bayerischen Armee und tritt zum 30. Januar 1850 als Unteroffizier zweiter Klasse in die schleswigholsteinische Armee ein.

Von nun an ist Rendsburg sein neues Zuhause, doch Bauers Intentionen sind entschieden anders. Fest von seiner Idee überzeugt, soll es sich hier nur um eine kurze Durchgangsstation handeln, denn für ein Leben auf dem Kasernenhof ist er wahrlich nicht hergekommen. Und so packt er seine Berechnungen und Zeichnungen für ein Tauchboot zusammen, ergänzt die Unterlagen noch um entsprechende Erläuterungen, bevor er sie unter Umgehung der Vorgesetzten an die ihm einzig angemessen erscheinende Stelle sendet, an das Kriegsdepartement in Kiel. Die Konstruktion, dieses der Natur abgeschaute Gefährt, nennt er mal liebevoll ›Eiserner Seehund‹ oder in Anlehnung an die über Öffnungen und mittels wasserdichter Handschuhe vorne am Steuerstand auszubringenden Unterwasserminen oder Brander auch ›Brandtaucher‹. Im Armeedeutsch wird daraus später ein militärisch-steifer ›Brand-Tauch-Apparat‹.

Die Hoffnung auf eine schnelle Antwort, die Vorstellung, dass er durch seine, die blockierten Häfen für immer frei machende Konstruktion, offene Türen einrennt, dieser Wunsch trügt. Bitter empfindet er die folgenden Wochen; zermürbend langsam schleicht die Zeit dahin. Nichts, keine Antwort, keine Reaktion erfolgt aus dem Kriegsdepartement. Doch dann, der März ist schon angebrochen, bring ihm der Batterieschreiber einen Brief von der obersten Kriegsleitung, dem Generalkommando. Bauer ist sich selbst nicht sicher, ob er sich freuen oder seinen Wagemut verfluchen soll. Die wochenlange Warterei hat ihn immer mehr in Zweifel gestürzt, Zweifel an seinem forschen Vorpreschen – hätte er nicht zunächst die Vorgesetzten mit einbinden sollen? –, Zweifel auch an seiner Konstruktion. Hatte er, der unstudierte Drechsler, auch an alles gedacht? Würde er überhaupt ernst genommen werden? So lassen Hoffen und Bangen beim Öffnen des zusammengefalteten Papierbogens den Herzschlag etwas schneller werden.

Nach einem raschen Überfliegen und anschließendem nochmaligen, aufmerksamen Durchlesen des Schreibens will sich das Herz aber noch nicht wieder beruhigen. Einerseits überwiegt die Enttäuschung, dann wiederum gesteht er sich einen Teilerfolg ein. Immerhin ist er nicht von vornherein abgeblitzt, ist vielmehr mit der ausdrücklichen Weisung vom Dienst freigestellt, »ein manövrierfähiges Modell seines projektierten submarinen Bootes auszuführen, und zwar aus Kupfer, siebenundzwanzig Zoll in der Länge, elf Zoll Höhe und sieben Zoll Breite.« Für die entstehenden Kosten werden ihm dreißig preußische Taler courant bewilligt. Ist das Modell einmal fertiggestellt, so soll es zur Begutachtung einer vom Kriegsdepartement zu ernennenden wissenschaftlich-militärischen Kommission vorgeführt werden, die dessen Tauglichkeit zu prüfen hat, undsoweiter undsofort. Das unprätentiöse Amtsdeutsch kann das in Bauer brennende Feuer der Leidenschaft aber nicht zum Ersticken bringen. Nur wenige Tage grübelt er darüber nach, ob er vor dieser sogenannten Kommission Männchen machen oder einfach das Ganze ruhen lassen soll. Schließlich entscheidet Bauer sich zum Weitermachen. So beginnt er wieder in seiner rastlosen Art und von sich und seiner Idee überzeugt, die auf ein großes Tauchboot abgestellten Berechnungen und Konstruktionen auf das vorgegebene Modell umzustellen. Zeitgleich trägt er das benötigte Material zum Bau zusammen. Doch die bewilligten Mittel reichten bei weitem nicht, er muss selbst noch 12 Taler dazulegen. Schließlich fügt sich eins zum anderen. Die Arbeit kann beginnen. Tag und Nacht biegt und feilt er fortan an den Blechstücken, hämmert und nietet er, sich nur wenige Stunden der Ruhe gönnend. Endlich kommt dann eines Tages auch das für den Antrieb der Schiffsschrauben benötigte Uhrwerk. Nur noch wenige Stunden Arbeit sind auszuführen, dann ist das Modell fertig. Nach nur zwei Wochen, gerechnet vom Erhalt des Schreibens, sendet Bauer dem Generalkommando eine Depesche mit der Meldung des Vollzugs: das Modell stehe fortan für die geforderte Begutachtung zur Verfügung. Nur wenige Tests im Hinblick auf die Dichtigkeit des Modells können noch innerhalb der Kaserne durchgeführt werden, als Bauer die Vorladung nach Kiel zur Demonstration der Tauglichkeit seiner Konstruktion erhält.

Wie eingangs geschildert, gelingt das Experiment, doch die erhoffte Begeisterung will sich nicht zeigen. Die Männer der Kommission verschwinden schnell in alle Richtungen und Wilhelm Bauer, allein am Hafenkai zurückbleibend, weiß nicht, wie ihm geschieht. Er kommt sich vor wie ein Zirkusclown, der die hohen Herren unterhalten sollte, mit seiner Aufführung aber nicht zur Erheiterung beitragen konnte. Ausbleibender Beifall ist immer ein Zeichen des Misslingens. Verdrieslich begibt sich Bauer zurück nach Rendsburg und schlüpft wieder aus der Rolle des Erfinders, Technikers, Ingenieurs, Maschinenbaumeisters hinein in die Uniform des Unteroffiziers der kleinen, zusammengewürfelten schleswig-holsteinischen Armee. Erneut muss er sich dem Kasernenalltag stellen und warten, warten auf die endgültige Entscheidung aus Kiel. Dann kommt der entscheidende Tag. Doch das gefällte Urteil der Kommission wird dem hoffnungsfroh wartenden Erfinder auf ganz anderem Wege als gedacht und erhofft mitgeteilt. Bauers Vorgesetzter befiehlt ihm kurz und knapp, ohne Angaben von Gründen, Modell und Pläne dem Kriegsministerium auszuliefern, schließlich habe er für die Arbeit ja 30 Taler erhalten. Das Modell und alles, was damit zusammenhängt, sei somit Eigentum des Staates; Punktum. Bauer ist wie vor den Kopf gestoßen. Gescheitert –, seine Konstruktion, nein, vielmehr er ist mit seiner Idee glatt durchgefallen. Tief in der Ehre gekränkt, bricht sein während all der letzten Wochen und Monate mühsam gebändigter, da auf ein Ziel gerichteter, impulsiver, zu Jähzorn und Insubordination neigender Charakter durch, und Bauer vergisst alle militärischen Umgangsformen. Kurzerhand vernichtet er die Pläne, zertrümmert das mit viel Herzblut gebaute Modell, packt die traurig anzusehenden Reste in eine Kiste und sendet das dem Staat gehörende zerbeulte Kupfer- und Eisenblech samt dazugehörigen Einkaufsquittungen wie befohlen an die gewünschte Adresse. Nicht lange braucht Unteroffizier Wilhelm Bauer dieses Mal auf eine Antwort zu warten. Nur wenige Tage später erhält er den Bescheid der Strafversetzung.

Ein Boot wird geschmiedet

Die Hoffnung, seine Konstruktion jemals verwirklicht zu sehen, scheint endgültig begraben zu sein. Doch Bauer wäre nicht der kleine zähe, von Ehrgeiz besessene und von seiner technischen Begabung überzeugte Drechsler, der sich jetzt seinem Schicksal ergibt. Er wechselt einfach das Terrain.

Hier an der Strandbatterie bei Heiligenhafen gibt er sich einer neuen Freizeitbeschäftigung hin. Nicht mehr sind es Probleme und Berechnungen für ein Tauchboot, mit denen er die Zeit aufzufüllen versteht, von jetzt an beherrschen Entwicklungen und Verbesserungen von Geschützen seine Gedanken.

Und auch hier ist er so von sich und seinen Ideen überzeugt, dass er wieder, statt des militärisch korrekten Dienstwegs über seine Vorgesetzten, frank und frei den direkten Weg gleich an den Oberbefehlshaber der schleswig-holsteinischen Armee, Generalleutnant Willisen, sucht. Und diesmal scheint ihm das Glück irgendwie günstiger gewogen. Die Pläne wie auch der Bericht über seine Tauchkonstruktion – einen entsprechenden Hinweis konnte er sich denn doch nicht verkneifen – gelangen an die richtige Adresse. Ja, Willisen, der sich die Akte aus dem Kriegsdepartement zukommen ließ und eingehend studiert hatte, ist sogar bereit, Bauer eine Chance zu geben. Steht die Armee doch mit dem Rücken an der Wand, nachdem der Waffenstillstand wieder durch Kriegshandlungen aufgehoben ist und die Schleswig-Holsteiner arg in Bedrängnis geraten sind. Die Blockade der Häfen durch dänische Schiffe dauert mitlerweile viel zu lange. Die eigene Armee besitzt selbst kaum Kriegsschiffe, geschweige denn entsprechende großkalibrige Kanonen. Und selbst der Nachschub über See ist durch die dänische Blockade nahezu unmöglich gemacht. Auch vom Deutschen Reich gelangen keine Kriegsgüter mehr ins Land, kein Staat leistet noch Unterstützung. So versucht der Oberbefehlshaber jede sich ergebende Möglichkeit, jeden Strohhalm zu ergreifen und da scheint dieses Tauchboot wie gerufen zu kommen. Doch Willisen ist auch Pragmatiker genug, um nicht auch an ein Scheitern des Vorhabens zu denken. Und selbst wenn dieses Gefährt nicht zum Einsatz gelangen sollte, so könnte allein schon das Wissen um dessen Vorhandensein die Dänen zu mehr Vorsicht mahnen, ja sie vielleicht sogar zu einem Rückzug von den Küsten bewegen. Man muss es einfach versuchen. Doch die große Unbekannte im beginnenden Spiel ist, wie so oft, das liebe Geld; die Staatskasse ist leer. Und so wird ab August 1850 in allen deutschen Staaten in aller Öffentlichkeit für das Projekt eines Tauchboots geworben und zu Spenden aufgerufen. Ein erstes öpp-Projekt, ein auf öffentlicher-privater-partnerschaft basierendes Vorhaben, das heute gerne genutzt wird, um durch private Investoren öffentliche Vorhaben finanzieren zu lassen, schon damals bahnt es sich an. Doch das Ergebnis ist schlichtweg ernüchternd. Von den von Bauer geschätzten 9000 Mark Baukosten kommen nur rund 3000 zusammen. Das ist wahrlich nicht viel, es ist nur der Tropfen auf den sprichwörtlichen heißen Stein, doch immerhin erhält er jetzt die Order, mit den Arbeiten an einem richtigen Tauchapparat zu beginnen. Sein Traum, sein Sehnen während all der letzten Monate, scheint nun endlich Realität zu werden. Zunächst ist der Bau noch ein rein privates Unternehmen des Unteroffiziers Wilhelm Bauer, der dazu allerdings für vier Wochen vom Dienst freigestellt wird. Und so begibt er sich im September nach Kiel und beginnt mit den Vorbereitungen, immer unter Kontrolle der ihn überwachenden Kommission, von der er schon damals bei der Vorführung des Modells nicht viel Unterstützung erfahren hatte. Man beäugt sich zunächst, aber schnell merkt Bauer im täglichen Umgang, dass die Kommissionsmitglieder ihn, den Autodidakten, den Drechsler, nicht für voll nehmen. Doch die erste große Belastungsprobe besteht er gegen Militärs und Wissenschaftler. Sie sehen ein, dass die Herstellung der benötigten Metallgussteile nicht wie von ihnen angedacht in der Gießerei der Hollerschen Carlshütte in Büdelsdorf bei Rendsburg erfolgen könne, sondern unter der ständigen Aufsicht des Konstrukteurs in Kiel selbst vorgenommen werden müssen. Und Bauer hatte in der Nähe der Kieler Förde auf der Rosenwiese, der heutigen Kaistraße, eine kleine 1838 gegründete Kesselschmiede mit eigener Eisengießerei entdeckt, die wie geschaffen war, seine Idee eines Tauchbootes zum Leben zu erwecken. Die Firma Schweffel & Howaldt stellt im allgemeinen Dampfmaschinen, Dampfkessel, landwirtschaftliche Maschinen, Öfen und Kochgeschirr her. Doch dort vom Hof aus, und ohne komplizierte Lösungen des Transportes bedenken zu müssen, kann das einmal fertig gestellte Gefährt direkt ins angrenzende Fördewasser gelassen werden.

Dieses eine Mal gelingt es Bauer immerhin, sich gegen die Kommission, gegen diesen – wie er es immer öfter schmerzlich empfindet –, selbsternannten geballten Sachverstand durchzusetzen. Bei den Detailfragen, bei der gesamten Konstruktion »seines« Apparates, zerrinnt ihm seine Autorität dagegen; er ist nurmehr der kleine Drechsler und Unteroffizier, der als Befehlsempfänger zu agieren hat. Vor allem nach dem 10. November, als das Generalkommando nunmehr selbst 3000 Mark, die gleiche Summe, die bei dem Spendenaufruf zusammengetragen wurde, für das Projekt genehmigt. Die bisherige Privatangelegenheit des Herrn Autodidakten ist nun zu einer Staatsangelegenheit geworden. Doch mit den wenigen Geldmitteln muss das Tauchboot jetzt auf alle Fälle hergestellt werden; die Experten der Kommission prüfen die Berechnungen Bauers jetzt auf Herz und Nieren und geben schließlich ihre Direktiven: die von Bauer errechneten Stärken von Wandung und Spanten seien zu reduzieren, auch die beiden Ballasttanks – Bauers ureigenste Erfindung und das Herzstück eines jeden zukünftigen Unterseebootes – müssten unterbleiben. Das Boot wäre groß genug, den Bootsrumpf mit Gewichten auszufüllen und auch zur Aufnahme von Wasser sei noch genug Platz vorhanden, einfache Lenzpumpen, jeweils eine im Heck und eine im Bug, könnten dann die Aufgabe des Herauspumpens völlig problemlos erfüllen. Im übrigen sei das Tauchboot in seiner Ausführung auf Grund der knappen Mittel auf das Notdürftigste zu beschränken. Bauer bemüht sich krampfhaft, die Contenance zu wahren. Doch als ihm aufgrund seiner fortwährenden Widerrede und seines Nichtwahrhabenwollens lapidar mitgeteilt wird, das vom Staat zu seiner Beaufsichtigung eingesetzte Komitee bestehe aus lauter studierten Fachleuten, die auch mehr von der Materie verständen als er, der Drechsler und Unteroffizier, da ist das Maß wieder einmal voll. Und der Überbringer der Nachricht entschwindet schnell aus der Halle; oft schon hatte er Bauers Jähzornanfällen über sich ergehen lassen müssen. Bauer muss jetzt Dampf ablassen, muss sich abreagieren; der während des Gespräches krampfhaft zurückgehaltene Zorn platzt aus ihm heraus. Voller Wut packt er einen in Griffweite liegenden Hammer und schleudert ihn auf Teile der noch nicht eingebauten Antriebsmaschine. Doch der Zorn ist, seinem Naturell entsprechend, auch wieder schnell verraucht. Und so fügt er sich, wenn auch unter fortwährendem Widerspruch, den erteilten Anweisungen. Längst schon hat er gemerkt, dass ihm gar keine andere Wahl bleibt, sollte das Heft des Handelns ihm nicht vollends aus der Hand gleiten; längst schon gehen die Mitglieder der Kommission bei Schweffel & Howaldt ein und aus und verhandeln mit den Vorarbeitern, ohne ihn zu konsultieren. Und so fügt sich Wilhelm Bauer schließlich, ja, er zeigt sich nun auch nach außen hin kompromissbereit.

Das Abenteuer beginnt

Am 18. Dezember 1850, einem Mittwoch, ist es endlich so weit. Anders als noch Monate zuvor bei der Vorführung des Modells haben sich diesmal neben den Mitgliedern der Kommission auch zahlreiche Zuschauer am Ufer der Förde versammelt, um dem Ereignis, das natürlich längst schon kein Geheimnis mehr ist, beizuwohnen. Jubel brandet auf, als das metallene Gefährt, übrigens das erste eiserne Schiff, welches in Kiel gebaut wurde, zu Wasser gelassen wird. Es misst 8,07 Meter an Länge, ist 3,51 Meter hoch und 2,02 Meter breit und wird, so die 20 Tonnen Roheisenstücke als Ballast im Rumpf einmal verstaut sein werden, fast 28 Tonnen Wasser verdrängen. Für Wilhelm Bauer gibt es nun kein Halten mehr. Ein Traum scheint sich endgültig zu erfüllen. Sein Sehnen der letzten Monate, die auf ein Ziel ausgerichtete Konzentration hat ihr gutes Ende gefunden. Jetzt, als der eiserne Seehund im Wasser liegt und seine Schwimmfähigkeit augenscheinlich beweist, fällt jeglicher vorausgegangene Ärger mit den Personen der Kommission, die kleinlichen Streitereien von ihm ab. Nichts soll ihn jetzt mehr aufhalten, und so beschließt er sogleich, eine erste Fahrt zu unternehmen.

Einzelne Eisschollen schwimmen schon auf der Förde, als um 20 Uhr Ingenieur Hesch, Proviantmeister Wiedemann, die beiden Helfer, Schmied Thomsen und Zimmermann Witt, dem Konstrukteur folgen und in das Gefährt einsteigen. Bauer begibt sich sofort an das Handrad, das über Stangen und Steuerketten mit dem Ruderblatt verbunden ist; die beiden Matrosen nehmen ihre Plätze an den zwei gusseisernen Treträdern ein, für deren Kraftübertragung zur Schraube mehrere Zahnradübersetzungen sorgen. Thomsen und Witt beginnen ihre Arbeit an den Treträdern. Langsam setzen sich die Zahnräder klirrend und scheppernd in Bewegung. Zunächst unmerklich dann immer schneller legt das Tauchboot von der Kaimauer ab und nimmt Fahrt auf. Nur der volle Mondschein weist dem am Auslug stehenden Wilhelm Bauer den Weg auf ein in der Förde voraus liegendes heimisches Dampfboot. Die angespannte Miene des Steuermanns und Konstrukteurs entkrampft sich, je mehr Zeit verstreicht, und nachdem die Umrundung des Dampfbootes gelingt, stellt sich erst langsam, dann immer stärker hervorbrechend ein Gefühl des Stolzes und der Erhabenheit ein. Schwimmfähigkeit und Steuerbarkeit des Tauchboots sind erst einmal bewiesen. Die Berechnungen und die daraus resultierende Konstruktion des einfachen Drechslers und Unteroffiziers haben gestimmt. Während noch die beiden Matrosen an den Treträdern unten im Schiffsbauch schwitzen und schwer nach Luft schnappen, wundert sich Bauer. Obwohl er nach der Bootsumrundung noch weiter auf die Förde hinaus steuert, bleiben die monatelang in Sichtweite der Stadt ankernden dänischen Blockadeschiffe dem Blick entschwunden. Sollten sie von seinem Unternehmen, von diesem unter Zeitdruck konstruierten und mangels Geldmittel ungenügend ausgerüsteten Apparat gehört, ja, sogar Respekt oder Furcht bekommen haben? Furcht vor einem Apparat, der noch gar nicht in der Lage ist zu tauchen, sondern sichtbar aus dem Wasser herausragt? In der Tat stellt sich später heraus, dass Spione die nächtliche Testfahrt den Dänen gemeldet hatten und die Schiffe aus Vorsicht, man kann ja nie wissen, in der hereinbrechenden Dunkelheit auf das offene Wasser der Ostsee hinaus geglitten waren.

Wieder zurück am Kai bei Schweffel & Howaldt, ist Bauer mit den Gedanken schon bei den Vorbereitungen der nächsten Tage. Diese Überwasserfahrt war nur ein erster, wenn auch wichtiger Anfang, doch die Erprobung seines Werkes hat erst begonnen. Noch bedarf es weiterer Arbeiten am Boot und zahlreicher Tests. So sind dann die folgenden Tage und Wochen ausgefüllt mit Experimenten. Der Grundballast ist einzubringen und exakt zu verteilen, und sobald die Witterung es bei ruhiger See zulässt, beginnen erste Fahrten, mit Gewicht, mit noch mehr Gewicht, mit anders verteiltem Gewicht; die Eisenbarren im Schiffsbauch werden immer wieder hin und her bewegt. Bauer ist wieder ganz in seinem Element, niemand mischt sich jetzt ein. Doch der Zustand hält nicht lange an. Endlich tritt der Tag ein, den ein jeder Perfektionist fürchtet, wenn er unter Druck gesetzt wird. Die Marinekommission will endlich Resultate sehen, sehen, ob dieser eigentümliche Eisenkasten, dieser ›Seehund‹, dieser ›Brandtaucher‹ auch wirklich richtig tauchen und sich unter Wasser fortbewegen kann, nicht nur wie während der Probefahrten, wo immer nur leichtes Sinken und Steigen demonstriert wurde.

Bauer steht kurz vor dem Abschluss seiner Experimente, als das Schicksal, oder ist es Sabotage?, zuschlägt. Obwohl fest am Dampfschiff ›Bonin‹ verzurrt, weisen die Taue eines Morgens nur noch in die Tiefe des Hafenwassers; von dem Gefährt ist auf den ersten Blick keine Spur mehr zu entdecken. Bei genauerem Hinsehen greift allerdings die Erkenntnis Raum, dass der eiserne Seehund gesunken ist. Ob Sabotage oder Havarie, die Ursache wird immer ein Rätsel bleiben. Fieberhaft machen sich die Männer um Bauer in den folgenden Tagen an die Arbeit, das Tauchboot wieder aus dem Wasser zu heben. Fast der gesamte Januar 1851 ist fortan mit der Instandsetzung und dem erneuten Austarieren der Eisenbarren vertan. Wenn auch die Kommission immer wieder Bauer bedrängt, nun endlich die Tauchfähigkeit seines Apparates unter Beweis zu stellen, so lässt der sich nicht mehr beeinflussen; gewissenhaft führt er seine Arbeiten aus. Er weiß, aufgrund des Geldmangels sind wichtige, ihm notwendig erscheinende Apparate nicht zum Einbau gelangt. Umso mehr ist das Augenmerk auf die tatsächlich eingebaute Technik zu richten. Noch einmal wird die Lastverteilung der Eisenbarren auf dem Schiffsboden geprüft, werden die Gewichte hin und her geschoben, werden die statt der

Ballasttanks bewilligten Lenzpumpen ausprobiert, dieser unsägliche Witz, den sich nur Buchhalter ausdenken konnten und die seine ganze Konstruktion zu einem heiklen Himmelfahrtkommando machen. Dass es ein Risiko ist, das Wasser freiflutend in den Schiffsbauch zwischen die dort liegenden Eisenbarren zu leiten, statt in die von ihm dafür entwickelten Ballasttanks, dies müsste doch ein jeder begreifen, der sich nur ein wenig mit der Materie auseinandergesetzt habe, denkt Bauer. Auf die Gefahr, dass das Wasser ungehemmt wie in einer Badewanne hin und her zu schwappen beginne, dadurch die Eisenbarren ins Rutschen bringt und somit das austarierte Gleichgewicht gefährden könne, darauf hatte er immer wieder hingewiesen. Doch das will niemand mehr hören. Eines Tages wird ihm schließlich wieder einmal beschieden, er habe nur das umzusetzen, was die Kommission ihm befiehlt. Keine Ausrede fällt ihm mehr ein, nichts Plausibles vermag er noch vorzubringen. So bleibt Bauer trotz der auf ihm lastenden Zweifel nichts anderes übrig, als bekannt zu geben, dass am nächsten Tag, Sonnabend, dem 1. Februar, der Tag ansteht, an dem sein Tauchboot die Feuertaufe bestehen soll. Es ist auch die letzte Gelegenheit, denn an diesem Schicksalstag endet die kurze Periode der schleswig-holsteinischen Souveränität. Auf Drängen Preußens und Österreichs soll sich das Land wieder der dänischen Krone unterwerfen.

Eine letzte Fahrt

Als der Tag heranbricht, begeben sich wie so viele Male zuvor schon, Wilhelm Bauer und seine getreuen Helfer Thomsen und Witt zum Boot. Noch einmal wird die Vorgehensweise durchgesprochen, werden mögliche Probleme erörtert. Gegen acht Uhr ist es endlich so weit. Die drei Personen betreten die Planke und gehen an Bord. Jeder nimmt seinen ihm angestammten Platz ein, die beiden Helfer an den Treträdern und Bauer auf der Empore am Steuer. Wie oft hatten sie in den letzten Wochen diese Probeläufe schon durchgeführt. Wenn sich auch

Routine breit gemacht hatte, so ist es heute doch anders. Heute soll endlich getaucht werden, und zwar so tief wie möglich.

Langsam beginnen Witt und Thomsen zu treten, langsam beginnt sich die Schraube zu drehen und den eisernen ›Seehund‹ voranzutreiben. Bauer schaut durch das Bugfenster auf die in der Förde vor ihm liegende, mit Bojen abgesteckte Fahrstrecke, die es zu durchtauchen gilt. Kurz vor der Südboje angelangt, lässt er halten und prüft noch einmal eigenhändig die Dichtung des Lukendeckels. Dann gibt er den Befehl an seine Helfer unten im Schiffsbauch, den Tauchvorgang mit der Aufnahme des Ballastwassers zu starten. Die Flutventile werden geöffnet und lassen das Wasser in den Kielraum rauschen. Es dauert nur kurze Zeit, dann setzt sich das Boot, erst langsam, nahezu unmerklich, dann immer stärker, abwärts in Bewegung. Schon schlägt außen das Wasser an die Bullaugen des Leitstandes, als Bauer bemerkt, dass das Heck etwas stärker voraus sinkt. Seine beiden Getreuen erhalten sofort den Befehl, das Direktionsgewicht nach vorne zu verschieben, um das Gefährt wieder auszutarieren, doch die Balance will sich auch nach diesem Vorgang nicht einstellen. Während der kurzen Zeit, die die Männer im Bauch des Tauchbootes damit zubringen, dringt weiterhin Ballastwasser ein und zieht das Gefährt endlich unter die Wasseroberfläche. Doch jetzt zeigt sich ein weiteres Problem. Trotz der zuvor durchgeführten Kontrolle des Lukendeckels erweist sich die Dichtung am Einstieg als mangelhaft. Größere Mengen Wasser dringen ein und verstärken die Ballastaufnahme. Zudem geraten die schon vorhandenen Wassermassen durch das von oben unkontrolliert herabfallenden Nass in Bewegung. Bauer ist sich sofort darüber im Klaren, dass seine Berechnungen nun nicht mehr stimmen, die nur auf die kontrollierte Wasseraufnahme über die Flutventile ausgelegt waren. Sofort gibt er den Befehl, diese zu schließen, doch es ist zu spät. Die zunehmende Schräglage in Verbindung mit dem langsam hin und her zu schwappen beginnenden Wasser lässt die ersten Eisenbarren im Schiffbauch ihren angestammten Platz verlieren und ebenfalls ins Heck rutschen. Scheppernd und klirrend prallt in einer Kettenreaktion ein Klotz auf den nächsten; die Schräglage verstärkt sich merklich. Bauer befiehlt sogleich, die Eisenstücke wieder nach vorne zu transportieren. In diesem Moment zeigt sich der Mangel, der Bauer durch die Kostenersparnis aufgezwungen wurde. Durch das Fehlen der ursprünglich vorgesehenen Tauchzellen und Ballasttanks, Bauers ureigener Erfindung, sammelt sich das Wasser bei der vorherrschenden Schräglage unkontrolliert im Heck und verstärkt diese noch.

Keuchend schleppen Witt und Thomsen Eisenstücke in den Bug, doch die horizontale Lage will sich nicht erzwingen lassen. Schließlich erhalten sie den Befehl, sich sofort an die Treträder zu begeben und gegen den Sog in die Tiefe Höhe zu gewinnen. Die beiden Helfer arbeiten fieberhaft, und langsam scheint das Boot sich bei 1,70 Meter Tiefe zu fangen, um schließlich fast unmerklich wieder aufzusteigen. 30 Zentimeter an Höhe gewinnen sie gar. Doch als Witt und Thomsen eine kurze Verschnaufpause einlegen müssen, beginnt das Boot wieder abzusacken. Und die Schräglage nimmt noch zu. Sofort wird Thomsen an die Heckpumpe beordert, um mit dem Abpumpen des Wassers zu beginnen, während Witt noch einmal versucht, die Eisenstücke nach vorn zu transportieren; doch all das aufgeregte, hektische Bemühen ist vergeblich, die Klötze können sich nicht mehr halten und rutschen immer wieder ins Heck zurück. Auch Thomsen verzweifelt nach kurzer Zeit an der Pumpe. Inzwischen steht diese bis über die Kolbenstange im Wasser und kann so nur etwa die Hälfte der eigentlichen Leistung schaffen. Die vordere Pumpe ist ganz unbrauchbar, da sie durch die Schräglage aus dem Wasser ragt und nur Luft zieht. Trotzdem arbeiten sie verbissen weiter, schleppen Eisenbarren und pumpen; sie wissen alle, es geht um ihr Leben. Bauer auf seinem Steuerstand beobachtet dagegen wie hypnotisiert das Manometer; wann tritt die Katastrophe ein? Seine Berechnungen gingen von einer Tauchtiefe von rund 10 Metern aus, doch wie verhält es sich mit den aus Kostengründen verwendeten dünneren Blechen? Schließlich wendet er sich vom Manometer ab und erteilt seinen Getreuen den Befehl, die Arbeit einzustellen. Es ist ihnen nicht gegeben, hier noch etwas auszurichten. Das Boot sinkt nun langsam aber beständig mit dem Heck zuerst. Bei 8,60 Metern beginnen sich die sechs Millimeter starken Außenwände unter dem Druck der auf ihnen lastenden Wassermassen mit Knistern und Krachen nach innen zu verformen. Nur wenig später zerspringen unter dem auf ihnen lastenden Druck die gusseisernen Antriebsräder, springen auch die ersten Nieten mit schussartigem Ton ab. Schließlich folgt ein leichter Stoß, der das ganze Boot erschüttert; der Boden der Förde ist erreicht. Sie liegen nun bei 14,90 Metern auf dem Grund.

Immer mehr Nieten springen aus der Blechhülle, aus deren Löchern dünne Wasserstrahlen ins Bootsinnere spritzen. Noch einmal versuchen Witt und Thomsen in einem Verzweiflungsakt – Bauer kann sie nicht von der Sinnlosigkeit überzeugen – das steigende Wasser abzupumpen, doch nach einer halben Stunde und schon bis zu den Hüften im Wasser stehend, stellen sie ihre Bemühungen ein. Zu erschöpft sind sie, zu sehr ist die Luft inzwischen verbraucht. Doch Thomsen will von der Pumpe nicht lassen und beginnt, obwohl ihm schwindlig ist, nach kurzer Zeit wieder wie wild am Schwengel zu reißen. Bauer verlässt seinen Steuerstand, begibt sich zu ihm und versucht beruhigend auf ihn einzureden, doch er merkt, dass sein über die letzten Wochen und Monate treuer Helfer kurz davor steht, die Nerven zu verlieren. Und Panik ist das Letzte, was in dieser Situation von Nutzen ist.

Während die Helfer im Schiffsbauch um ihr Leben geschuftet hatten, war Bauer auch nicht untätig gewesen, wenn auch auf andere Art und Weise. Da die Hülle des Bootes aller Voraussicht nach den Wassermassen genug Widerstand entgegenzusetzen hat, ist durchaus an eine Befreiung zu denken, die allerdings nur von ihnen selbst bewerkstelligt werden könnte. So spielt er mehrere Eventualitäten in Gedanken durch. Endlich kommt ihm die Erkenntnis. Die Lösung ist doch so greifbar nahe. Er muss allerdings Witt und Thomsen davon überzeugen, einen Nichtschwimmer und einen halben Irren; ein nicht geringes Unterfangen. Doch nach längerer Diskussion und auch dank seines kompromisslosen Wesens, mit dem er als Unteroffizier immer wieder angeeckt war, gelingt es Bauer, sich durchzusetzen. Thomsen und Witt ergeben sich in ihr Schicksal und legen es ganz in die Hände des »Vorgesetzten«.

Alle begeben sich nach vorne in den höher gelegenen Leitstand und warten auf das steigende Wasser. Erst wenn es ihnen auch im Leitstand bis zur Brust reichen würde, wäre der Druck im Inneren des Bootes durch die zusammengepresste Luft so groß, dass der Lukendeckel sich problemlos nach außen öffnen ließe, so die Überlegungen Wilhelm Bauers. So warten sie schweigend, um nicht den geringer werdenden Sauerstoff unnütz zu verbrauchen, nur umgeben von dem Plätschern des eindringenden Wassers und dem Schlurren und den Schleifgeräuschen der über ihnen hinfahrenden Boote, die vergeblich mit Seilen und Ketten das havarierte Gefährt zu umfassen versuchen, um es dann irgendwie heben zu können. Endlich, nach einer scheinbar besonders langsam dahingleitenden Zeit – sind es vier oder gar sechs Stunden? – ist das Boot zu Zweidritteln mit Wasser gefüllt. Jetzt macht sich bei Bauer der befehlende Unteroffizier bemerkbar, auf dem die Verantwortung für seinen Trupp lastet. Er erteilt dem Nichtschwimmer Witt den Befehl, das Einstiegsluk zu öffnen, denn nur so ist gewährleistet, dass dieser durch die entweichende Luft sofort nach oben gespült würde. Und in der Tat, als Witt die Klappe entriegelt, wird sie wie von selbst aufgerissen und einem Korken gleich gleitet der Helfer in einer Luftblase nach oben und wird noch über die Wasseroberfläche emporgeschleudert. Mehr Mühe hat dagegen Bauer, der nicht nur auf sich achten, sondern auch den völlig entkräfteten, willenlosen und erstarrten Thomsen hinter sich durch den Einstieg ziehen muss. An der Wasseroberfläche angekommen, werden alle drei schnell von den seit Stunden entlang der geplanten Tauchstrecke ausharrenden Booten unter Hurra-Rufen aufgefischt.

Bauer ist mit dem Leben davon gekommen, doch seine Konstruktion liegt im Schlamm der Förde. Das ist kein Erfolg für einen Erfinder. Zwar fordert ihn die Marinekommission am 15. Februar auf, Rechenschaft über den Untergang des Tauchbootes abzulegen, dem er auch sofort nachkommt, doch irgendwelche Konsequenzen hat er nicht zu tragen. Die noch ausstehenden Rechnungen in Höhe von 8056 Mark werden anstandslos bezahlt und das Schiff, »soweit es den Umständen nach möglich ist«, in Empfang genommen. Dass ein Boot im gesunkenen Zustand und noch dazu ohne Beanstandungen übernommen wird, bleibt wohl für alle Zukunft ein einzigartiger Vorgang. Bauer gibt sich keiner Illusion hin, er hat seine Schuldigkeit getan, hier wird es für ihn keine Zukunft geben; hinzu kommt der inzwischen wieder hergestellte Friedenszustand mit Dänemark, der sein Projekt auch hinfällig werden lässt. Der Mohr hatte seine Arbeit getan, der Mohr kann gehen.

Das Ende

Nach dem Desaster in Kiel verschwindet Wilhelm Bauer aus Schleswig-Holstein, vagabundiert durch die europäischen Reiche und versucht die Regierungen und Herrscher in Europa für seine Idee eines Tauchbootes zu militärischen Zwecken zu begeistern. Überall, wo er hinkommt, an alle Höfen, nimmt man ihn nicht für voll. Und je mehr Misserfolg er erntet, um so bitterer wird ihm die Galle; bald ist er nurmehr als Querulant und Abenteurer verschrien. Doch einmal erbarmt sich einer: der russische Zar ist von Bauer und seiner Idee überzeugt. In St. Petersburg endlich kann Wilhelm Bauer, mit den Erkenntnissen des Kieler Abenteuers und ganz nach seinem Willen, ohne Kostenzwängen unterworfen zu sein, ein Tauchboot bauen. Und hier gelingt es endlich. Mit dem wesentlich größeren Tauchboot, dem ›Seeteufel‹, absolviert der gewesene Drechsler in der Newa-Mündung vor St. Petersburg 133 erfolgreiche Tauchfahrten, bevor es durch Sabotage – das gute Verhältnis Bauers zum Zaren missfiel zunehmend einigen Günstlingen – schließlich bei der 134. Fahrt sinkt. Von diesem Schlag erholt sich Wilhelm Bauer nicht mehr wirklich; er gibt auf, zieht nach Bayern zurück und beschäftigt sich in den folgenden Jahren mit Schiffshebeverfahren, bei deren praktischer Umsetzung im Bodensee fast sein gesamtes in Russland erworbenes Vermögen dahinschmilzt. Ferner konstruiert er Unterwassergeschütze, ein andermal Dampf-Wasser-Turbinen. – »In Bayern war ich als der Submarine Ingenieur auf der Liste der Unverwendbaren, in Österreich auf der Liste der Unüberredbaren, in England auf der Liste der Nurausbeutungswürdigen, in Frankreich der Beraubtwerdensollenden, in Russland auf der Liste der Mohren, in Preußen auf der Liste der Unbändigen, in Gesamtdeutschland auf der Liste der Sternschnuppen« lautet sein späteres Resümee. Seine Technik ist zwar einwandfrei, und bis heute beruhen die U-Boot-Bauten auf Bauers bahnbrechenden Erkenntnissen und Konstruktionen im Bereich der Tauchtechnik, doch letztlich scheitert er. Die Zeit ist einfach nicht reif. Einsam und verarmt verstirbt Bauer, der Vater des deutschen Unterseebootes, am 20. Juni 1875 in München. – Dänische wie auch später deutsche Versuche den eisernen ›Seehund‹ 1855/56 und 1875/77 zu heben, scheitern zunächst. Erst bei Ausbauarbeiten des Torpedohafens vor Kiel-Ellerbek stoßen Arbeiter wieder auf das Tauchboot und heben es am 5. Juli 1887.

»Trutz Blanke Hans«.

Die Ostseesturmflut, 1872

Seit Tagen drückten kräftige Westwinde das Ostseewasser von der schleswig-holsteinischen Küste weg auf die freie See in Richtung des finnischen Meerbusens. Schließlich, am Mittwoch, dem 13. November, wandelt sich die Szenerie: der Wind, auf Orkanstärke angeschwollen und auf nordöstliche Richtung umgesprungen, treibt seit den Nachtstunden gemeinsam mit einzelnen Schneeschauern das angestaute Wasser wieder zurück nach Westen der Küste zu. Die gefürchtete Situation, dieses Hin- und Herschwappen der Wassermassen, dieser »Badewanneneffekt«, lässt nichts Gutes erahnen, doch die Menschen an der Küste haben mit Überschwemmungen zu leben gelernt und lassen sich nicht so leicht ins Bockshorn jagen; dass sie jedoch Zeugen eines »Jahrtausendhochwassers« werden sollen, diese Erfahrung muss erst noch mit viel Leid und Ängsten durchlebt werden. Das Wasser an der Küste steigt schnell, schon sind die niedrig gelegenen Strandabschnitte erreicht und in wenigen Augenblicken von den sturmgepeitschten Wogen überspült. »Tage, Nächte, düster, dunkel: / Wer wird all die Angst erlösen? / Einsam blinzelt eines bösen, / Giftigen lila Sterns Gefunkel. / Typhon-Orgel, Noah-Lieder, / Gischt, Tumult, Schaum, auf und nieder.«

Und immer noch der düster drohende Orkan jenes 13. Novembers: der Schiffer Hieronymus Green kämpft vor Schleimünde verzweifelt mit dem Sturm, der sein Gefährt wie einen Spielball auf den Wellen hin- und herwirft. Endlich, die ersten Wogen schlagen schon über das Boot, setzt er alles auf eine Karte, überlässt sein Schiff den Naturgewalten und wirft sich mit einem Kahn in die tosenden Wasser. Abseits vom Dorf auf seinem Hof erblickt Bauer Schade vom Festland aus Greens Kampf mit dem Sturm. Immer das Auf und Ab der näher kommenden Nussschale beobachtend, begibt er sich schließlich an die Küste und hilft beim Anlanden, als der Schiffer unter Einsatz seines Lebens das Festland bei Olpenitz erreicht. Green ist völlig entkräftet und selbstverständlich lädt Schade ihn zu einer Stärkung ein. Doch nicht lange währt die Erholung; keine 30 Minuten später, während beide sich noch im Hause des Bauern unterhalten, über das biestige Wetter schimpfen und was da noch kommen mag, da dringt auch schon das Wasser mit Macht ins Haus ein. Und schon gelingt es auch nicht mehr, die nach außen schlagende Tür zu öffnen, so urplötzlich, wie von Geisterhand getrieben, steigt das Wasser und schlägt an die Mauern. Übrig bleibt nur, ein Loch in die rückwärtige Lehmwand des Fachwerkhauses zu brechen, um hinauszugelangen. Überall gleichen sich die Bilder im Ort, überall steht inzwischen das Wasser bis an die Fenster oder noch darüber hinaus. Die ersten Bewohner aus den höher gelegenen Gebäuden sind schon unterwegs, um Hilfe zu leisten. Zunächst gilt die Aufmerksamkeit einer niedrigen Kate, deren Fenster fast vollständig überspült sind. Drinnen stehen die Familienmitglieder auf dem Tisch, schon geht ihnen das Wasser bis zu den Knien, als es den Helfern gelingt, die Eingeschlossenen durch ein zerborstenes Fenster heraus zu ziehen. Der Wunsch, noch den auf dem Ofen liegenden Hund zu retten, dies bleibt unerfüllt. Gehen doch dringendere Aufgaben zunächst vor.

Zwei noch tiefer gelegene Häuser stehen bis zur Dachkante im Wasser. Konnten sich die Familien retten? Nach einer endlos erscheinenden Zeit, die mit immer banger werdenden Rufen zugebracht wird, ob da noch jemand sei, treibt der Sturm den ausgeschwärmten Helfern loses Reet entgegen; der Blick nach oben zeigt eine immer größer werdende Öffnung im Dach, das schließlich ganz durchstoßen wird. Die Einwohner rutschen auf der tiefgezogenen Reetbedeckung hinunter, werden durch die Helfer empfangen und zu höher und trockener gelegenen Häusern in Sicherheit gebracht. Völlig fassungslos, ob der Schnelligkeit, mit der sich das Wasser ihres Besitzstandes, ihrer Habe bemächtigt hat, blicken die Bewohner aus gesicherter Entfernung auf das, was sich vor ihren Augen abspielt. Nur weniger Minuten bedurfte es, große Teile des Ortes zu überfluten.

An einem anderen Ort des selben Tages: Heftig arbeiten

die alten reetgedeckten Fachwerkhäuser im Orkansturm, immer wieder lassen die Böen das Ständerwerk in den Grundfesten erzittern. Immer wieder kündet lautes Geknarre des Gebälks von der Macht des Windes; doch hingeduckt hinter Strandwälle, Dünen und Deiche scheinen die Gebäude der Natur zu trotzen. Das Wasser in den Gräben hinter den Deichen deutet noch am Morgen auf keine Änderung hin; merkwürdig wirken nur die trotz des Sturmes erscheinenden Nebelbänke in der Ferne. Doch beim genaueren Hinsehen zeigt sich schließlich, nicht Nebel, sondern Wasserwogen treiben mit Macht immer näher. Und schon steigt auch das Wasser in den Gräben an. Ein Damm ist gebrochen. Der Ruf »Das Wasser kommt« erreicht zwar unmittelbar die Bewohner des Ortes, die jedoch – an diesem Morgen kaum sich Gedanken zur Wetterlage machend, vielleicht auch einfach nur die möglichen Folgen unterschätzend – ihrem Tagewerk nachgehen: hier wird noch schnell ein Fuder Weizen gedroschen, dort noch versucht, das Vieh auf die Weide zu treiben. Doch alles erstarrt im ersten Ansatz; denn: unaufhaltsam drängen die einer tobenden See gleichenden Wassermassen voran, und erreichen rasch erste Gebäude. Lecken erste Wellen noch zaghaft an den Fundamenten, so hämmern die Wogen wenige Minuten später an die Lehmwände, diese in kurzer Zeit aufweichend und ausspülend.

Jetzt kommt Panik auf. So sehr man sich angesichts der Lage auch bemüht, Vieh und Habe in Sicherheit zu bringen, es gelingt nicht mehr. Zu mächtig, zu schnell steigt das Wasser ringsum, zu heftig schlagen die Wellen zu, jeglichen Bergungs- und Rettungsversuch unmöglich machend. Innerhalb von Minuten gurgelt das Wasser in die Höhe, überspült Kirchhöfe, reißt Straßen- und Wegepflaster hinweg, als wäre es nicht über die Jahrzehnte von schweren Stahlreifen und Pferdehufen in den Boden tief und fest eingedrückt worden; es reißt eiserne Geländer nieder und – wo sie trotzig widerstehen wollen – bleibt nur noch verbogener Schrott übrig. So bleibt nur die Flucht in das Obergeschoß oder auf den Dachboden. Doch halten die Katen und Bauernhäuser überhaupt stand? Erste Scheunen ächzen unter der Last des aufgespeicherten Korns und der gegen sie andrückenden Wassermassen. Die Lehmwände sind schnell hinweg gespült. Da beginnen erste Eichenbohlen unter dem steten Anprall der Wellen und des durchspülenden Wassers zu arbeiten und werden aus dem Fachwerkgefüge herausgelöst, bis das Ständerwerk die Last nicht mehr länger tragen mag. Erst langsam und unter Geächz und Geknarr senkt sich eine Seite, bis sich das ganze Gerippe, langsam unter lautem Knallen und Knistern zersplitternd, in sich verdreht zusammensinkt. Korn, Stroh, Balken, tote Tiere, alles trägt das Hochwasser mit sich weiter in Richtung Landesinneres fort. An allen Dingen bleibt der bange Blick, der aus ihren Dachluken hilflos zusehenden Bewohner, mit Grauen hängen. Die Angst nagt. Immer wieder geht ein Zittern durch das Balkengefüge der Wohnhäuser. Und ehe sich darüber das Entsetzen ihrer bemächtigt, werden sie auch schon Zeuge des nächsten Ereignisses: Eine ausgefachte Wand zerbirst im Haus gegenüber, fällt in sich zusammen und wird einfach weggerissen. Schon bahnt sich das Wasser auf der anderen Seite einen Ausgang, alles mit sich fortspühlend, was im Erdgeschoß an Besitztümern noch vorhanden war. Wie mag es unten im eigenen Haus aussehen, so gehen die Gedanken. Immer wieder lassen die Sturmböen das Fachwerk in den Grundfesten erzittern, scheinen sie das Gebäude gleichsam mit sich forttragen zu wollen. Immer lockerer werden die ineinander verzahnten und verzapften Balken. Und immer diese Angst: wird das Haus widerstehen? Die Bewohner suchen Betttücher und Stricke zusammen, um durch Zusammenbinden von Balken und Sparren eine gänzliche Zertrümmerung zu verhindern. Doch alles Abmühen ist vergebens. Die rechtzeitige Flucht in die Fluten ist der letzte Ausweg, um nicht unter den Trümmern begraben zu werden. 61 Familien mit zusammen 216 Personen werden obdachlos; der Ort Grube, von dem hier zu berichten war, ist fast verschwunden. Der Gruber See, nachdem die Flut den Deich durchbrochen, gleicht der wild tobenden Ostsee, auf dem ersoffenes Vieh, Mobiliar, Heudiemen und Trümmer bunt durcheinander hin und her geworfen werden.

Doch was ist alles Leid der Menschen an der Ostküste gegen die Erfahrung der Menschen an der gegenüberliegenden Küste, was mussten die Bewohner der Marschlande an der Nordsee nicht alles in den Jahrhunderten erdulden, wenn eine Sturmflut sich ihres Landes zu bemächtigen versucht?

*

Für die Geistlichkeit war es immer schon so –: »Die Luft war voller Feuer, der ganze Himmel brannte, und Gott der Herr ließ regnen, hageln, blitzen, donnern und den Wind so kräftig wehen, als dass Himmel und Erde, in einander fallen würden, und der Jüngste Tag obhanden wäre.« Hochwasser – nur ein Synonym für die biblische Sintflut – war zu allen Zeiten ein Zeichen des Herrn, um die sündhaften Bewohner an ihre eigene Fehlbarkeit zu erinnern, und sie für ihr gottloses Tun zu bestrafen. Fernab der heutigen Küstenlinie, weit im Westen lag in vorchristlicher Zeit das noch uneingedeichte und ungenutzte Marschland, doch mit zunehmender Besiedelung begann auch der Kampf der Menschen gegen die Naturgewalten. Erste kleinere Wälle entstanden und es wurden Warften aufgeschüttet, auf denen die Gebäude Schutz finden sollten. Das eigentliche Elend nahm seinen Anfang. Landschaften, vor einem Menschenalter noch namenlos, dienten zunehmend den Siedlern zum eigenen Bedarf. Wichen vor Zeiten die Bewohner vor der andrängenden See zurück, so versuchte man ihr zunehmend zu trotzen und die urbar gemachten Ackerflächen zu schützen. Vor allem lebten viele Siedler von einem in Massen vorkommenden Rohstoff, dem Torf. Großflächig wurde diese Kostbarkeit in einer nur von wenigen Baumbeständen gesäumten Landschaft für die eigene Feuerung abgebaut. Doch auch der Handel damit, bis weit hinein nach Skandinavien, war ein lukratives Geschäft. Über all die Jahre wurden allerdings immer großflächigere Teile der Landschaft tiefer eingefurcht.

Aufmerksam gleitet der Blick an all den bunten Namen der herausragenden Fluten vorbei – dabei ist es aber nicht so, dass die anderen, die davor und dahinter, die Namenlosen, gar zu vernachlässigen wären, auch sie haben sich ihre Opfer geholt. Dabei tritt das bedrohliche, das unaussprechliche Leid hinter harmlos klingenden Bezeichnungen zurück, wenn wir heute von der Julianenflut, Marcellusflut, Allerheiligenflut, Luciaflut hören. Doch so malerisch sich die Namen auch ausnehmen, hart und unbarmherzig sind die Fakten. Allein das 13. Jahrhundert verzeichnet 31 Sturmfluten, und hier wiederum ragt jene Marcellusflut vom 16. Januar 1219 heraus – die erste dieses Namens. Die gesamten Marschländer sollen überschwemmt worden sein, und die Flut allein in Dithmarschen, auf Eiderstedt, und Strand zwischen 10 000 und 36 000 Menschenleben gefordert haben. Doch es sollte schlimmer kommen. Am 16. Januar 1362 musste der heilige Marcellus noch einmal seinen guten Namen zum bösen Spiel hergeben. Die zweite Marcellusflut ging auch als »grote Mandräncke« in die Geschichtsbücher ein, und diese Bezeichnung, die Manntäncke, bringt einmal das auf den Punkt, um was es bei diesen Fluten trotz der malerischen Bezeichnungen auch immer ging: um das Absaufen der Bewohner. Nun sind von der größten Sturmflutkatastrophe aller Zeiten keine Augenzeugenberichte überliefert, keine sauber geführten Vermisstenlisten künden im Hier und Jetzt von Vergangenem, doch sprechen alte Chroniken – Jahrhunderte später das noch in der mündlichen Überlieferung lebendige Grauen konservierend – von rund 100 000 Toten. Das gesamte Marschland wurde bis an den Geestrand überschwemmt, große Teile Nordfrieslands zwischen der Insel Sylt bis Eiderstedt und dem heutigen Festland gelegen, gingen unter; da versank der sagenhafte Ort Rungholt neben vielen anderen Siedlungen in den Fluten. Übrig blieben einige Landfetzen, darunter die Insel Strand. Doch auch diese mit 54 000 ha größte nordfriesische Insel hatte gegen die Macht der Natur das Nachsehen. Obwohl nach der »Mandräncke« alles Erdenkliche eingeleitet wurde, die Küste wieder sicher zu machen, neue Deiche errichtet wurden, reichte alle Anstrengung nicht: die Allerheiligenflut vom 1. und 2. November 1570 durchbrach auf Strand allein an 18 Stellen die

Deiche und forderte 1800 Menschenleben und »drei Prediger«; auf Eiderstedt waren 1100 Todesopfer zu beklagen. Das Wasser stand rund 3,40 m über dem Land, und noch in der Kirche zu Tondern verzeichnet die Markierung einen Pegel von 1,14 m. Zwar konnte ein neuer Deich die Insel Strand zunächst schützen, doch nicht einmal ein Jahrhundert dauerte es, da war mit der Buchardiflut vom 11. Oktober 1634 – auch »zweite Mandräncke« genannt – das Schicksal des Eilandes besiegelt. An 44 Stellen gaben die Deiche nach, von 6123 Toten, rund einem Drittel der Inselbevölkerung, wird berichtet; zurück blieben nurmehr wenige Fetzen Land: Nordstrand, Pellworm, die Halligen Südfall und Nordstrandischmoor. Bis zum Ort Leck überschwemmte das Wasser die Marschlande. Prägend für diese Katastrophe steht von diesem Augenblick an auch ein Begriff. Während dieser Tage war es, als der nordfriesische Oberdeichgraf auf dem Deich bei Risum-Moor den anstürmenden Fluten entgegenrief: »Trutz Blanke Hans!« Bis hierher Nordsee und nicht weiter!

Wieder wagten die Menschen nach der Katastrophe den Neuanfang, wieder begannen sie mit dem Aufbau von Deichen, ja, versuchen gar Land der See neu abzutrotzen, wieder entstanden neue Köge. Doch immer kam der Zeitpunkt, wo Sturmfluten erneut das Abgerungene zurückforderten. Hatte auch der Küstenschutz in all den Jahrhunderten einen immer größeren Stellenwert erlangt, der sich in immer höheren und ausgereifteren Deichbauten ausdrückte, so blieb es über die Dezennien doch ein Kampf, der an den Wettlauf zwischen Hase und Igel gemahnt: wuchsen die Deiche in die Höhe, so dauerte es nicht lange und das Wasser erreichte auch deren Krone und überflutete wieder das Hinterland. Doch dem »Blanken Hans« gelang eines immer weniger: die Zahl der Todesopfer hielt sich dank der zunehmend ausgereifteren Schutz- und der immer aufwändigeren Hilfsmaßnahmen mehr und mehr in Grenzen. Zwar forderte die Weihnachtsflut von 1717 an der schleswig-holsteinischen Westküste noch einmal 782 Tote, die Halligflut vom 3. und 4. Februar 1825 74 Tote, doch die höchste mit Wasserständen von 5,66 m über Normal-Null in Husum – gar

6,45 m in St. Pauli – je gemessene Flut, die Januarflut vom 3. Januar 1976 verlief glimpflich. Obwohl im Kreis Pinneberg der Elbdeich gleich an neun Stellen brach, die Haseldorfer Marsch mit 40 Quadratkilometern unter Wasser geriet und dabei auch der Christianskoog überflutet wurde, zeitgleich auch der Tonderner Deich brach und 20 000 Menschen im Raum Ribe, Tondern, Hoyer evakuiert wurden, sind bei all dem damit verbundenen Elend keine Ertrunkenen mehr zu beklagen.

*

Immer noch Mittwoch, der 13. November 1872. Es ist später Nachmittag. Das Wetter ist lausig: die Temperaturen liegen nahe dem Gefrierpunkt, Schneeschauer jagen über das Land, wenn auch der Orkan langsam abzuflauen beginnt. Von Lübeck bis Flensburg gleichen sich die Bilder entlang der Ostküste wie eins dem anderen, immer wieder nagt das Wasser dieser Jahrtausendflut an den Ufern mit noch nie zuvor gemessenen Pegelständen von fast 3,50 m über Normal-Null , und überflutet niedrig gelegene Grundstücke. Die an der Ostsee niedrigen Wälle und Deiche können die Wassermassen nicht länger aufhalten, ja, ganze Flächen stehen schließlich unter Wasser. Für die Unbeteiligten gilt zwar der Satz: Was die Augen nicht sehen, will das Herz nicht glauben, doch die Tatsachen sind unbarmherzig und hart. Allein zwischen Sierksdorf und Niendorf dringen die Fluten an 16 Stellen durch Strandwall und Dünen, 1150 ha Hinterland überflutend; rund ein Drittel der Insel Fehmarn steht unter Wasser. Dutzendfach bersten die Häuser. Und man kann nun all die Namen der Ortschaften aufzählen, die Fakten in Erinnerung rufen, das Leid lässt sich darüber nur schwer vermitteln: da ist das Schicksal des Fischerortes Gothmund an der Trave, von 22 Gebäuden bleiben dort ganze vier unbeschädigt, in Niendorf werden 130, in Dahme gar 300 Menschen obdachlos, die niedrig gelegene Probstei gerät völlig unter Wasser und die Ortschaften Schönberg, Wentorf, Stein, Laboe werden nahezu vollständig von den Wassermassen ausgelöscht. In letzterem Ort bleiben grade zwei Häuser erhalten. Kalifornien ist schon um 11 Uhr hinweggespült; ganze Fachwerkgebäude begeben sich auf die Reise und stranden irgendwo auf höhergelegenen Koppeln, wo es vor flüchtenden Ratten und Mäusen nur so wimmelt.

Schwer trifft es auch die prosperierende kaiserliche Marinestadt Kiel, wo bei einem Pegelstand von 3,30 m über Normal-Null über 33 ha des Stadtgebietes innerhalb weniger Stunden überschwemmt werden. Vom Hafen ist rein nichts mehr zu sehen als einige schwarze Inseln, die aus den Fluten herausragen: Kohleberge, an denen sonst die Dampfschiffe ihren Brennstoff bunkern. Die ankernden Schiffe werden wie Spielbälle hin- und hergeworfen, einige reißen sich los, werden zersplitternd aufs Ufer geworfen, andere zerschellen und gehen unter. Mit Sandsäcken und Brettern versuchen zunächst noch einige Menschen Türen und Fenster zu sichern, andernorts fliehen schon die Bewohner aus den Häusern; immer wieder sieht man Menschen, durch die Straßen waten, dabei Kinder und Alte huckepack auf den Schultern tragend. Andere, geschäftstüchtige Bootsleute, bieten gegen Bezahlung ihre Dienste und ihren Kahn zur Rettung an. Bald schon bemächtigen sich die in die Wohnungen eindringenden Wassermassen der Möbel und tragen sie nicht selten bis unter die Decke. Die ersten Häuser stürzen ein, Brücken werden beschädigt; Hafenanlagen und Werften sehen aus wie große Schrottplätze.

Am schlimmsten meint es das Schicksal mit der schutzlos an der offenen Bucht gelegenen Stadt Eckernförde. Das Hochwasser, mit Macht in den Meerbusen gedrängt, setzt innerhalb kürzester Zeit die strandnahen Gebiete unter Wasser, und nach einem Durchbruch durch die Dünen bemächtigen sich die Fluten der niedriger gelegenen Gebiete. Die Hauptstraße ist Minuten später unpassierbar. Auch der Eisenbahndamm, schnell erreicht, durchweicht, unterspült, überlässt Schienen und Schwellen den tobenden Wogen. Zurück bleibt ein völlig von der Außenwelt abgeschnittener Ort; immer kleiner wird das Gebiet, das noch, einer Insel gleich, trocken aus den Wassermassen herausragt. Hier wie dort schleppen Menschen Angehörige durch das Wasser, das ihnen oftmals bis zur Brust reicht, und versuchen auf höher gelegene Stellen zu gelangen. Die Bilanz nach der Sturmflut ist für die Bewohner erschütternd: 78 zerstörte und 138 beschädigte Gebäude; für 112 Familien gilt es ein neues Obdach zu finden.

Weiter nördlich erhält die Ostsee Zugang zum Oeher Noor; da stehen die Orte Maasholm, Olpenitz und Kappeln völlig im Wasser. Auch in diesen Gemeinden stürzen Häuser ein, gehen an der Schlei Schiffe verloren oder stranden auf Koppeln. Auf Schleimünde verbringt der Wärter, nachdem er das Leuchtfeuer entzündet hat, unruhige Stunden auf dem Turm; das Hochwasser hat ihm den Rückzug versperrt. Auch in den Städten Schleswig – hier wird mit 3,49 m über Normal-Null der höchste Pegelstand in Schleswig-Holstein gemessen – und in Flensburg sind gleichfalls ganze Straßenzüge unter Wasser gesetzt, sind starke Schäden zu vermelden.

Hält man sich vor Augen, dass in vielen Küstenorten nahezu die Hälfte der Gebäude und oft sogar mehr zerstört und beschädigt werden, so erscheint die Zahl der Menschenleben, die das Hochwasser gefordert hat, eher gering. Doch subsummiert und extrahiert zeugen all die Berichte, Meldungen, Statistiken von erheblichen materiellen Schäden an Hab und Gut, von Landverlusten und geänderten Küstenverläufen – teilweise holt sich die Ostsee 150 m – und zuguterletzt künden sie dann auch von den Opfern: 31 Menschen sterben an der schleswigholsteinischen Küste, 271 an der gesamten Ostseeküste. Soweit das Auge reicht, bleibt nach Weichen des Wassers eine Mondlandschaft zurück, ein mit einer fetten Masse Schlick, toten Tieren, gedroschenem oder ungedroschenem Korn, Kleidung, entwurzelten Bäumen und Sträuchern übersäter, von Trümmern des Hausrates wie Kommoden, Schränken und sonstigen Gebrauchsgegenständen gedüngter Landstrich; verdorben waren zudem die Süßwasserbrunnen. Die Habe, der Wohlstand manch einer Familie, über Generationen unter Mühen angehäuft waren innerhalb weniger Stunden dahin geschwommen, hinweg genommen; der Verlust der Ernte war noch das Geringste, das aufseufzen und klagen lässt, das Tränen der Wut und Ohnmacht vergießen lässt. Jahre werden darüber ins Land gehen, bis die Schäden an Haus und Hof wieder behoben, bis die vom Salzwasser überschwemmten Äcker wieder den gewohnten Ertrag abwerfen werden.

Wieder einmal hat, diesmal die Bewohner der Ostküste, ein Hochwasser daran gemahnt, dass der Schutz der Küste dieser »meerumschlungenen« jütischen Halbinsel keine Angelegenheit des Einzelnen sein kann, vielmehr eine Aufgabe des ganzen Landes ist.

Die Wiedergeburt der niederdeutschen Ballade.

Iven Kruse, Kiel 1889

Die Schlacht war geschlagen, die Schlacht im Redaktionszimmer. Mit müden Bewegungen entledigen sich die Redakteure, die während der letzten Abendstunden die Artikel für die morgendliche Ausgabe zusammengestellt hatten, ihrer Arbeitsgeräte. Stahlfeder und Papier werden beiseite gelegt, Tintenfass und Schubladen verschlossen. Die Räume leeren sich. Ein Scheuerweib betritt das Gebäude der ›Kieler Zeitung‹ an der Holstenbrücke.

In einem der Zimmer jedoch brennt noch Licht. Gewissenhaft erledigt ein junger Mann von zwanzig Jahren eine Schreibarbeit. Die Stahlfeder taucht in das Tintenfass und reiht sauber Buchstabe an Buchstabe auf den Papierbogen. Nur noch dieses Antwortschreiben, dann will auch er aufbrechen. Wieder eines dieser eingesandten Gedichte, das wirklich nicht schlecht ist, denkt er, aber –: »Wir sehen uns zu unserm Leidwesen genötigt, Ihnen Ihr schönes ›Persisches Liebeslied‹ mit dem Ausdruck des« – nein, besser ist – »unseres verbindlichsten Dankes für dessen Mitteilung zurückreichen zu müssen. Natürlich ist das Gedicht in keiner Weise daran Schuld, aber wir müssen« – hm, schöner ist – »sind gezwungen, auf unser Publikum Rücksicht zu nehmen. Mancher Backfisch und manche rührselige alte Jungfer würde das Gedicht« – nee, auch nicht; die letzten drei Worte werden gestrichen. Er setzt noch einmal neu an: »ist darunter, und zwar nicht nur vom weiblichen Geschlechte. Mit einer herrlichen Ballade von Fontane, wohl eine der schönsten, die er gedichtet, ›Monmouth‹, auch von Theodor Storm in dessen Hausschatz und deutschen Dichtern aufgenommen, haben wir prachtvolle Erfahrungen gemacht, die Entrüstungsbriefe, von den Zopfgretchen bis zu den alten Excellenzen! ›Anständige‹ rote Grütze und ›fromme‹ unschuldige Milch, das ist es, was ein ansehnlicher Teil von unsern Lesern verlangt. Wenn wir nun auch nicht gewillt sind, diesem Verlangen nachzugeben, so müssen Gedichte erotischer

Art ganz von unserem Programm geschlossen werden.« – So, hochachtungsvoll, im Auftrag und so weiter. Er betrachtet noch einmal das Schreiben. Die Streichungen wirken doch unschön, so kann der Brief auf keinen Fall an seinen Adressaten gelangen. Handelt es sich doch der beigefügten Visitenkarte nach um seinen Lieblingsdichter, dem aufgehenden Stern am deutschen Lyrikhimmel, ein richtiger Baron, dieser Liliencron. Also muss der Brief noch einmal sauber abgeschrieben werden. Nun, morgen ist auch noch ein Tag, und so beschließt der junge Mann, dann endlich den wohlverdienten Feierabend einzuleiten.

*

Johannes Kruse war Autodidakt, hatte nur die einklassige Schule eines kleinen Bauerndorfes besucht, doch früh schon durch den Lehrer animiert, sich an den Erzählungen Eduard Mörikes und Wilhelm Raabes erfreut und autodidaktisch weitergebildet. Ja, als er gar die Dichtungen Theodor Storms in die Hand bekam, wurde der Wunsch beherrschend, selbst ein Dichter zu werden. Er war Bücherwurm und die Ausflüge in die Phantasie gelangen ihm besser als das Praktische, zu dem er nicht recht zu gebrauchen war. Das mussten auch die Eltern schmerzhaft erfahren: als ältester Sohn eines Dorfschmieds wäre es nach alter überkommener Sitte seine Pflicht gewesen, das väterliche Handwerk weiterzuführen, doch er eignete sich nicht dazu. Geld für eine weiterführende Schule war nicht vorhanden, allenfalls die Ausbildung als Volksschullehrer an der Präparande in Barmstedt kam in Betracht. Und so sparten sich die Eltern jeden Pfennig vom Munde, um die Ausbildung ihres Sohnes zu bezahlen. Doch es misslang. Der Sohn, gerade fünfzehnjährig, hatte Heimweh und flüchtete nach wenigen Wochen im Seminar wieder in sein geliebtes Dorf und zu den Eltern zurück. Für kurze Zeit konnte Kruse immerhin eine Privatschule in Kiel besuchen, wo ihm etwas Französisch und Englisch beigebracht wurde, doch meistens hielt er sich daheim bei den Eltern auf. Dann eröffnete sich die Möglichkeit, an einem neu geschaffenen Kieler Journal, bei Wilhelm Biernatzki und dessen ›Schleswig-Holsteinischen Jahrbüchern‹, als Mitarbeiter unterzukommen, und so begab sich der junge Mann erneut nach Kiel, in eine Stadt, die nicht das Ziel, allenfalls ein Zwischenspiel auf dem Weg zum Dichter, sein sollte. Die Hoffnung und der feste Glauben, dass es ihm einmal gelingen würde, etwas Großartiges und Schönes zu schreiben, waren ständige Begleiter. Erste sichtbare Zeichen bildeten einige kleinere Artikel. Doch nach knapp zwei Jahren ging das Journal ein. Aber dank der Hilfe Biernatzkis, der in seinem Mitarbeiter schon bald einen gewissenhaften, einfühlsamen Menschen mit literarischem Gespür erkannt hatte, gelang es dem jungen Mann schnell, ein neues Unterkommen zu finden. Es war zwar nur eine untergeordnete, eine Adlatusstelle frei, doch als Volontär stand ihm hier für seine berufliche Zukunft alles offen, auch hier könnte er in seinem weiteren Leben voran kommen.

*

Die Poesie, sein heimliches Sehnen, sein eigentliches Ziel, tritt in diesen Monaten des Umbruchs, in dieser von hektischer Betriebsamkeit unter dem Druck der Tagesgeschäfte am neuen Arbeitsplatz und der von materieller Unsicherheit belasteten Zeit, in den Hintergrund. Ohne seinen romantischen Idealismus, ohne seine im einfachen Elternhaus geschulte Anspruchslosigkeit, ohne die ihm eigene obwaltende Arbeitslust würde er unrettbar zugrunde gehen müssen. Doch trotz des kümmerlichen und beengten Daseins, trotz der materiellen Entbehrungen und des damit verbundenen notgedrungenen Verzichtes auf so manchen gesellschaftlichen Genuss empfindet er Freude, wenn er nur schreiben darf, und seien es nur ihm übertragene Antwortschreiben, die ihm unter den Fingern fast zu Kunstwerken geraten.

Freude überkommt ihn auch, wenn er an seine neueste Entdeckung denkt. Seit kurzem, während einer Lektüre auf den Kellinghusener Kirchspielvogt Detlev von Liliencron aufmerksam geworden, sammelt er nun alle Veröffentlichungen, die er von diesem Dichter finden kann. Dessen Gedichte entschädigen ihn für alles und sind in dieser Zeit, in seinen jungen Jahren, der einzige richtige Genuss, dem er sich hingibt. Noch ahnt er nicht, dass er von dem angesehenen Dichter in einigen Monaten, als ebenbürtiger Partner und Freund erachtet wird, ja, wegen seines lyrischen Gespürs an Liliencrons Gedichtband ›Der Haidegänger‹ und dem Folgeband mitwirken darf. Sogar seinen Künstlernamen »Iven« wird er aus dessen berufenem Munde verliehen bekommen. Noch allerdings sitzt Kruse als kleines Glied in der Kette der Journalistenschar in den Redaktionsräumen der ›Kieler Zeitung‹ und bearbeitet die Tagespost. Gewissenhaft beantwortet er jede Einsendung von unverlangten Manuskripten, begründet Verbesserungsvorschläge oder gar Ablehnungen.

*

Endlich ist auch für ihn das Tagewerk vollbracht, der Schreibtisch aufgeräumt; der Gang nach Haus kann beginnen. Kruse tritt auf die Straße. Nur spärlich werfen ein paar Gaslaternen ihren Schein auf den Gehweg, werfen zittrige Reflexe auf leichten Nebeldunst, der den Vollmond nur schemenhaft hervortreten lässt. Eigentlich müsste er etwas zu sich nehmen; eine warme Mahlzeit hat er schon einige Tage nicht genossen, aber bei seinem Gehalt ist das purer Luxus, den er sich nur selten gönnt. So schlendert er die Vorstadt entlang, diese Hauptverkehrsstraße, auf der tagsüber der lebhafteste Verkehr wogt und die am meisten vom aufstrebenden wirtschaftlichen Leben in der kaiserlichen Marinestadt zeugt. Geschäft reiht sich an Geschäft, und die Läden sind durchweg geschmackvoll ausgestattet. Gerne schaut Kruse sich die Auslagen in den Schaufenstern an, die Fassaden dagegen betrachtet er, wenn überhaupt, nur mit Verachtung. Er ist ein Junge vom Lande, und ein noch so windschiefes und in sich versunkenes, reetgedecktes Bauernhaus lässt sein Herz höher schlagen als diese Steinkästen in der Stadt. So ist es nur gut, dass jetzt am Abend die Dunkelheit barmherzig die unruhigen, unförmigen Häuser mit ihren grauen, roten, gelben Backsteinen oder schmutziggrünen Farbgewand verdeckt.

An der ›Erlanger Bierhalle‹ bleibt er stehen und schaut durch die vom Qualm der Raucher und den blakenden Laternen eingetrübten Scheiben dem Treiben in dem viel frequentierten Lokal zu. Stark tritt der Gedanke an ihn heran, sich doch dazu zu gesellen, sich ein Abendbier und eine Mahlzeit, und sei es nur ein Brot, zu gönnen. Schon den Einflüsterungen nachgebend, belehrt ihn jedoch der Griff in die Hosentasche eines Besseren: der erhoffte Groschen ist nicht vorhanden. Doch trotz der Enttäuschung empfindet er auch Erleichterung, Erleichterung wegen des – wenn auch diesmal nicht vorhandenen – eingesparten Geldes. So nimmt er seinen Weg wieder auf. ›Dehneckes‹ neu eingerichtetes Bierlokal lässt er hinter sich, ohne es auch nur eines Blickes zu würdigen.

Das ausgefallene Abendessen und das kurzzeitige Erliegen der Versuchung erfüllt noch ganz seine Gedanken, da wird er plötzlich abgelenkt. Eine Anzahl Männer mit breitbeinigem, wiegendem Gang biegen in lautem Gespräch aus der Hafenstraße in die Vorstadt ein. Es werden Bootsleute sein, die sich ihr wohlverdientes Abendbier und einen Kööm genehmigen wollen, denkt Kruse und geht langsameren Schrittes weiter, hält sich an der Schevenbrücke halblinks und gelangt so über die Klinke zum Sophienblatt, einer zumindest hier breit ausgebauten Straße mit Pferdeeisenbahn in der Mitte. Das auf der anderen Straßenseite groß angelegte Bahnhofsgebäude und der Vorplatz liegen recht verlassen da. Nur jenseits, zum Hafen hin, tönen Geräusche, die auf Dampflokomotiven und Rangierarbeiten hindeuten.

Vor ›Muhls Gasthof‹, dem vornehmsten Hotel am Bahnhof, herrscht noch reges Treiben. Zwei Kutschen stehen davor und livrierte Jungen tragen eilig Koffer und Reisetaschen ins Gebäude; Leute stehen auf dem Bürgersteig, schauen zu, und auch Kruse, dessen Vorbeimarsch durch die umstehenden Schaulustigen zunächst etwas gehemmt wird, bleibt schließlich stehen und mustert die Gefährte und dampfenden Pferde.

Als die Menschen sich verlaufen haben, schlendert er weiter. Einmal hält er inne, bleibt stehen und betrachtet das zweigeschossige Gebäude an der Ecke Ziegelteich und Sophienblatt, das ›Taulow-Museum‹. Nicht das Gebäude ist es, das ihn dazu treibt, sondern die Gedanken an die völkerkundlichen Exponate aus der Heimat; mehrmals hatte er sich die Zeit genommen, hier einmal einzukehren und die Kunstwerke bedeutender Schnitzkünstler aus den Herzogtümern und Bilderwerke aus dem 15. bis 18. Jahrhundert anzuschauen, wenn ihm auch beim Betrachten immer wieder die lieblose und oft unsachgemäße Präsentation ins Auge stach.

Weiter schlendert er am Gartenlokal von ›Marsen‹ vorbei und nähert sich dem beliebtesten Kieler Einkehrpunkt. Je näher Kruse kommt, um so klarer tönt die Musik durch den Abend; die Kapelle des Seebataillons spielt wieder einmal in ›Wriedts Etablissement‹. Einmal mehr wird er unschlüssig, ob er nicht doch einkehren soll, nur so, ohne etwas zu verzehren. Er bleibt stehen, beäugt das Kommen und Gehen in dem von zahlreichen Lichtern illuminierten Lokal, unterdrückt schließlich das Verlangen angesichts des eigenen Mangels an Zehrgeld und geht weiter.

Auf der anderen Straßenseite schimmert schemenhaft die St.-Jürgen-Kapelle, und Kruse beschließt, trotz der vorherrschenden Dunkelheit den dahinterliegenden alten, idyllischen Kirchhof mit seinen von Efeu bewachsenen Grabhügeln und kiesbestreuten Wegen aufzusuchen, wie er es in den letzten zwei Jahren, seit er in Kiel untergekommen war, schon so oft getan hatte. Der Friedhof, ein Denkmal für die Vergangenheit der Stadt und die Vergänglichkeit der Menschen, war letzte Ruhestätte der Kieler Persönlichkeiten. Und wenn auch inzwischen der neue Südfriedhof als Ersatz geschaffen war, so fanden hier doch die Familien der Kaufleute, Künstler, Prediger, Professoren, Originale und Vorkämpfer für die schleswig-holsteinische Erhebung 1848 weiterhin ihre Ruhestätte.

Kruse überquert die Straße in Richtung Eingangspforte, verharrt aber unmittelbar auf dem Bürgersteig, noch ganz in Gedanken an die geschichtsträchtigen Namen der dort zur letzten Ruhe Geleiteten, als ahnte er, dass ihm gleich etwas Außergewöhnliches widerfahren werde.

Langsam, kraftlosen Schrittes ein Bein vors andere setzend, den Rücken leicht gebeugt und mit dem Spazierstock sacht auf den Boden stoßend, tritt ein alter Mann aus der Dunkelheit des offenen Friedhofeingangs und nähert sich ihm nahezu lautlos. Die Augen starren ständig geradeaus vor sich hin, blicken weder zur Seite noch scheinen sie etwas wahrzunehmen, grad so, als wäre der Alte mit einem Leichenzug auf dem Weg, jemanden ihm sehr nahe Stehenden zur letzten Ruhe zu begleiten. Als der Mann an dem Betrachter vorübergleitet, blickt Kruse ihm noch sinnend nach. Etwas fängt in seinem Kopf zu arbeiten an. Zuvor das pralle, fröhliche Leben in ›Wriedts Etablissement‹, hier der Ort der Geister und des Abschiednehmens vom Leben. Und plötzlich beherrscht eine Vision, beherrscht eine Szene die eigene Phantasie, und seine ganze von Hunger, innerer Kümmernis und Melancholie beherrschte Stimmung ist mit einem Mal in heiteres Behagen verwandelt.

Er merkt gar nicht, wie er am Friedhof vorbei in Richtung Stadtgrenze nach Hause gelangt. Die Bebauung am hier schmaler werdenden Sophienblatt weist immer mehr Lücken auf und besteht mehr aus einer Art Stadtvillen denn aus Geschäftshäusern oder Mietskasernen. Endpunkt der immer hastiger werdenden Schritte bildet – gegenüber einem im Nichts endenden Weg, der späteren Marthastraße – sein möbliertes Logis, das er zur Untermiete bewohnt. Kaum erreicht er die Haustür, auf- und hinter sich wieder verschließend, hastet er auch schon die Treppe zu seinem Zimmer empor. Eigentlich betritt er das Haus immer mit jenem peinigenden Gefühl aus Verlegenheit und Scham, das den innerlich anständigen Menschen übermannt, der Bekannte um kleine Darlehen bittet, für deren Zurückzahlung es in absehbarer Zukunft keine Möglichkeit geben wird. Und dass er ein armer Schlucker, einer ohne »anständigen« Beruf ist, weiß hier im Hause jeder. So hofft er immer, Begegnungen im Hausflur zu vermeiden. Den Blicken, mit denen er und seine abgetragene und altmodische Kleidung gemessen wird, mal als verächtlich, mal als verweisend empfunden, setzt er sich nicht gerne aus. Doch heute ist ihm das alles ohne Bedeutung. Weder hat er Zeit, in seinem Zimmer eine Kerze anzuzünden, noch Hut und Mantel abzulegen; eine Vision übermannt ihn und beherrscht vollständig seiner Sinne. Eilig greift er zum immer parat liegenden Papier auf dem Tisch, fummelt einen Bleistiftstumpen aus der Manteltasche und beginnt, nur vom dunstigen Mondlicht beschienen, auf der Fensterbank das Bild in Worte zu bannen:

»Nu is de Ole dormit lank,
Nu is he doot. Gott Loff un Dank!

Bloot uns to Last, bloot uns för'n Foot,
Gott Loff nu is he endli doot.

He weer je oold he weer je op ...«
De Fru nück lisen mit den Kopp.

Zunächst noch zögerlich, tastend gestalten sich die ersten Verse in wohlabgewogener Weise, doch nach wenigen Minuten fliegt der Bleistift immer schneller über das Papier, und bald schon schreibt sich Kruse in einen regelrechten Schaffensrausch.

Friech Mars gau uut de Kamer slark.
»Ik gah man un bestell dat Sark;

Je ehr, je bäter an de Siet,
De Liken wahrt ni in diss' Tiet.«

Un ehr dat dreemal Abend weer,
Do bröchen se em in de Eer –

Un baben, wo in'n Sünnenschien
Vergnöögt de Hahn vun 'n Karktorn grien,

Dor sacken se em in de Kuhl,
De swart uut Gras un Blomen schuul.

De Paster snack twee lang, twee breed
Vun't Handslaan keem he gans in Sweet;

»Wohlauf, Wohlan! – zum letzten Gang!«
Un noch eenmal Gebäd, Gesang.

Un dennso smeeten vun de Kant
Se in de Düüp dree Schüffeln Sand.

Es gibt kein Halten, kein Überlegen mehr, kein Abwägen und Nachbessern. Reim folgt auf Reim. Kaum dass er in der vorherrschenden Dunkelheit seine Schrift auf dem Papier erkennen kann, gestalten sich die Verse wie von selbst.

Un »Gott sei Dank!« un all Mann hoog
To't »Fellversupen« in den Kroog.

Friech Mars, de harr de gröttste Hast:
»Man to! – de Ool liggt wiß un fast.« –

Des Abends laat, in'n Maandenschien,
Vergnöögt de Hahn vun'n Karktorn grien,

Do kümmt Friech Mars ut't Weertshus ruut;
De annern sünd all lang vöruut.

Em weer so düsig in den Kopp,
He tummel langs den Karkhof rop.

Mit eenmal kümmt he steil und hoog –
In'n Maanschien kümmt em wat in't Oog:

En Likentog. En Sark vörop.
Un en Gefolge Kopp an Kopp.

Wa leiri! Dat maakt gorkeen Larm –
Em ward dat koold, em ward dat warm.

So lies as Windweihn in de Saat
De Folgers em vöröwer gaht.

De Mannslüüd all in Lakensröck
Un in de Hann de Sünndagsstöck.

Un achter uut de Rockenflitz
Kiekt alle Mann de Piepenspitz.

De Fruenslüüd all in'n Truerstaat,
De witten Döök to'n Weenen praat.

Un achter't Sark geiht stramm un stief,
Den Kopp vördaal, sien egen Wief;

De annern sünd sien Nawerslüüd –
He steiht un weet ni, wat't bedüüd;

He steiht un kiekt, he steiht un kiekt –
Dor's een, de jüst sien Piep anstickt;

He fraagt un beewt: »Na, Nawer, segg,
Keen bringt ji dor al wedder weg?«

Verfehrt gluupt em de Nawer an,
De Swäwel glinstert in sien Hann,

He höllt dat Swäwelholt vörbi
Un lett dat smoeln un antert: »Di!«

»Wat seegst – ?!« He tummelt, gripp ümher,
Fallt lingelang daal up de Eer.

De Klock sleiht Een jüst vun de Kark. –
Morrn maakt de Discher wedder 'n Sark.

Dann, als die Vision in Worte gebannt ist, erst dann fühlt er seinen Körper, fühlt Fieberhitze und starrt auf die vor ihm liegenden beschriebenen Blätter, als wären sie etwas Fremdes. Erst jetzt realisiert er seinen äußeren Zustand: er legt daraufhin den Hut in den Schrank, zieht den Mantel aus und zündet einen Kerzenstummel an, um das soeben Geschriebene noch einmal durchzulesen. Die Ballade »De Schattentog« war soeben entstanden und damit die Wiedergeburt der niederdeutschen Ballade eingeleitet.

Als die Ballade schließlich das Licht der Welt erblickt und veröffentlicht wird, sind sich die Kommentatoren einig: hier hat ein wahrer Dichter eine der bedeutendsten niederdeutschen Dichtungen geschaffen, er ist ein würdiger Nachfolger Klaus Groths, doch – die große Zeit des Plattdeutschen ist längst dahingegangen. Die Reuterschen Läuschen und Riemels oder Groths Dichtungen gehen noch hin und wieder von Hand zu Hand, doch mit seiner Poesie sich einen Namen als bedeutender Dichter zu machen, dazu ist es nicht mehr die rechte Zeit. Auch die später noch folgenden hoch- wie niederdeutschen Gedichte oder kurzen Erzählungen zeigen das wahre Können Kruses, doch er versteht es nicht, aus dem Schatten seiner späteren Redakteurstätigkeit, aus der tagtäglichen Schinderei am Schreibtisch herauszutreten. Allzu sehr wird ihn in den folgenden Jahren bis zu seinem Tode das Schreiben um des täglichen Brotes willen in Anspruch nehmen. Er selbst orakelt einmal »Es ist nicht viel, was von mir bleibt ... du hast umsonst gelebt«; doch einmal, einmal in seinem Leben ließ ihn das Geschick für einige Minuten ein Genius sein.

Meuterei, Revolte, Revolution.
Der Aufstand der Matrosen, Kiel November 1918

Es liegt was in der Luft

Nach dem Krieg ist nach dem Sieg, bestenfalls nach dem vereinbarten Frieden; so sehen es die Menschen, deren Leben sich in all den Jahren seit 1914 um Befriedigung des immerwährenden Hungergefühls und um die Sorge über die in fernen Zonen stehenden Soldaten bewegt. Stehen die deutschen Truppen nicht noch überall im so genannten Feindesland? Ist nicht Russland nach dem Brest-Litowsker Frieden vom 3. März 1918 in die Knie gezwungen worden? Und nun, plötzlich, die Siegesnachrichten sind kaum verklungen, der Gesamtsieg schien doch greifbar nahe, setzt das Donnergrollen an der Heimatfront ein –: unfassbar ist es für die Bevölkerung, was auf einmal erst tröpfchenweise, dann immer klarer durchsickert; fassungslos steht sie vor einem Scherbenhaufen. Alles was bisher galt, wofür sie ein Leben lang erzogen wurden, Militarismus und Kaiser, der die Welt am deutschen Wesen genesende lassen wollte, dies alles soll nicht mehr gelten. Erich Ludendorff, der große Stratege des Generalstabs, der eigentliche »Kanzler« unter dem mächtigen »Kaiser« Paul von Hindenburg – Wilhelm der Prächtige hatte schon seit 1916 nicht mehr viel zu sagen – macht innerhalb eines Tages eine Kehrtwendung um 180 Grad, und gibt am 27. September den Krieg hastig verloren. Ganz seinem Dienstrang gemäß beginnt er jetzt, die generalstabsmäßige Planung des Rückzugs. Er spielt alle Möglichkeiten in Gedanken durch, vor allem aber, wie die Armee das Gesicht wahren könne. Unverzüglich muss ein Waffenstillstandsgesuch an den Kriegsgegner her, und dazu bedarf es, ganz wie vom amerikanischen Präsidenten Woodrow Wilson gefordert, einer legitimierten Regierung. Und Ludendorff hat schon einen Plan: unbedingt müssen die Sozialdemokraten eine gewichtige Rolle innerhalb der neuen Regierung spielen. Und obwohl der Abgeordnete Philipp Scheidemann seinem

Parteivorsitzenden Friedrich Ebert dringend davon abrät, sich an diesem »bankrotten Unternehmen« zu beteiligen, ergreift Ebert die Gelegenheit, zum Wohle des Vaterlandes seinen Beitrag zu leisten. Dass der Köder, den Ludendorff mit seinem Ansinnen ausgelegt hat und den Ebert anstandslos schluckt, vergiftet ist und sich das Gift über die folgenden Monate und Jahre wie ein Krebsgeschwür ausbreiten wird, das übersieht der Parteivorsitzende.

Schon am 29. September vollzieht sich vor den fassungslosen Augen des Bürgertums der Wandel zur konstitutionellen Demokratie; der Glanz des »glorreichen« Kaiserreiches verflüchtigen sich rapide. Am 4. Oktober bleibt dem neuen Reichskanzler Max von Baden nichts anderes übrig, als Ludendorffs Forderung nach sofortigen Friedensverhandlungen mit den Kriegsgegnern zuzustimmen, da angeblich die Westfront kurz vor dem Zusammenbruch stehe, wie der Stratege glaubhaft versichert. Doch was ist das? Nun, da er gegen alle internen Widerstände sich durchgesetzt hat, stiefelt Ludendorff nur wenige Tage später generalstabsmäßig wiederum in die entgegengesetzte Richtung. In aller Öffentlichkeit legt er dar, dass unbedingt weiterzukämpfen sei, der Sieg liege noch nicht im Sterben, noch sei mit den Truppen zu rechnen. Doch der Generalquartiermeister weiß, dass es zu Ende geht, nimmt schließlich seinen Abschied am 26. Oktober und setzt sich mit falschem Pass nach dem sicheren Schweden ab. Der einmal ausgelegte Köder entfaltet jedoch in den folgenden Monaten seine Wirkung: nicht die Armee, die unbesiegte, hat versagt; sind es nicht die Politiker gewesen, die völlig überstürzt mit Friedensverhandlungen sich hervortaten? Haben sie nicht der Armee hinterrücks in den zum Angriff erhobenen Arm gegriffen? Tragen sie nicht die Verantwortung für den verlorenen Krieg?

Überhaupt nicht einverstanden mit Friedensverhandlungen sind auch Kapitän zur See von Levetzow und Konteradmiral von Trotha. Und auch sie haben eine Idee. Mag die Armee sich auch sang- und klanglos davonstehlen, ihre Marine werde auf keinen Fall die Schiffe der Hochseeflotte, wie es die Forderung der Entente ist, an den Kriegsgegner abtreten. Nein, sie und die Offiziere ziehen lieber den ehrenvollen Todeskampf vor, wenn es sich dabei auch um reinen Selbstmord handeln sollte.

Innerhalb kürzester Zeit steht die Planung, und erste Vorbereitungen laufen an. Die Offiziere, den Atem des Todes im Nacken spürend, feiern ihr Abschiedsfest ausgiebig mit reichlich Alkohol, diesem Tröster und Betäuber. Am 30. Oktober, so besagt es der Plan, soll die Flotte von Wilhelmshaven gegen Engeland in Richtung Themse auslaufen. Doch nach durchzechter Nacht ist der Katzenjammer an diesem Tag recht groß. Die Offiziere können es gar nicht glauben, was sich da abspielt. Jahrein, jahraus haben sie den Mannschaften den Willen zu brechen versucht, haben sie dressiert, mit ihnen Hund und Herr gespielt, bis diese schließlich artig das Stöckchen apportierten. Noch immer glauben sie an die Macht ihres Befehls. Doch nun?! Als an diesem Morgen der Befehl zum Auslaufen erklingt, greift Ratlosigkeit um sich; verstört schauen die Offiziere sich auf ihren Schiffen gegenseitig in die Augen. Keine Reaktion erfolgt. Fest liegen die Schiffe auf der Schillings-Reede vor Wilhelmshaven; die Feuer in den Kesseln, von den Heizern noch in der Nacht gelöscht, treiben keinen Dampf in die Turbinen. Nein, sie, die Mannschaften, wollen sich nicht mit einmalig heroischer Geste opfern lassen, wollen diesen Wahnsinn nicht mitmachen, sie haben die Schnauze vom Krieg gestrichen voll. Nicht länger wollen sie sich von diesen despotischen Vorgesetzten herumschubsen lassen, sie wollen einfach nur nach Hause.

Ein Mal noch versteht es der alte Apparat, sich aufzubäumen und zu zeigen, wo doch die eigentliche Macht angesiedelt ist. Zwar werden mehr als 1000 Marinesoldaten wegen Meuterei gefangen genommen, doch nur mit Mühe gelingt es, etwas Ruhe in die brodelnde Masse hineinzubekommen. Fassungslos und völlig überrascht von der Stimmung – die Kluft zwischen einfachen Soldaten und der Führung kommt jetzt vollends ans Licht – finden die Offiziere keine Erklärung, wie so etwas noch nie Dagewesenes nur geschehen konnte. Wie das Kaninchen auf die Schlange starren sie auf die Malaise und wissen nicht, wie sie reagieren sollen. Das steht in keinem ihrer militärischen Lehrbücher. Als Ergebnis einer Beratung kommt schließlich heraus, die Verbände seien zu separieren. Nur so würde es gelingen, dass die Matrosen auf den letzten loyalen Schiffen sich nicht mit diesen Ideen infizieren. Vor allem in der langen Abwesenheit vom Heimathafen meint Vizeadmiral Kraft die Ursachen der Meuterei zu erblicken. Mit zusammengebissenen Zähnen, aber gleichwohl erleichtert – müssen sie doch keine eigene Meinung vertreten –, pflichten die hastig zusammengetrommelten Führungsoffiziere ihrem Vizeadmiral bei: Die Jungs müssen einfach mal wieder Landgang erhalten und etwas »Dampf« ablassen. Und so soll es denn geschehen. Das 3. Geschwader mit den Schiffen ›König‹, ›Bayern‹, ›Großer Kurfürst‹, ›Kronprinz‹ sowie ›Markgraf‹ erhält den Befehl, umgehend die Fahrt von Wilhelmshaven nach Kiel aufzunehmen. Das hört sich für die einfachen Matrosen schon etwas besser an. Die Ereignisse nehmen ihren Lauf.

Donnerstag, 31. Oktober

»Empfindlich kalt, grau bedeckt, dunkel, nur 2°+ kalte Luft. Wind. Der kritische Oktober geht zu Ende. Ein Monat der tiefsten Erniedrigung«*

Während der deutsche Kaiser, sonst keine vorbeiradelnde Gelegenheit zu großen Reden und Gesten auslassend, sich seit längerem ruhig verhält, macht sich in Teilen der Bevölkerung Niedergeschlagenheit und Verbitterung breit. In Österreich gar ist schon die Revolution ausgebrochen. Dagegen herrscht im Deutschen Reich noch Ruhe als oberstes Gebot. Das 3. Geschwader nimmt die Fahrt durch den ›Kaiser-Wilhelm-Kanal‹; 47 der Hauptrădelsführer werden auf der ›Markgraf‹ in Arrest genommen.

---

* Auszüge aus dem Tagebuch eines anonymen Kieler Werftarbeiters.

Freitag, 1. November

»Schönes, recht mildes Wetter. Zwischendurch sonnig. Wind l. 3 S.W. u. morgen nach S.O. Regen mögl. | Noch ist der Schleier nicht gelüftet. Die Volkszeitungen und der Vorwärts fordern offen die Abdankung des Kaisers u. zwar beschleunigt.«*

Die Schiffe fahren langsam durch den Kanal. Flach ziehen sich die Felder beiderseits der Böschung dahin. An der Holtenauer Schleuse werden die vortags Arrestierten vom Schiff gebracht und in das Fort Herwarth im Norden Kiels sowie in das Arrestgebäude an der Feldstraße überführt. In der Nacht, noch früh am Morgen, erreichen schließlich die Schiffe mit mehr als 5000 Mann Besatzung den Kieler Hafen; großzügig gibt sich die Führung in der Erteilung von Urlaub, wenn auch mit ein wenig Unbehagen. Handelt es sich doch weitestgehend um »unsichere Elemente«, die von Bord gelassen werden. Besser man hält auch während der Landgänge ein straff geübtes Auge auf die Jungs; schließlich ist Kiel mit Rüstungsarbeitern und anderen Truppenteilen hoffnungslos überfüllt. Nicht dass sich hier noch andere mit dem unheilvollen Bazillus aus Wilhelmshaven infizieren.

Im Gewerkschaftshaus in der heutigen Legienstraße hatte sich abends eine kleine Versammlung Gewerkschafter zusammengefunden, als überraschend erste Matrosen der ›Bayern‹, ›König‹ und ›Markgraf‹ dazustoßen und bald schon mit 250 Personen den Saal zu sprengen drohen. Wem das Herz voll ist, dem geht der Mund über, und so berichten sie von ihren Taten in Wilhelmshaven, berichten davon, wie ihre Herren Offiziere sich der Völlerei hingäben, während ihnen kaum noch etwas Genießbares zum Essen vorgesetzt werde. Sie beginnen zu diskutieren, wie ein erneutes Auslaufen der Schiffe zu verhindern sei, um schlussendlich die sofortige Freilassung ihrer gefangenen Kollegen zu fordern. Das Ganze scheint den heute nur vereinzelt anwesenden Gewerkschaftsmitgliedern äußerst interessant. Da sollte einmal nachgehakt werden, denken sie sich. Der Beschluss, für den folgenden Tag eine erneute Versammlung abzuhalten, ist flugs gefasst.

Sonnabend, 2. November

»Grau bedeckt, mittel Temp. Wind l. W. Die Position des Kaisers hat sich scheinbar gebessert. Die Arbeiter wollen am Sonntag wegen Marmelade demonstrieren.«*

Während in zahlreichen Zeitungen noch einmal groß für eine neue Kriegsanleihe geworben wird, in einigen dagegen schon die Frage gestellt wird, ob der Krieg verloren sei, zeitigt die Versammlung vom Vortage im Gewerkschaftshaus ihre Wirkung. Zahlreiche Sozialdemokraten und Mannschaften an Land erhalten von Mund zu Mund geraunt noch in den frühen Tagesstunden Kenntnis von der Stimmung unter den Matrosen der Flotte. Noch zahlreicher als Tags zuvor machen sie sich zur angegebenen Stunde auf den Weg zur Versammlung. Auch der Obrigkeit ist derweilen etwas zu Ohren gekommen, das sie zur Tätigkeit anspornte: sie hat die Versammlungsstätte mit Polizei abgeriegelt, um den Zugang zu verwehren, und eine Marineinfanterietruppe zu Patrouillengängen in die Stadt entsandt. Doch der Befehl, die Leute vor der Versammlungsstätte festzunehmen, wird nicht ausgeführt; erstmals solidarisieren sich Kieler Verbände mit den Neuankömmlingen, und so setzt sich der Menschenpulk ungehindert in Bewegung. Einzelne schließen sich an, und als auch ein anderes Lokal ihnen den Zugang verwehrt, wendet sich der mehr und mehr Zulauf findende Menschenpulk in Richtung Exerzierplatz im Viehburger Gehölz.

500 bis 600 Menschen finden sich hier bis 19 Uhr 30 ein, lauschen den Rednern, zu denen nun auch einzelne Arbeiter hinzugestoßen sind. Erstmals tritt der Streikführer der Germaniawerft von 1917 – nach sechsmonatiger Haftverbüßung jetzt in die Friedrichsorter Torpedowerkstatt versetzt – wieder ins Rampenlicht. Dieser Karl Artelt, ein guter Redner, unterstützt die Forderung der Matrosen auf Freilassung der Kameraden, doch geht er den einen wesentlichen Schritt weiter: klipp und klar und ohne Umschweife fordert er die Beseitigung des Militarismus und der herrschenden Klassen, und wenn das nicht auf friedlichem Wege gelänge, nun, dann eben

mit Gewalt. Zudem solle man ein erstes Zeichen setzen; was liege da näher, als eine Großdemonstration am nächsten Nachmittag mit anschließendem Umzug. Die Mariner, Soldaten wie Zivilangestellte, sollten sich, so lautet seine Forderung, nur alle schön solidarisch verhalten, und ihre Kameraden zum Teilnehmen animieren. Auch ein Zivilist und Sozialdemokrat tritt ans Rednerpult und damit ins Rampenlicht. Es handelt sich um Lothar Popp, die zweite Person, die zum Geburtshelfer der Revolte werden soll. Er erklärt sich mit Artelts Forderungen solidarisch. Beide Männer haben sich hier auf dem Exerzierplatz gefunden; noch bis spät in den frühen Morgen hocken sie im Parteibüro der Unabhängigen Sozialdemokraten beisammen, und beratschlagen, wie die Veranstaltung auch bei den Arbeitern bekannt zu machen, wie das ganze gewagte Unternehmen zum Erfolg zu führen sei. Schnell wird noch ein Flugblatt entworfen und hektographiert.

Wieder einmal erwies sich eine Entscheidung der Obrigkeit, wie schon das Verbringen der Meuterer nach Kiel und die Erteilung von Landgang, so auch die Schließung des Gewerkschaftshauses, als Fehler. Eine Begrenzung, Separierung und Kontrolle der Matrosen ist nun nicht mehr gegeben. Wenn die schon länger murrenden Arbeiter erst einmal mitbekämen, dass da auf Seiten des Militärs Brüder im Geiste wären, dann wäre der Flächenbrand nicht mehr länger aufzuhalten. Und so geschieht es.

Unterdessen beratschlagen Stadtkommandant Wilhelm Heine und Polizeibeamte in der Wohnung von Konteradmiral Hans Küsel gemeinsam das weitere Vorgehen; Gouverneur Wilhelm Souchon, drei Tage zuvor neu eingesetzt, glänzt durch Abwesenheit, ist erst gar nicht über das drohende Gewölk unterrichtet worden. Noch meint Küsel, in Kiel bestimmen zu können und unterschätzt dabei doch völlig die explosiven Lage. Und da Eigeninitiative der eigenen Personalakte durchaus einmal abträglich sein kann, sind sich die Personen immerhin darin einig, die Gespräche auf den folgenden Tag zu vertagen. Innerlich erleichtert, dass ihnen keine Entscheidung abverlangt wurde, begeben sie sich auf den Heimweg.

Sonntag, 3. November

»Ziemlich schönes, kühles, leicht nebliges Wetter. Wind heftig S.O. Gegen abends heftige Kälte, ... In Kiel macht die Marine Demonstration.«*

Weitere 57 Marinesoldaten und Heizer der ›Markgraf‹ werden am Morgen festgenommen und in das Fort Herwarth gebracht. Nur mit viel Zureden gelingt es, 15 Soldaten der Marineinfanterietruppe, die schon gestern die Festnahme ihrer Kameraden vor dem Gewerkschaftshaus verweigerten, für die Überführung zu gewinnen. Mit barschem Befehlston ist hier nichts mehr zu erreichen. Unterdessen tagt seit 9 Uhr 30 erneut die Marineführung unter Konteradmiral Küsel, diesmal in größerem Rahmen und im Beisein von Gouverneur Souchon. Heiß wogt die Diskussion hin und her. Einzelne Offiziere, ohne dass sie dem Gouverneur reinen Wein einschenken und vom Misslingen der angeordneten Festnahme am Vortag und von den Problemen bei der heutigen Überführung berichten, bitten um Richtlinien für die Anwendung von Waffengewalt. Doch durch die bewusst halbherzig zugestandene Information geht die politische Führung davon aus, ja, muss sie einfach davon ausgehen, dass ein Anlass zur ernsten Beunruhigung noch nicht vorliegt. Und so einigen sich alle Parteien schließlich darauf, um 16 Uhr Stadtalarm erklingen zu lassen, um auf diesem Wege die Mannschaften wieder in die Kasernen und auf die Schiffe zu rufen und die geplante Versammlung ins Leere laufen zu lassen. Souchon empfiehlt sich den Herrn Militärs, begibt sich in sein Büro und verfasst ein Eiltelegramm an das Reichsmarineamt in Berlin. Dem ist zwar nicht die drohende Situation direkt zu entnehmen, doch zwischen den Zeilen lässt sich die prekär werdende Lage herauslesen, wenn am Ende um einen »hervorragenden sozialdemokratischen Abgeordneten« gebeten wird, der bitte nach Kiel kommen solle, »um im Sinne der Vermeidung von Revolution und Revolte« zu den Menschen zu sprechen. Flugs laufen in Berlin Beratungen an, an deren Ende sich dann zwei Männer zu dem Kommando bereitfinden: der Sozialdemokrat Gustav Noske und Conrad

Haußmann, Mitglied im Kabinet Gustav von Badens. Am folgenden Tag wollen sich beide auf den Weg in den Norden begeben.

Nach einer mittäglichen Versammlung der Mehrheits-Sozialdemokraten im Gewerkschaftshaus greifen die Anwesenden nach den hier deponierten Flugblättern, um sie nach Hause und unters Volk zu bringen: »Kameraden, schießt nicht auf Eure Brüder! Arbeiter, demonstriert in Massen, lasst die Soldaten nicht im Stich!«. Doch eine große Verbreitung der Parolen lässt sich so nicht erreichen. Da ertönt ab 15 Uhr 30 auch schon der Alarm, da versuchen Trommler und Pfeifer die Landgänger zu ihren Einheiten zurückzurufen. Nicht nur dass die bei den Soldaten ungeliebte Melodie gar nicht bis in die Außenbezirke der Stadt dringt, wo zahlreiche Urlauber lustwandelnd den Tag verbringen, andere mögen sich nicht von ihren Familien trennen und ignorieren diese merkwürdigen Musik schlichtweg. Von den Matrosen kehrt schließlich nur rund die Hälfte auf die Schiffe zurück. Dagegen wird durch den Alarm erstmals die Zivilbevölkerung in einem größeren Maße aufmerksam: hier Stadtalarm – und sprach nicht vorhin der Nachbar von einer Demonstration der Mariner? Die Neugier ist geweckt und so begeben sich immer mehr Menschen auf die Straße, Einer folgt dem Anderen; wie magisch angezogen nehmen sie den Weg ins Viehburger Gehölz. Wieder einmal ist eine Maßnahme der Führung fehlgeschlagen; das Heft des Handelns ist ihnen endgültig entglitten.

Zwischen 5000 und 6000 Menschen, darunter über 1000 Zivilisten, finden sich schließlich um 17 Uhr auf dem Exerzierplatz im Viehburger Gehölz ein, lauschen unter Beobachtung der nur halb instruierten Polizei den Reden von Karl Artelt und Lothar Popp und lassen sich von den Forderungen auf Freilassung der inhaftierten Matrosen mitreißen. Die Stimmung kocht; Beschwichtigungsversuche des Kieler Gewerkschaftsführers Gustav Garbe verklingen ungehört. Schon machen sich Einzelne auf den Weg zur Garnison Waldwiese; ein Großteil der Anwesenden schließt sich ihnen daraufhin an. Keine Drohung der dortigen Besatzung kann sie mehr aufhalten, und noch bevor angeforderte Unterstützung eintreffen kann, ist das Gebäude gestürmt, liegt das Mobiliar in Trümmern und sind die Gefangenen befreit. Wie ein anschwellender Sturm strömt die mehr und mehr anwachsende Menschenmenge von sich und ihrem Tun unter Pfeifen und Gejohle mehr und mehr berauscht weiter über Rondeel und Sophienblatt in Richtung Bahnhof; alles was sich ihr in den Weg stellt, wird überrannt. Die auf der Route liegenden Lokale werden flugs nach Offizieren durchkämmt und angehalten, ja doch die Lichter zu löschen. Nichts und niemand kann sich dem Sog des anwachsenden Zuges mehr entziehen, so auch nicht eine Militär-Patrouille, deren führendem Offizier seine Mannen die Gefolgschaft glatt verweigern. Die meisten schließen sich den Demonstranten an. Weiter schreitet der Zug entlang der Holstenstraße über den Markt in die Brunswiker Straße dem nächsten Ziel zu, der Militärstrafanstalt in der Feldstraße. Doch noch einmal versucht die Obrigkeit einzugreifen. Ein letztes Aufbäumen des Machtapparats hatte es immerhin zustandegebracht, eine aus Rekruten gebildete und mit Pistolen bewaffnete Kompanie unter Führung Leutnant Steinhäusers aus der Wik in Marsch zu setzen.

Inzwischen ist es dunkler Abend geworden, nur die Gaslaternen geben ein spärliches Licht. Vom Rathausturm wird die siebente Nachmittagsstunde eingeläutet, als die Demonstranten in die Karlstraße einbiegen und dort auf die erste Postenkette Steinhäusers treffen. Auch sie wird einfach ignoriert und beiseitegeschoben. Doch der Leutnant hat seine Rekruten noch im Griff. Eisig erschallt seine Stimme zum Sammeln; ein paar Warnschüsse werden in die Luft gefeuert, als die Ankündigung an die Demonstranten ergeht, er und seine Männer würden bei einem weiteren Vordringen Gebrauch von ihren Schusswaffen machen. Nur ein kurzer Ruck, ein kurzes Innehalten ist zu spüren, dann dringen die Vordersten, von den Nachfolgenden langsam an die schussbereiten Rekruten herangeschoben, immer näher. Die Nervosität auf beiden Seiten ist mit Händen zu greifen. Schließlich fühlt sich Steinhäuser mit seinen rund 30 Mann in die Enge getrieben. Irgendwo fällt ein

Schuss. Schon gellt Steinhäusers Feuerbefehl über die Straße –: zurück bleiben sieben Tote und 29 Verletzte. Die Demonstranten flüchten in alle Himmelsrichtungen. Und als das sprichwörtlich letzte Aufgebot des Stadtkommandanten, die Feuerwehr und eine weitere, eilig zusammengeflickte Kompanie, auf dem leeren Platz eintrifft, scheint der Spuk ein Ende zu haben.

Gouverneur Souchon, immerhin sind ihm die Augen jetzt ein wenig mehr geöffnet, fordert noch in der Nacht General Falk auf, unverzüglich Truppen zur Unterstützung zu senden, und in Berlin bittet er um Entsetzung Kiels, wenn auch jetzt erst einmal alles ruhig sei. Erstmals erfährt Reichskanzler Max von Baden von meuternden Matrosen auf den Schiffen, doch da die Lage für ihn noch nicht recht durchsichtig ist, werden keine entscheidenden Schritte eingeleitet. Die Offiziere in Kiel schämen sich immer noch, ihrem Gouverneur reinen Wein einzuschenken, dass ihren Befehlen kaum mehr gefolgt wird. Und Souchon, erst wenige Tage in Kiel weilend, zudem nur unzureichend informiert, leitet das Wenige verklausuliert weiter, da auch er sich nicht blamieren will. Und auch in Berlin mögen die Militärs sich nicht eingestehen, dass sie ihren Laden nicht so recht unter Kontrolle haben. So fügt sich eins ins andere. – Noch im Laufe des Tages verlassen kleine Gruppen von meuternden Matrosen die Stadt und tragen die Nachricht der Kieler Ereignisse ins Land hinaus.

Montag, 4. November

»Grau trüber Tag, dunkel kühl feuchtes Wetter. Wind mittel S.O. Gerüchte über Streik wegen fehlender Marmelade. Die Arbeiter stehen in Gruppen zusammen, halten in den Werkstätten Ansprachen. Kommen Nachmittags größtenteils zur Werft, verlassen aber vor 6" die Werft. Um ½ 6“ war alles dunkel. Schef teilt aber vor 6“ mit, das Dienstag nicht gearbeitet wird. ... Mit Eisbeinen nach Hause. Die Erbitterung gegen schießende Offz. ist groß.«*

Dachte die Marineleitung noch am Morgen, mit ihrem

Durchgreifen vom Vortage die Ruhe wieder hergestellt zu haben, so zeigt sich nur zu bald, dass sich die Geschichte schon längst ihren eigenen krummen Weg bahnt. Während noch rund 200 Matrosen auf Landgang ihrer gefallenen und verwundeten Kameraden an der Stelle des abendlichen Zusammenstoßes gedenken, begeben sich 75 Soldaten einer in der Handwerkerschule in der Wilhelminenstraße einquartierten Matrosen-Division auf den Weg in die Prüne, um in der dortigen Kaserne die Waffenkammer zu plündern. Die Befehlsgewalt der dortigen Offiziere versagt kläglich: ein Großteil der Kompanie tritt auf die Seite der Eindringlinge über und verlässt gemeinsam mit ihnen das Gebäude, um ziellos durch die Stadt zu ziehen. Zwar gelingt es noch einmal, diese inzwischen auf 150 Personen angewachsene Schar zu entwaffnen, doch um 10 Uhr folgt der nächste Paukenschlag, sorgt die nächste Botschaft bei den führenden Stellen der Staatsmacht für Verstimmung: die Arbeiter der Germaniawerft und der Torpedowerkstatt vom Ostufer haben ihre Arbeit niedergelegt und warten auf die Vorgaben ihrer zu einer Beratung im Gewerkschaftshaus zusammengetroffenen Funktionäre. Am frühen Nachmittag wird es für die Führung zur bitteren Gewissheit: die Arbeit ruht endgültig.

Hier wie dort gleichen sich die Bilder in den Arbeiterquartieren: So öffnet Werftarbeiter Julius Bredenbek die Tür seiner Wohnung, blickt in das erstaunte Gesicht seiner Frau und wird fragend in Empfang genommen. »Nanu, ist doch noch kein Feierabend?« »Wi hebbt de Arbeit rünnerlecht!«

In der Handelsschule hat der Hausmeister angesichts der immer wieder in Gruppen vorbeimarschierenden, demonstrierenden bewaffneten Soldaten nicht nur die Hosen gestrichen voll, er fühlt sich auch bemüßigt, die, wie er meint, ihm anvertrauten Schülerinnen vor Schlimmem bewahren zu müssen. Er hetzt durch die Flure, rennt von Klassenzimmer zu Klassenzimmer und eröffnet den ihm staunend lauschenden Kindern etwas Unfassbares: »Alle Klassen nach dem Keller! Hier sind Türken im Haus, die haben geschossen von oben.« Nichts hatten sie gehört und überhaupt: wo sollen hier Türken herkommen. Aber artig folgen sie ihm. Nur ein Mädchen, Martha Ehlers, wegen ihrer kurzen Haare als renitent verschrien, macht sich klammheimlich aus dem Staub, erfährt von den demonstrierenden Soldaten und macht sich auf die Suche nach ihrem Vater, einem Mariner.

Undenkbares spielt sich in diesen Stunden auf der ›Bayern‹ ab. Der Kieler Sozialdemokrat Lothar Popp, von Matrosen auf ihr Schiff geholt, erklärt dem Kommandanten, er solle die ganze Mannschaft antreten lassen. Und der Offizier, zieht er seine Pistole und jagt den Zivilisten von Bord? Nein, er folgt dem Wunsch Popps, lässt ihn eine Rede vor hunderten Zuhörern halten, lässt die rote Fahne hissen und übergibt so stillschweigend in aller Seelenruhe sein Schiff den Aufständischen. Doch der alte Geist hat sich noch nicht überall verflüchtigt. Auf der ›König‹ stellt sich ein kläglicher Rest vor den Fahnenmast. Zwei Offiziere und ihr Kommandant verteidigen mit ihrem Leben die kaiserliche Kriegsflagge. Ein paar Schüsse fallen, dann wird auch hier das rote Banner gehisst. Zwei tote Offiziere bleiben zurück.

Und weiter geht es Schlag auf Schlag. Am Nachmittag erklärt sich die Wiker Torpedo-Division solidarisch mit den Arbeitern der Werft vom anderen Fördeufer, und nicht nur das, die gesamte Division meldet die Absicht, die Kaserne zu verlassen. Wieder einmal erlässt die Führung einen Befehl, mit dem die Disziplin wieder hergestellt werden soll, denn wenn die Kasernen in der Wik fallen, darüber sind sich die Verantwortlichen einmal einig, dann fällt auch die Stadt, dafür ist die Division zu stark. Während des für 13 Uhr angeordneten Appells, wird noch einmal die Litanei verbreitet, dass der Soldat keine Ahnung von Politik habe, dagegen soll, muss und wird er doch wohl gehorchen?! Doch derlei Weisheiten aus der Mottenkiste verklingen ungehört. Vielmehr formiert sich im Anschluss ein Demonstrationszug von mehr als 700 Matrosen, an dessen Spitze eine kleine Gruppe mit ihrem schon bekannten Anführer Karl Artelt dem Kommandeur ein sechs Punkte umfassendes Schreiben übergibt: die Forderung nach Abdankung des Kaisers, der Freilassung der politischen Gefangenen und des allgemeinen Wahlrechts für alle Geschlechter finden sich auf dem Papier wieder. Artelt hat die Zeichen der Zeit erkannt; das Heft des Handelns liegt jetzt in seiner Hand, er muss die Initiative ergreifen. Das Gefühl von Macht und Unabhängigkeit beginnt bei den Matrosen zu wachsen, einer muss jetzt den Weg vorgeben. Ein flüchtiger Blick in die Gesichter der Offiziere genügt, um darin nur Unsicherheit und Unentschlossenheit zu erkennen. Kommandeur Bartels setzt angesichts der Übermacht eine gute Miene auf und verspricht, die Forderungen weiterzuleiten; wenig später, gegen 13 Uhr 30, geht die Mitteilung an den Gouverneur mit dem Hinweis, dass die Lage hier in der Wik nicht mehr in den Griff zu bekommen sei. Nur eine halbe Stunde später trifft die Antwort ein: Souchon wäre bereit, der Truppe entgegenzukommen, wenn ihm die Wünsche unverzüglich gemeldet würden und zwar persönlich. Eine Gruppe um Karl Artelt formiert sich – der Name »Soldatenrat« fällt erstmals – und eine rote Fahne wird besorgt. Dergestalt ausstaffiert, begibt sich die Abordnung mit einem Automobil auf den Weg.

Nur wenig später spitzt sich die Lage in der Wik zu. Angesichts einiger immer noch unter geladenen Waffen exerzierenden Kompanieteile fühlen sich die im Pulk auf dem Kasernengelände herumziehenden Demonstranten bedroht und herausgefordert. Sie bewaffnen sich selbst, plündern mehrere Waffenkammern, und als schließlich die Schulflottille Anstalten macht, auszulaufen, wird sie unter Gewehrbeschuss genommen. Zwei Boote steuern daraufhin wieder die Mole an. Wieder einmal versucht die Marineleitung gegenzulenken. Ein verschärfter Arrestbefehl, kurzfristig beschlossen und verkündet, gewährt den Offizieren größtmögliche Freiheit in der Durchsetzung. Und obwohl sie jetzt nach Belieben schalten und walten dürfen, zeigt sich, dass sich der Befehl außer durch Waffengewalt nicht mehr verwirklichen lässt. Und auch hierbei, so stellte sich bald heraus, werden die Anordnungen in weiten Teilen ignoriert. Denn je weiter der Nachmittag voranschreitet, um so mehr zerbröselt die Befehlskette; kaum eine Kompanie ist inzwischen noch intakt und folgt den Anweisungen der Vorgesetzten. Die Menge der Demonstranten auf dem Wiker Kasernengelände ist derweil auf über 2000 Soldaten angewachsen.

Dagegen treffen um 15 Uhr die Vertrauensleute der Matrosen um Karl Artelt, von seinen Kameraden inzwischen »Roter Admiral« genannt, zur Unterredung bei Gouverneur Souchon ein, zu dem auch eine Abordnung von Arbeitern mit Lothar Popp geladen ist. Souchon macht gute Miene zu dem in seinen Augen bösen Spiel. Er dankt Artelt mit zusammengebissenen Zähnen für die Courage, die ihn hergeführt habe, und erkennt auf dessen Frage, ob er sie als Sprecher der Mariner respektiere, ihre Funktion an. Artelt drückt gleich aufs Tempo: noch bevor er Fragen erörtern wolle, weise er darauf hin, dass das dritte Geschwader die Anweisung erhalten habe, im Falle, dass fremde Heerestruppen in die Stadt einmarschieren sollten, das Offiziersviertel Düsternbrook mit seinen Bordkanonen unter Feuer zu nehmen. Hatte Souchon gehofft, er könne diese Querulanten qua Amt einschüchtern, so reißt ihm dieser lastend im Raum stehende Satz endgültig den Teppich unter den Füßen hinweg. Bis 17 Uhr dauert schließlich die Unterredung, dann ist das erste Ziel erreicht: die Inhaftierten des 3. Geschwaders werden freigelassen, die Schuldigen des gestrigen Zusammenstoßes in der Kaistraße sollen bestraft werden, ein erneuter Vorstoß der Flotte in feindliche Gewässer wird künftig unterbleiben und weitere Armeeverbände werden nicht in die Stadt beordert, im Gegenteil, die im Laufe des Tages eingetroffenen Truppen erhalten den Befehl zum Rückmarsch.

Die Demonstranten in der Wik, von ihren zurückgekehrten Kameraden unterrichtet, brechen, als sie die Neuigkeiten erfahren, immer wieder in Hurrarufe aus. Ohne lange zu zögern begeben sie sich sofort zur Arrestanstalt in die Feldstraße, holen die Freigelassenen ab und ziehen weiter durch die Stadt. An der Post wird ein in die Stadt beorderter Trupp Infanteristen gestellt, und, nach einer kurzen Ansprache, schließen sich die Soldaten den Demonstranten an; die Offiziere lassen sich entwaffnen. Und es ist schon erstaunlich, wie friedlich sich diese Vorgänge abspielen.

Während Souchon am Nachmittag mit den Verhandlungen beginnt, herrscht auf der Förde rege Betriebsamkeit; alles was die Dampfer nur fassen können, befindet sich an Bord. Hin und her treiben die Schiffe ihre Bugwellen von Gaarden und von Friedrichsort nach dem Kieler Innenstadthafen ganz ohne Fahrplan; an einen geregelten Fährbetrieb ist längst nicht mehr zu denken. Die Massen von Werftarbeitern und Matrosen drängen in die Innenstadt. Die Parole hat schnell ihre Runden gemacht: am Wilhelmplatz ist Treffpunkt. Dagegen streben einzelne Gruppen der Matrosen zum Bahnhof, der um 15 Uhr von 200 eiligst aus Neumünster entsandten Infanteristen mit ihren schweren Maschinengewehren abgeriegelt wurde. Niemand sollte den bösen Keim ins Landesinnere tragen. Doch auch sie sind nicht immun gegen den immer stärker um sich greifenden Virus. Wann sie abrückten, das weiß hinterher so recht niemand. Sie sind auf einmal davongezogen und der Bahnhof wird nunmehr von den aufständischen Marinesoldaten in Beschlag genommen. Währenddessen setzen sich auch erste größere Gruppen von Soldaten aus der Hafenstadt ab und nehmen den Weg per pedes in Richtung Süden oder in die nähere Umgebung. Meist sind es Rheinländer, auf der Suche nach der erstbesten Gelegenheit, die sie in ihre Heimat bringen soll; ihre Parole ist: nur abhauen, bevor alles zusammenkracht.

Unterdessen nähert sich dem Kieler Bahnhof ein Sonderzug mit größtenteils gerade fertig ausgebildeten siebzehn-, achtzehnjährigen Soldaten des Infanterie-Regiments Nr. 84 aus Schleswig. Statt wie geplant an der Front sollen sie ihre erste Bewährung, ihre Feuertaufe, in Kiel erhalten, in dem angeblich, so tuscheln sie untereinander, Unruhen ausgebrochen seien. Langsam keucht und zischt die Lokomotive, quietschend und rumpelnd geht es über die Weichen, bis plötzlich auf Höhe der Lübecker Chaussee sich die Fahrt noch weiter verlangsamt und schließlich abrupt endet. Eine wild gestikulierende Menge steht auf den Gleisen. Draußen laufen Marinesoldaten hin und her. Immer mehr der älteren erfahreneren Soldaten steigen aus, treten zu den Matrosen hinzu. Gruppen bilden sich, diskutieren und gestikulieren. Schließlich erfahren auch die jungen Soldaten – brav in ihren Waggons auf die Befehle wartend, ganz so wie sie es noch wenige Tage zuvor als Rekruten eingehämmert bekommen haben –, dass die Mariner von ihrem Einsatz Wind bekommen hatten. Sie waren dem Zug entgegengegangen in der Hoffnung, die Anführer von der Sinnlosigkeit des Unterfangens zu überzeugen. Das Vabanquespiel gelingt. Unter Hoch-Rufen feiern zahlreiche alte Hasen Verbrüderung, werfen ihre feldgrauen Helme auf den Bahndamm und liefern ihre Gewehre und Munition den Aufständischen ab.

Als der Zug sich nach über einer Stunde wieder in Bewegung setzt, und zwar in die Richtung, aus der er gekommen war, da weisen die Waggons zahlreiche leere Plätze auf. Einzelne Altgediente, meist Unteroffiziere, die aus Kiel oder der nahen Umgebung stammen, hatten in der Zwischenzeit den Halt genutzt, sich abzusetzen. Auch sie hatten, ganz wie die Marinesoldaten, genug des Kriegspielens, auch sie wollten nicht mehr an die Front, wollten nicht mehr als Kanonenfutter dienen. Sie begaben sich zu ihren Familien oder solidarisierten sich gar mit den Revoltierenden und blieben im Stadtzentrum. – Mit der Ankunft des Zuges in Schleswig erfahren die wenigen Rückkehrer, dass auch dort inzwischen die Revolte begonnen hat.

Als Gustav Noske gemeinsam mit Conrad Haußmann um 19 Uhr 30 mit dem Zug aus Berlin in Kiel eintreffen, werden beide Emissäre von annähernd hundert Matrosen, die unterdessen ihrerseits den Bahnhof besetzt hatten, lautstark begrüßt. Ein Auto steht bereit und bringt beide zum Wilhelmplatz, auf dem mehrere tausend Menschen sich zur Demonstration eingefunden haben. Noch ganz ohne rechte Orientierung, wie der Stecken schwimmt, ergeht sich der redegewandte Noske mehr in Allgemeinplätzen; seine mitreißende Ansprache mündet letztlich in den Aufruf an alle Seiten ein, Ordnung zu halten. Wie gereizt die Stimmung ist, erfährt er erst nach Ende der Veranstaltung. Wieder im Auto und auf dem Weg zum Gouverneur fällt ein Schuss, und ohne dass ein Gegner auszumachen ist, wird aus der Menge, die das Fahrzeug umgibt, wild in den nächtlichen Himmel zurückgeschossen. Dichtgedrängt an den Häuserblocks dahinhastend zerstiebt die Menschenmasse.

21 Uhr ist es schließlich, als die Vertreter der Matrosen, unter ihnen Karl Artelt, Lothar Popp und erstmals der Kieler Gewerkschaftssekretär Gustav Garbe, mit Souchon, Noske und Haußmann zur Beratung zusammentreffen. Heftig wogt die Diskussion hin und her. Da werden Forderungen der Soldaten gestellt und wieder zurückgenommen. Immer noch glauben Noske und der Gouverneur an eine kleine Revolte, als schließlich ein Soldat in die Runde hineinplatzt und die Meldung macht, dass auch dieses Gebäude nun besetzt sei. Die noch von Souchon herbeorderten Soldaten aus Schleswig hätten sich am Nachmittag mit den Demonstranten solidarisiert; 80 Mann hätten die Waffen gestreckt. Arbeiterführer Popp ergreift daraufhin das Wort: »Also meine Herren, Sie irren sich, das ist nicht eine Matrosenrevolte. Das war es vielleicht gestern und vorgestern noch. Das was Sie jetzt erleben, ist der Beginn der deutschen Revolution. Dass wir hier verhandeln, hat gar keinen Zweck mehr.« Und er legt ein während der Diskussion entworfenes, mehrere Forderungen enthaltendes Papier auf den Tisch. Der erste Punkt, der sich darauf wiederfindet, beschreibt die Forderung zur Abdankung des Kaisers, gefolgt von der Abschaffung sämtlicher Monarchien, um schließlich in das alles entscheidende Ziel einzumünden, der Bildung einer freien Volksrepublik; Ansinnen, die weit über denen liegen, die noch am Nachmittag von den Soldaten selbst gegenüber Souchon gestellt worden waren. Doch Haußmann, der Regierungsvertreter, verfügt verständlicherweise nicht über entsprechende Kompetenzen irgendetwas zu versprechen. Er macht aus seinem Herzen auch keine Mördergrube – gegen die herrschende Ordnung nichts unternehmen zu wollen –, verspricht dagegen, sich für eine weitergehende Amnestie politischer Gefangener einzusetzen. So endet das nächtliche Gespräch sehr zartgeschäumt und ohne konkretes Ergebnis. Auf der Straße haben jetzt erst einmal Soldaten das Heft in der Hand.

Andernorts hingegen, im Berliner Reichsmarineamt, wird die Meldung vom Vortage immer wieder erörtert, wie und mit welchen Truppenteilen ein Marsch auf Kiel unternommen werden könnte. Auch die hermetische Abriegelung der Fördestadt steht zur Diskussion, wird aber letztlich wieder verworfen. Doch als erneut ein Telegramm des Gouverneurs Souchon, diesmal von seiner Verhandlung und den dort eingeräumten Zugeständnissen eintrifft, lässt ein Beisatz über die in Kiel angekommenen frische Truppen aus Schleswig, die zu den Demonstranten übergelaufen seien, die Männer in Berlin das Unternehmen in ihren Aktenordnern begraben; militärisch dürfte ein Eingreifen in der Stadt Kiel endgültig gescheitert sein. Alle Hoffnungen ruhen jetzt auf dem vom Gouverneur am Vortag angeforderten »hervorragenden sozialdemokratischen Abgeordneten«.

Dienstag, 5. November

»Trübe bedeckt mildes Wetter. Wind l. W. Um 12“ fängt leichter Regen an, der immer stärker werdend bis gegen ½ 7“ anhält. ... Der ganze Bahnhofsplatz ist abgesperrt vom Hinz Hotel bis Herzog Friedrich Str. | Man spricht noch von Militär, das ankommen soll.«*

Schlimmes scheint sich noch in der Nacht anzubahnen. Versinkt die Stadt endgültig in inneren Kriegswirren? Kurz nach ein Uhr beginnen wilde Schießereien am Victoria-Eck, am ›Germania-Hotel‹ und am neuen Bahnhof um das ›Hansa-Hotel‹ an der Ringstraße, aus dem Offiziere auf Marinesoldaten gefeuert hatten. Als ein auch die Ringstraße herunter kommender, mit Soldaten besetzter Lastwagen aus dem Hotel unter Feuer genommen wird, da ist das Maß voll. Schnell ist ein Maschinengewehr in Stellung gebracht, das seine Feuergarben in Richtung der Schützen speit; ein Obermaat, wie alle Mariner nunmehr ständig unter Waffen, sendet stehend freihändig seine Kugeln in Richtung des Gebäudes.

Auch die alte Sparkasse am Hafen steht unter schwerem Beschuß. Doch nach mehreren gut gezielten Treffern einer

Schiffskanone, deren Kaliber 8,8 das Gebäude in seinen Grundfesten erbeben und große Mauerteile auf den Bürgersteig poltern lässt, ist hier der Spuk zu Ende. Drei Offiziere, die mit einem Maschinengewehr aus dem Gebäude heraus auf die Straße geschossen hatten, werden verhaftet. Hier wie dort gelingt es den Begleitmannschaften nur unter Mühe, die in Arrest Genommenen durch die schimpfende und aufgebrachte Menge auf der Straße hindurchzugeleiten und sie vor der sicheren Lynchjustiz zu retten. Die Drohungen klingen ihnen noch lange nach. Zurück bleiben zwei Verwundete auf Seiten der Angegriffenen.

Dagegen kündet am Morgen ein Flugblatt in großen Lettern von den nächtlichen Verhandlungen: »Kameraden! Der gestrige Tag wird in der Geschichte Deutschlands ewig denkwürdig sein. Zum ersten Mal ist die politische Macht in die Hände der Soldaten gelegt. Ein Zurück gibt es nicht mehr.« Von einem Sturz der Monarchie, diese in den letzten Tagen immer mal wieder sternschnuppengleich aufleuchtende und ebenso schnell verglühende Forderung, taucht von nun an nicht mehr im Sprachschatz des Soldatenrats auf. Um die weitere Vorgehensweise zu besprechen, versucht Gustav Noske am Morgen die Leitung des Soldatenrates und des inzwischen gebildeten Arbeiterrats zu treffen, doch verantwortlich fühlt sich zunächst niemand. Sofort erkennt der erfahrene Politiker das Machtvakuum, das auch ein Karl Artelt als Sprecher der Matrosen oder Lothar Popp als Führer des Arbeiterrats nicht auszufüllen vermag. Hier gilt es hineinzustoßen, um Ruhe und Ordnung wieder herzustellen und, um nicht zuletzt, die entstandene, kopflose Bewegung in die richtigen, ihm genehmen, ruhigeren Bahnen zu lenken. Endlich erreicht er die eiligst zusammengetrommelten »Führer« der Räte, darunter Artelt und Garbe, unterbreitet den Vorschlag, ihn selbst als Vorsitzenden des Soldatenrats zu wählen, den sie dankbar annehmen. Erkennen sie doch angesichts des sie überrollenden Geschehens ihre eigene geringe Macht. Noske mit all seiner Parteierfahrung verströmt Ruhe, Besonnenheit, Pragmatismus, er wird die richtigen Entschlüsse und Entscheidungen schon zu treffen wissen; nur er, so scheint ihnen, könne die vor ihnen liegenden Arbeiten bewältigen. Und hinzu kommt: die kurze Zeit seines Kieler Aufenthalts war hinreichend, sein hohes Maß an organisatorischer Fähigkeit deutlich hervortreten zu lassen.

Während der Soldatenrat sich fortan in der utopischen Forderung der Absetzung des Offizierscorps und seiner Umsetzung verliert, aber geschickt unter der Leitung Noskes kaum mehr in Erscheinung tritt, nimmt der Arbeiterrat – gleichfalls durch Noske instruiert – jetzt das Heft in die Hand. Er versucht, die Sache pragmatisch anzugehen und wieder die ihm als oberstes Gebot erscheinende Bürgerpflicht herzustellen: Ruhe und Ordnung. Denn die alte Ordnung ist nicht mehr, die Offiziere, Symbol der preußischen Herrlichkeit, haben vorerst ausgedient. Überall, wo sie sich sehen lassen, entgleitet ihnen die Macht, auch sichtbar im Symbolischen; allüberall liegen die ihnen von den Mannschaften abgenommenen Säbel herum, und meist verläuft die Entwaffnung friedlich: »Na gib mal her das Ding.« »... dreißig Jahre in Ehren getragen ...« »Dann geben Sie ihn jetzt in Ehren ab.« Keiner vermag sich dem Sog des Ereignisses entziehen.

Auch bei der Zivilverwaltung ändern sich die Zeiten. Der Stadtverordnete Eduard Adler, Mitglied des Arbeiterrates, begibt sich zum Kieler Oberbürgermeister Paul Lindemann und legitimiert sich mit einem handgeschriebenen Zettel als Beigeordneter, der zukünftig die »selbstständige« Arbeit der Verwaltung begleiten wird. Die Bilder gleichen sich; auch andere Behörden, darunter Post und Polizei, erhalten noch an diesem Tag ihre Beigeordneten, die meist aus erfahrenen Kommunalpolitikern der Mehrheits-Sozialdemokraten bestehen.

Ist das die Wende? Ist so ein drohender Bürgerkrieg zu verhindern? Die Tatsachen scheinen zunächst dagegen zu sprechen. Am frühen Nachmittag, um 13 Uhr fallen wieder Schüsse diesmal am Wilhelmplatz. Immer wilder erheben sich auch die Schusswechsel am Schützenpark, an der Prüne und an der oberen Schützenstraße. Männer, Frauen und Kinder rennen flüchtend umher und versuchen einen sicheren Hauseingang zu erreichen. Immer wieder erklingt das Kommando »Fenster dicht« gefolgt von metallischem Scheppern beim Einlegen der Patronengurte. Und schon erklingt das Tackern der Maschinengewehre. Glas splittert irgendwo. Angeblich fühlten sich hier wie dort einzelne Marinesoldaten und Arbeiter aus Dachfenstern beschossen. Zwar gibt es kaisertreue Personen, die diesen Weg beschritten hatten, doch meist war es nur eigener Aufgeregtheit der Mariner geschuldet. Acht Arbeiter und Auszubildende der Torpedowerkstatt werden schließlich dingfest gemacht, abgeführt und ins Gefängnis Waldwiese verbracht. Abends gegen 21 Uhr herrscht wieder allerorten Ruhe. Der drohende Bürgerkrieg ist abgewehrt.

Und Abend ist es auch, als der im Kieler Schloss wohnende Bruder des Kaisers, als Prinz Heinrich mit Kind und Kegel der unsicheren Lage, zur eigenen Sicherheit eine rote Fahne am Automobil befestigend, in Richtung Dänemark entweicht. Zwar wird er an der Levensauer Hochbrücke von Marinesoldaten angehalten, doch haben sie ein Einsehen. Zwei der ihren schwingen sich auf die Trittbretter und wollen ihn bis Eckernförde begleiten. Doch ein Schuß aus dem Auto beendet die Aktion. Zurück bleibt ein toter Mariner. Sein Kamerad rettet sich geistesgegenwärtig mit einem Sprung in den schützenden Straßengraben. – Die Bilanz des Tages ist erschütternd: insgesamt lassen 10 Menschen ihr Leben.

Mittwoch, 6. November

»Trübe, regnerisch, feucht, nicht kühl dunkle Luft. Wind l. S.W. Sehr dunkle Luft. Nachmittags kurze Zeit Wolken, abends wieder Regen u. große Feuchtigkeit. | Um 8“ zur Werft gegangen. Viele Kollegen stehen vor den Toren, Morgen früh wieder kommen. | Mittags Extrablätter: Bekanntmachung des Gouverneurs wegen Schießens der Offiziere u. Plakate des Arbeiter u. Soldatenrats.«*

Und wie reagiert die Bevölkerung? Läßt eine Vogel-Strauß-Mentalität sie den Kopf in den Sand stecken? Im Gegenteil. In der Stadt herrscht vielmehr ein lebhaftes Treiben, so als ob es keine Krise, keine unsichere Lage gäbe. Zahlreiche Menschen, die sich über die Trottoirs schieben, haben sich mit roten Bändern am Revers, an den Ärmeln geschmückt oder, den Marinesoldaten gleich, das farbige Bändchen an die Mützen und Hüte geheftet. Immer wieder ballen sich Menschenmassen vor dem am neuen Bahnhof beschossenen Haus zusammen, andere begrüßen unter lauten Hoch-Rufen ein unter roter Flagge in den Hafen eingelaufenes Lazarettschiff beim Anlegen an der Pier. Die vereinzelt noch aufttauchenden Polizisten machen gute Miene zum ihnen böse dünkenden Spiel und eilen schnell vorüber. Während sich die Mehrheitssozialisten mit den Unabhängigen noch über den rechten Weg streiten, versucht andernorts Gustav Noske Vertreter der Matrosen zu einer Aufgabe der Revolte zu bewegen. Jegliches Bemühen ist jedoch vergebens. Dem vorbeirollenden Rad der Geschichte in die Speichen zu greifen, vermag niemand mehr. Und so werden in allen Einheiten Soldatenräte gewählt.

Um 20 Uhr klingt ein Alarm durch die Stadt. Immer wieder rumpeln mit bewaffneten Soldaten besetzte Lastwagen über die Kieler Straßen. Genaues weiß niemand zu berichten, aber wieder einmal hängen die Gerüchte wie schwere Nebel in den Straßen und drücken aufs Gemüt: munkeln einige von drohenden bewaffneten Aufständen, tuscheln andere ihren Nachbarn ins Ohr, dass ein Eingreifen einzelner Truppenteile des Heeres bevorstehe. Doch die Nacht vergeht, ohne dass Nennenswertes zu vermelden wäre.

Andernorts dagegen wird versucht, zu retten, was noch zu retten ist. Noch sind keine fremden Truppen in Deutschland eingedrungen, noch scheint es zu einem glimpflichen Friedensabkommen nicht zu spät zu sein. Zumindest hoffen das die verschreckten Regierungsmitglieder in Berlin. Und so erhält die Oberste Heeresleitung in Person Generalfeldmarschalls von Hindenburg durch den Kanzler Prinz Max von Baden den unmissverständlichen Auftrag, mit seinem französischen Gegner, mit Marschall Foch, umgehend Waffenstillstandsverhandlungen aufzunehmen. Noch in der Nacht folgt Hindenburg der Weisung.

Donnerstag, 7. November

»Trübe, neblig, feucht, regnerisch. Wind l. S.W. Nachm. trocken. Milde Luft. | Morgens zur Werft. Immer noch Posten vor den Toren. Arbeiten soll nur das Lohnbüro u. die Krankenkasse.«*

Die ersten Züge verkehren wieder. Wenn auch zunächst nur die Kleinbahn Kiel–Segeberg und die Strecken nach Eckernförde und Neumünster einmal täglich bedient werden, so beginnt sich das Leben in der Stadt doch zu normalisieren. Währenddessen hat sich die von Kiel ausgegangene Bewegung im gesamten Schleswig-Holstein ausgebreitet. Überall, in Flensburg, Rendsburg, Kappeln, Eckernförde, in Lübeck, im Lockstedter Lager und andernorts, allüberall entstehen Räte.

Die im wilhelminischen Kaiserreich omnipräsenten Uniformträger scheinen sich an diesem Tage in Luft verflüchtigt zu haben. Der Polizeipräsident hat sich abgesetzt und seine Angestellten wagen sich nicht auf die Straße. Derweil belagern hunderte von Personen, um ihre Wünsche vorzubringen, die Marine-Verwaltung in der Waitzstraße, in der der Arbeiter- und der Soldatenrat ihre Zelte aufgeschlagen haben. Es ist ein ständiges Kommen und Gehen; Frauen und Kinder, Arbeiter und Soldaten, alles drängt durcheinander. Als der Abgeordnete Haase sich endlich durch den Menschenpulk vor und im Gebäude hindurchgekämpft hat und im Raum erscheint, in dem beide Räte tagen, da erschallen Hoch-Rufe.

Heftig wogt die Diskussion innerhalb beider Kieler Räte, dem Arbeiter- und dem Soldatenrat, die die Republik Schleswig-Holstein auszurufen gedenken, doch Gustav Noske widersetzt sich dem Plan. Immer wieder weist er darauf hin, dass sie hier in Kiel doch isoliert seien, wovon sollen denn bitteschön Löhne und Sold bezahlt werden. Er könne dagegen, von der Regierung autorisiert, straffreie Rückkehr der Matrosen und Marinesoldaten auf ihre Schiffe und ein paar Reformen anbieten. Schließlich einigen sich die Mitglieder der Räte zunächst auf die Bildung einer provisorischen Regierung für die nördlichste preußische Provinz, deren immerhin erklärtes fernes Ziel dann die Gründung einer freien sozialistischen Volksrepublik sein würde. Und eine weitere Entscheidung fällt während dieser Sitzung: einstimmig wird Noske, nicht ohne seinen Hut selbst in den Ring geworfen zu haben, zum neuen Gouverneur gewählt; der bisherige, General Souchon, räumt, wenn auch erst hinterher darüber in Kenntnis gesetzt, durchaus freiwillig den Posten. In aller Eile werden Flugblätter gedruckt, und kaum dass deren Druckerschwärze trocken ist, schwärmen die Boten aus und verteilen die Bögen. Ab 18 Uhr verbreitet sich die Nachricht der neuen Lage wie ein Lauffeuer.

Freitag, 8. November

»Mildere Luft. Wind mittel S.W. Vorm. regnerisch, i.d. Nachmittagsstunden trocken; abends zieml. heftiger Regen, mehr stürmisch werdend gegen 10“. [...] Beratungen der Ausschüsse mit den Werftdirektoren wegen Aufnahme der Arbeit. Wir frieren auf den Büros seit Dienstag morgen gezwungen.«*

Die Lage in der Marinestadt an der Förde, von der die Initialzündung zur Umwälzung der bestehenden Ordnung ausgegangen ist, normalisiert sich durch das umsichtige Handeln des von allen Seiten respektierten neuen Gouverneurs Gustav Noske. Die Tage, in denen hier in Kiel Geschichte geschrieben wurde, sind selbst schon wieder ein Teil derselben.

Und während in Kiel wieder Ruhe einkehrt, die Straßen- und Eisenbahn wieder den regulären Verkehr aufnehmen, gärt es dagegen im Rest des Kaiserreichs. In Hannover, Köln, München, Braunschweig und Magdeburg bilden sich aus Demonstrationen regelrechte Aufstände. In München wird die Bayerische Räterepublik ausgerufen und in Braunschweig dankt der erste Landesfürst, Herzog Ernst August, freiwillig ab. Und in Berlin? Die Sozialdemokraten stellen ein Ultimatum für die Abdankung des Kaisers und drohen gleichzeitig mit dem Austritt aus der Regierung. Währenddessen loyales Militär die Zugangsstraßen zur Reichshauptstadt besetzt und die Schienenwege durch Herausreißen der Geleise unpassierbar macht. Die »rote Gefahr« soll zum Halten gebracht werden.

Sonnabend, 9. November

»Wind l. W. aufklarendes Wetter. Morgens scharfe, kalte Luft. Klarer Himmel. Schöner, gelber Sonnenuntergang.«*

Die Revolution erreicht die Reichshauptstadt. Im Angesicht der in der Innenstadt Berlins zusammenströmenden Massen an Demonstranten begreift letztlich auch Reichskanzler Max von Baden –: die Revolution ist längst nicht mehr aufzuhalten, sie ist nicht mehr im Keime geschweige denn gewaltsam zu ersticken. Hier hilft nur noch eine beruhigende Geste. Das »glorreiche« Kaiserreich hat endgültig abgewirtschaftet. Doch mit wem hätte der Reichskanzler in diesen Zeiten, in denen jede ihm vorgelegte Meldung im selben Augenblick schon wieder veraltet scheint, in denen sich alles überschlägt, mit wem hätte er noch vernünftig reden können? So übergibt er, ohne dazu legitimiert zu sein, ohne nähere Absprache, sein Amt an den Sozialdemokraten Friedrich Ebert, macht ihn zum neuen Reichskanzler und erklärt nach außen, der Kaiser sei zurückgetreten. Wilhelm, noch in seinem Hauptquartier in Spa weilend, glaubt nicht recht zu hören, als ihn die Eilmeldung von seinem doch gar nicht vollzogenen Abgang erreicht. Schließlich fügt er sich wenige Stunden später: als Kaiser trete er zwar zurück, jedoch nicht als König von Preußen, auf diesen Unterschied legt er in seiner Depesche ausdrücklich wert. Doch für derlei Spitzfindigkeiten hat in Berlin niemand mehr Verständnis. Da ist ein Hauptakteur auf der Bühne, deklamiert munter weiter seine Verse und merkt gar nicht, dass der Vorhang sich schon herabgesenkt hatte.

Währenddessen bilden sich auch in Berlin Arbeiter- und Soldatenräte und am Abend, während Friedrich Ebert noch zögert, reißt der Sozialdemokrat Philip Scheidemann eigenmächtig eine Balkontür der Reichskanzlei auf, tritt hinaus und ruft den tausenden Demonstranten entgegen, dass der Kaiser abgedankt habe und es fortan eine demokratische Republik gebe. Ihm war zu Ohren gekommen, dass andernorts Karl Liebknecht eine sozialistische Räterepublik auszurufen gedenkt. Dem will er unbedingt zuvorkommen.

Sonntag, 10. November

»Rundgang durch Kiel. Im Süd. abgesperrt f. Marine. [...] Abends 7“ kommen die traurigen Friedensbedingungen heraus. Sind für uns vernichtend.«*

Während in allen Teilen Deutschlands sich einem Flächenbrand gleich die Revolution ausbreitet, in keiner Stadt die alte Ordnung mehr gegen den gewaltigen Sog bestehen kann, während sich überall Arbeiter- und Soldatenräte bilden, werden in Kiel die Scherben zusammengefegt und die Toten des Aufruhrs bestattet. Als um 10 Uhr der aus fünf Wagen bestehende Leichenzug an der Leichenhalle am Wall in Richtung Eichhof startet, beginnt die größte Beerdigung, die die Stadt je gesehen hat. Tausende Zuschauer säumen schweigend den Weg, als die Wagen – begleitet von zwei Musikkapellen und einer Abordnung Marinesoldaten – an ihnen vorbeirollen und erweisen den Toten die letzte Ehre.

Montag, 11. November

»Zieml. kühl, regnerisch trübe, Wind l. W. Nachm. aufklarend. Abends kalt u. sternenklar. | Kronen rollen aufs Pflaster. Der König von Sachsen abgesetzt, der Großherzog v. Oldenburg abgesetzt, der von Weimar ist weg, und andere. Man kann den Ereignissen kaum folgen. Viele Leute sind froh, die Soz. jubeln, die Rechte schweigt. Viele sehen mit Angst in die Zukunft. [...] Wir haben den Krieg ganz verloren.«*

An allen Fronten schweigen fortan die Waffen. In einem Waldstück bei Compiègne trifft die vom Zentrumsabgeordneten Matthias Erzberger angeführte deutsche Delegation ein. Sie begeben sich zu den auf einem Bahngleis abgestellten Salonwagen des Marschalls Foch. Zu verhandeln gibt es hier nichts mehr. Zwar steht der Gegner nicht auf deutschem Territorium, doch das wäre nur noch eine Frage der Zeit. Die deutsche Front ist in den Tagen zuvor schon auf weiten Teilen zusammengebrochen.

Die Zeiger der Uhren weisen auf 11 Uhr am Vormittag als Erzberger im Beisein der Offiziere Generalmajor von Winterfeldt und Kapitän zur See von Vanselow das nicht mehr abwendbare Waffenstillstandsabkommen unterzeichnet.

*

Anders als in dem noch weitestgehend von der Agrarwirtschaft und der dort herrschenden Leibeigenschaft geprägten Russland verebbte die revolutionäre Flamme innerhalb weniger Wochen in Deutschland. Das vorherrschende Bürgertum, ja, auch die Mehrheitssozialisten waren müde von den langen und entbehrungsreichen Jahren des Krieges und, anders als die Leibeigenen in Russland, die nichts zu verlieren hatten außer ihrem Leben, welches auch unter dem jeweiligen Herrn schnell ausgehaucht sein konnte, ersehnten sie sich Ruhe und Beschaulichkeit der Kaiserzeit zurück. Keine charismatischen Führer waren weit und breit in Sicht, die sich, von einem Großteil der Bevölkerung anerkannt, an die Spitze der revolutionären Bewegung zu setzen vermochten. Und als noch die harten Friedensbedingungen zu Tage traten, verflog der Spuk fast so schnell, wie er gekommen war. Verkatert wachte manch ein »Revolutionär« auf; der Katzenjammer war groß. Nein, das hatte man nicht wirklich gewollt. Und so wurden zahlreiche radikale Reformansätze im Laufe der folgenden Monate wieder zurückgenommen. Die deutsche Revolution blutete aus und musste fortan mit dem Makel des Pfusches leben. Dass es die Kieler Mariner waren, die sich nicht länger als Kanonenfutter verheizen lassen wollten, dass ihre entschiedene Haltung das Ende des Krieges einläutete und damit viele Kameraden rettete, die im Schlamm von Flandern ohne Verpflegung und Munition, nur mit der breiten Brust die heranrumpelnden Tanks, diese neuartige Waffe der Gegner, aufhalten sollten, dass die Kieler Mariner es waren, die mit ihrem Einsatz Kameraden vor dem sicheren Tod bewahrten, dies war schnell vergessen.

»Ungemalte Bilder«.
Emil Nolde, Seebüll 1941–1945

In Acht und Bann

Ein schon bejahrter Mann wandelt die merkwürdig an Initialen gemahnenden, von vielen bunt leuchtenden Blumen eingefassten, verschlungenen Wege seines paradiesischen Gartens entlang. Immer wieder wird er in seinem Vorwärtsschreiten vom Blick auf das ungefüge, massige Haus gehemmt. In seinem Kopf arbeitet es. Ständig kreisen die Gedanken um einen Punkt; eigentlich jedoch ist er gewohnt, mit seinen Händen zu arbeiten. Immer wieder geht der Blick zum Haus. Härter hätte der Kontrast dieses Gebäudes zu den in der weiten norddeutschen Marschlandschaft verloren wirkenden Friesenhöfen der Umgebung nicht ausfallen können. Nichts Liebliches, Weiches, wie es ein geschwungenes Reetdach dem Auge vermittelt, ist zu erblicken, vielmehr ein auf der Warft thronender wuchtiger, eckiger Klinkerbau. Von schmalen Fenstern durchbrochen, nach oben begrenzt von einem flachgezogenen Dach, vermittelt er, von außen betrachtet, mit seinen klaren Linien etwas bunkerartig Trutziges. Seit 1927 hatten seine Frau und er immer wieder daran herumgebaut, hatten erweitert und repariert; nun, 10 Jahre später, da der Bau fertig ist, erscheint es fast als Ironie des Schicksals, diese Trutzburg zu bewohnen. Hier im Norden Schleswig-Holsteins, in Nordfriesland auf dem flachen Lande, weitab der großen gesellschaftlichen und politischen Umbrüche, dient das von ihm entworfene, dem Verlauf der Sonne angepasste Gebäude, inmitten eines eigens von ihm gestalteten bunt blühenden Bauerngartens, als Bollwerk gegen die Zeitströmung, dient seine Anlage, Hof Seebüll, als letzte Fluchtburg.

Der Blick gleitet wieder über die bunte Vielfalt des Gartens zum Haus hin und fällt doch weit zurück in die Vergangenheit seines nun schon 70 Jahre währenden Erdenlebens: wie er seine ersten, noch kindlichen Malversuche auf Scheunentoren und Brettern fabrizierte. Die Gedanken gehen weit zurück in seine Lehrzeit als Schnitzer und Möbelzeichner, die besuchten Abendkurse zum Kunstmaler, als der Entschluss reifte, künftig als freier Künstler sein Leben zu gestalten und die gemeinsame Zeit mit Karl Schmidt-Rottluff, Erich Heckel, Fritz Bleyel in der Vereinigung ›Brücke‹. Wie fasziniert war er doch, als er 1913–1914 im Auftrag des Reichskolonialamts als Teilnehmer der Neuguinea-Expedition Inselbewohner der Südsee zeichnete. Wie sehr hatte dieses Erlebnis seine Malerei radikal verändert und auf eine neue Höhe gehoben. Wenn es ihn auch in die Welt getrieben haben mag – viele Länder Europas hatte er im Anschluss gesehen –, so war die Heimat doch nie vergessen. Immer wieder zog sie ihn in all den Jahren an. Da lockte die nordfriesische Heimat, lockten ihre Inseln, Watt und Meer. Da erfreute ihn sein Garten immer wieder aufs Neue in all seiner blühenden Pracht – eine Faszination und Beglückung zugleich.

Später, als die große neue Zeit sich 1933 ankündigte, wie hatte er nicht den großen Versprechungen voller Erwartung auf die angekündigte Neuordnung andächtig gelauscht, hatte – darin vielen Menschen gleich – zunächst an das Gute geglaubt und für sein eigenes Kunstschaffen ein Erkleckliches erhofft, nicht zuletzt auch gedacht, mit seinem Beitrag ein Scherflein zu der neu propagierten »deutschen Kunst« beizutragen. Und der Schritt 1934, der Nationalsozialistischen Arbeitsgemeinschaft Nordschleswig beizutreten – ein Jahr später erfolgte deren Zwangsvereinigung mit der NSDAP –, schien sogar richtig gewählt: das Kultusministerium machte sich anheischig, ihn, Emil Hansen, der sich nach seinem Geburtsort Nolde nennt, auf den Präsidentenstuhl der staatlichen Kunstschule zu setzen, und noch ein weiteres Angebot folgte. Auch eine Professur an der Preußischen Akademie der Künste zu Berlin und damit in Nachfolge Max Slevogts die Leitung eines Meisterateliers wurde in Aussicht gestellt. Doch ohne viel zu überlegen, lehnte Nolde ab. Ihm lag das Repräsentative nicht, zudem meinte er – sich immer schon in Städten fremd fühlend und angewidert von Kunstbünden, Sezessionen und Ausstellungsbetrieb – er wäre besser als freier Künstler aufgehoben. Nicht zuletzt, gerade noch rechtzeitig, erkannte er die neu propagierte deutsche Kunst als ein feines Nebelgespinst, nur dazu da, die Menschen in die Irre zu leiten. Und wie gut er daran tat, in den beginnenden geistfernen Zeiten sich nicht in den Dienst des Staates zu stellen, brachten die folgende Ereignisse nur zu bald an den Tag. Wurde zunächst in öffentlichen Vorträgen und einzelnen Presseartikeln gegen eine angeblich »undeutsche Kunst« zu Felde gezogen, erfolgte immer öfter die Stigmatisierung durch Begriffe wie »Kulturbolschewismus« oder »Farbbarbarei«. Das Volk wurde langsam hellhöriger und lauschte andächtiger. Erste Kunstschaffende sahen sich dergestalt verfehmt schließlich gedrängt, aufzugeben oder gar außer Landes zu gehen.

Auch der Name Nolde wurde nun immer öfter genannt, und zwar mit denen anderer »Betrüger« und »Schweine«, allesamt Synonyme mit denen angeblich »undeutsche« Künstler belegt wurden, die – nach Maßgabe der neuen, selbsternannten Kunstrichtern – »an die Wand gestellt« gehörten. Dabei fühlte er sich doch in seinem Kunstschaffen als urdeutsch. Immer auch blieb er fest in der Heimat verwurzelt, hatte hier immer seinen Hauptwohnsitz, wenn er auch den Winter über in Berlin und andernorts seine Bleibe nahm. Schließlich gedieh im reifen Alter sogar der Entschluss, hier in Nordfriesland an Stelle der alten Bauernkate ein modern gestaltetes kombiniertes Wohnhaus mit Atelier und Ausstellungsraum zu errichten. Nur langsam ging es damit voran; und jetzt schien alles dahin, schien das freudig erhaschte Gold sich in seiner Hand in rostiges Blech verwandelt zu haben.

Zögerlich findet Nolde aus dem Grübeln über die Vergangenheit ins Hier und Heute zurück. Er greift in die Westentasche, entfaltet das ans Licht beförderte, mit Adler und Sonnenrad bestempelte Stück Papier, dieses Schreiben des Präsidenten der Reichskammer der bildenden Künste vom 23. August 1941. Wie oft er es auch schon überflogen, gelesen, wortweise buchstabiert hat, immer noch will, ja, kann er es nicht wahrhaben, wenn auch das Damoklesschwert schon seit längerem über ihn gehangen hatte. Sein Leben, das sich bisher fast ausschließlich durch das künstlerische Schaffen definiert hat, ist dahin, ist gedemütigt und in den Händen anderer zerbröselt und zu Staub zerrieben. Hier steht es nun schwarz auf weiß: seine Werke entsprächen nicht den Anforderungen, die seit 1933 an die deutschen Kunstschaffenden gestellt werden, und ihm, Nolde, müssten doch durchaus die programmatischen Reden des Führers zur Verantwortung und Zielsetzung des Künstlertums gegenüber Volk und Reich seit Jahr und Tag bekannt gewesen sein. Wie sich dann gezeigt habe, entsprächen auch die Arbeiten der letzten Zeit nicht der Voraussetzung für eine weitere künstlerische Tätigkeit; zu fern stehe er dem kulturellen Gedankengut der Nationalsozialisten. Die Konsequenz liege somit klar auf der Hand. Und der Kanzleistil des Schreibens lässt keine Interpretationen zu: »Auf Grund des § 10 der Ersten Durchführungsverordnung zum Reichskulturkammergesetz vom 1.11.33 (RGBl.I, S.797) schließe ich Sie wegen mangelnder Zuverlässigkeit aus der Reichskammer der bildenden Künste aus und untersage Ihnen mit sofortiger Wirkung jede berufliche – auch nebenberufliche – Betätigung auf den Gebieten der bildenden Künste.«

Der Wisch, sorgsam zusammengefaltet, wandert wieder in die Weste, noch einmal gleitet der Blick über das Gesamtkunstwerk seines Gartens. Der Blick bleibt kurz an den gepflanzten Ulmen, Goldregen und Schlehen hängen, huscht über die Obstbäume hinweg, um länger an bunten Blumeninseln und den Staudengewächsen zu verweilen. Noch einmal erfreut der Anblick blühender Primeln am Wegesrand. Immer wieder hatten ihn die intensiven Farben der blühenden Gewächse zum Schaffen angeregt, hatten sein Gefühl angesprochen und ihm immer wieder Ausdrucksmöglichkeiten eröffnet.

Entartet

Der entscheidende Schlag erfolgt im November 1937; was den Machthabern an der ganzen Kunstrichtung der Moderne missfällt, was diese gebrochenen, durch die Partei emporgespülten Existenzen – deren beschränkter Kunstmaßstab von der eigenen Bedürfnislosigkeit mehr erzählt als von deren Verstand –, was sie schließlich dem Volk als deutsche Kunst verkaufen wollen, ist hanebüchen: Genrebilder aus dem Bauernleben – gemalt von einem, der kein Bauer ist –, langweilige Landschaftsbilder, Führerporträts, nackte Heldengestalten mit überdimensionierten Muskeln, kurz: nichts Neues, alles schon einmal da gewesen, nur –: erheblich besser. Doch imgrunde sollen genau diese Bilder die ästhetischen Ideale der neuen nationalsozialistischen Rassenlehre zeigen, den »gesunden, arischen Menschentyp«. Es soll damit in hervorragender Weise gegen die angebliche »Verfallserscheinung« innerhalb der Kunst gegengesteuert werden. Sinnbild all dieses angeblich Verabscheuungswürdigen ist die gesamte moderne Kunstrichtung. Und da stehen vor allem die mit den Mitteln der Deformation und der Überfülle an Farben seelische Momente ausdrückenden, sich gegen jeden bisherigen Stil wendenden Richtungen wie Impressionismus, Expressionismus oder auch der Kubismus am Pranger. Diese vitalen, freien, sich nicht unterordnenden und ungebunden darherkommenden Kunstformen und deren Künstler sind den Machthabern schon lange ein Dorn im Auge.

Die Freunde der Kunst, zunächst erstaunt über des Kaiser neue Kleider, die ihnen jetzt als einzig gültiger Wertmaßstab präsentiert werden, machen da nicht mit. Sie hängen weiter den modernen Künstlern an. Weiterhin erscheinen die bekannten Namen in den Zeitungen; immer noch erfolgen Ausstellungen ihrer Bilder. Nein, wenn auch zahlreiche einfache Bürger die modernen Darstellungen nicht unbedingt goutieren, so wendet sich das Volk nun nicht in Begeisterungsstürmen und in Massen den neuen Gestaltern zu. Und so sehen die Machthaber Handlungsbedarf; die Menschenherde muss in die ihnen einzig genehme Richtung getrieben werden.

Marktschreierisch erfolgt im Sommer in München die Ausstellung »Entartete Kunst«. Ist es erklärtes Ziel der Initiatoren der Ausstellung, der Masse zu zeigen, welche Stilrichtung die Nationalsozialisten für undeutsch und damit als verwerflich halten, so wird alles unternommen, das das deutsche Volk auch gehörig daran Anteil nehmen kann. Und da ein Großteil der Bürger mit den modernen Kunstformen nichts im Sinn hat, wird mit der Ausstellung auch versucht, vorhandene Ressentiments zu schüren.

Hunderttausende von Menschen, aufgerufen durch alle Gliederungen der Partei und viele unter Zwang mit Sonderzügen hergekarrt, Menschen, die kaum je zuvor eine Kunstausstellung besucht hatten, sie alle werden durch die Räume geschleust. Doch was sind das für Räume? Keine lichten, großen Räume, an deren Wänden die Bilder mit entsprechendem Abstand hängen, auf dass sich die Wirkung entfalten kann; nein, hier quälen sich die Massen durch schmale, lang gestreckte Räume. Allein schon durch die Anordnung der Bilder versuchen die Initiatoren der Ausstellung, der präsentierten Kunst etwas »Krankhaftes« zu unterstellen, sie schlecht zu machen. Laut ist es; Gelächter schallt immer wieder durch die Räume, das allgemeine Stimmengewirr durchbrechend. Dicht an dicht, kaum eine Handbreit zwischen den Rahmen lassend, hängen die Bilder an den Wänden vom Fußboden bis zur Decke; oft heisst es den Kopf zu verrenken, um überhaupt etwas erkennen zu können, um dann durch das schief hereinfallende dumpfe Licht und den damit verbundenen Schattenwurf kaum etwas oder nur einen schwachen Abglanz des Originals, fast nur eine üble Karikatur, zu betrachten – wenn einem nicht schon durch das Hin- und Hergedrehe, das Auf und Ab des Kopfes übel geworden ist.

Da hängen sie nun, die Arbeiten der weltweit anerkannten Meister ihres Faches, der Maler und Grafiker: Pechstein, Beckmann, Dix, Feininger, Klee, Schmidt-Rottluff, Rohlfs, Heckel, Hofer, Kokoschka, Corinth, Chagall, Segal, Kirchner, Grosz. Eine ganze Schaar gibt sich mit vielen weiteren avangardistischen Künstlern hier ihr Stelldichein. Da müssen sie die schiefe Präsentation ihrer Werke ohne Rücksicht auf Beleuchtung und Zusammenhang dulden. Und wer soll der schlimmste all dieser »Farbkleckser« sein? Geht es allein nach der Zahl der präsentierten Arbeiten, so müsste ohne Zweifel ein Norddeutscher genannt werden: Emil Hansen, genannt Nolde. 48 Arbeiten seiner Werke, dicht gedrängt in ihrer ungeheuren Farbigkeit, dass einem durch die zusammengedrängte Präsentation glatt die Augen schmerzen, jede mit dem Zettel versehen: »Bezahlt von dem Steuergroschen des arbeitenden deutschen Volkes«; bei den religiösen Motiven wird gar darauf verwiesen, dass solcherlei »Gotteslästerung« unter Beteiligung – was auch immer damit ausgedrückt werden sollte – der ehemaligen Zentrumspartei entstanden sei.

Insgesamt werden über 2 Millionen Besucher durch die Räume dieser größten aller deutschen Kunstausstellungen geschleust. Niemals wieder wird danach eine umfangreichere Schau namhafter deutschsprachiger Künstler gezeigt werden. Und viele Menschen fühlen sich hinterher in ihrem ablehnenden Vorurteil gegen die moderne Kunstrichtung bestätigt. Doch neben den hunderttausendfach von den Gliederungen der Partei nach München abgeordneten und herbeigeschaffter Menschen, nutzen diese Tage auch viele Freunde der Kunst, um Abschied zu nehmen, Abschied von der auf eine lange Tradition beruhenden deutschen Kunst. Wohl niemals wieder würden sie die Werke dieser bekannten Künstler betrachten können.

Nolde gilt seit diesen Münchener Tagen offiziell als »erledigter Fall«. Eine Ausstellung seiner Werke in Mannheim muss flugs geschlossen werden; auch an alle übrigen Galerien und Kunsthandlungen ergeht seitens der Reichskammer der bildenden Künste die Weisung, fortan keine Bilder dieses Mannes mehr zu präsentieren, geschweige denn sie zu veräußern. Und noch weiter geht der Schritt: in ganz Deutschland erfolgt die Einziehung seiner Bilder. 1052 seiner Arbeiten verschwinden so aus der Öffentlichkeit, darunter allein 54 neue Werke, das gesamte Schaffen der letzten zwei Jahre, die von der Reichskammer erst befehlend, dann bedenktlich drohend dem Künstler abverlangt werden.

Doch nicht nur, dass der Einzelgänger und von der breiten Masse kaum beachtete deutsche Künstler aus der für ihn bescheidenen Öffentlichkeit gedrängt, verbannt und durch das Unwort »entartet« stigmatisiert ist, nein, noch ist es immer nicht genug. Noch immer ist den maßgebenden Kreisen innerhalb der Nationalsozialisten dieser schaffensmächtige, dieser vitale und voller überquellender malerischer Kraft steckende Künstler suspekt, noch immer ist er den Behörden ein Dorn im Auge. Und so gelangt der letzte Akt in diesem perfiden Spiel zur Aufführung: das vollständige Verbot seines weiteren künstlerischen Schaffens.

Im Kleinen so groß

Überzeugt von Deutschlands Sieg in der Welt, überzeugt von allem, was Zeitungen und Parteiorgane melden, dabei weder unbedingt dumm noch grausam – nur voreingenommen –, erfüllen die Helfershelfer ihre Pflicht. So abgeschieden Emil Noldes Refugium am nordwestlichen Rande Schleswig-Holsteins auch liegt, so wenig kann er sich den Kontrollen entziehen, denn sein Werk war und ist immer noch ein Ärgernis. Seine Bilder wurden und werden – wenn auch jetzt hinter verschlossenen Vorhängen – immer noch bewundert; immer noch geistern sie durch die Köpfe einiger »Unbelehrbarer«. Da erscheint es den Machthabern besser, mehr als ein Auge auf diesen nordischen Querkopf zu werfen; nicht dass da, und sei es auch nur ein noch so müdes Rinnsal neuerlichen Schaffens, Wünsche Einzelner befriedigen würde.

Zweimal erscheint die Geheime Staatspolizei, mit ernsten Mienen das Haus durchsuchend. Zweimal knobelbechern ihre Schritte durch die Räume. Da klappen Türen, da werden Nasen mal hier mal dort hineingesteckt, um wie ein Jagdhund die Fährte, die Losung eines Malers aufzunehmen: Firnis, Ölfarbe, Lack. Doch das Berufsverbot scheint gefruchtet zu haben. Gefunden wird nicht das Geringste, zurückgelassen dagegen vieles: Herzleiden, hervorgerufen durch eine fürchterliche Aufregung, schwankend zwischen Hysterie und wirklichem Grauen. Was bringt diese Zeit noch alles mit sich? Was ergibt sich? Was wird seitens der Behörde, der Machthaber noch mit ihm angestellt werden? Menschenscheu wird Nolde – schon immer ein Eigenbrötler in Kunstdingen – in diesen Jahren der Diffamierung und Einschüchterung, in dieser Zeit, in der das Stigma des »Entarteten« schwer auf ihm lastet. Nur wenig plaudert er noch mit den Nachbarn; Fremden gegenüber ist er mehr und mehr verschlossen. Die Unsicherheit lastet schwer auf ihm, nicht zu wissen, ob sich jemand und wenn ja, wer sich den Judaslohn verdienen möchte, wer ihn aushorchen und anschließend bei den Polizei-Schergen denunzieren möchte. Denn es ist ja so: kein Schaffender, kein Künstler, einer, dessen Kreativität kaum zu bremsen ist, kann von heut auf morgen, ja, kann überhaupt auf Zwang von außen aufhören, es sei denn, er schließe mit dem Leben ab und höre auf zu sein. Zwar ist da das Berufsverbot und die damit verbundenen fehlenden Bezugsscheine, ohne die in der Kriegswirtschaft nur wenig jedenfalls keine Malutensilien erhältlich sind. Andererseits sind da nicht noch einige Bögen feinstes Japanpapier? Und ist nicht auch noch der alte Aquarellkasten bisher den Augen der braunen Inquisition verborgen geblieben?

Das geräumige Atelier liegt verwaist da; wie viele große Gemälde hatten hier noch entstehen sollen. Und wie im Leben und Schaffen wird nunmehr das Große mit dem Kleinen vertauscht. In ein schmales, entlegenes Zimmer zieht sich Nolde immer wieder zurück, um an einem Tischchen, umgeben von kleinen postkartengroßen Papierschnipseln, manche auch nicht größer als eine Handfläche, sein künstlerisches Schaffen auszuleben, seine inneren Gesichte aufs Papier zu bannen. Kurz taucht der Pinsel in die wassergefüllte Tasse, flink kreist das am Holzstiel befestigte Haarbüschel über den all seine Farben bereithaltenden Aquarellkasten, um in schnellen, kräftigen Bewegungen über das Papier zu huschen; immer ist der Künstler auf dem Sprung, die vor ihm liegenden Sachen auf das leiseste, unbekannteste Geräusch hin, immer mit dem Albdruck und der quälenden Sorge einer erneuten Hausdurchsuchung, in seine Taschen verschwinden zu lassen. Furcht vor drohender Haft und Beklemmung wechseln sich fortan ab, – und nur ein Fitzelchen bunt bemaltes Papier mag schon der Auslöser zur Festnahme sein. Doch welches Schicksal ihm und diesen Bilderchen auch ferner beschieden sein mag, die Zukunft erscheint doch nicht mehr ganz so dunkel wie zuvor; das aus der Bahn geworfene innere Gleichgewicht gewinnt wieder an Halt.

Der unwiderstehliche Drang zum Schöpferischen, in Verbindung mit dem unbedingten Hang zur Einsamkeit, zum Rückzug aus allen gesellschaftlichen Konventionen, die das Leben in der Stadt ihm immer aufgelegt hatte und dabei oft immer wieder hindernd dem Schaffensprozess gegenüberstand, jetzt kann er es, Ironie des Schicksals, ganz ausleben; nicht Qual, sondern Voraussetzung zum Schaffen ist es ihm. Nur diese Konstellation macht es möglich, dass Nolde nicht seelisch zerbricht, das seine Psyche keinen Schaden nimmt und er den Lebensmut nicht verliert. Unter der Hand entsteht über die Jahre und immer unter der drohenden Gefahr der Entdekkung ein ganzer Kosmos an »Einfällen« mit all seinen Sehnsüchten, hier findet sich sein ganzes Leid und die Freude auf das Papier gewischt. Bewusstes wie Zufälliges entsteht, Groteskes, Figürliches und Abstraktes findet sich beisammen, imaginierte Landschaften in beispielloser Farbintensität, dunkle Gestalten, realistische Paare wechseln ab mit Tanzszenen, die wiederum von Traumwelten abgelöst werden. Immer wieder lässt er sich dabei während eines Spaziergangs durch die Natur seines wunderlich bunten Bauerngartens inspirieren. Immer wieder nimmt Nolde eine der erschaffenen Miniaturen hervor, ändert hier etwas, übermalt dort ein wenig, um letztlich durch einen kräftigern Strich und Farbe den Ausdruck zu steigern. An die 1300 Aquarelle und Gouachen erblicken unter diesen Umständen das Licht der Welt. Immer ist Nolde mit Herzklopfen bei der Arbeit, immer ist er auf das leiseste Geräusch hin bereit, aufzuspringen und flugs die Papierstückchen in ein sicheres Versteck zu bringen. Und da er, der mit Berufsverbot belegte, verfemte Künstler nicht schaffen darf, so apostrophiert Nolde, wie unscheinbar sie gegenüber einem Gemälde zunächst auch wirken, diese Werke als »ungemalte Bilder«. Haben die Bildchen die endgültige Form einmal erreicht und Gnade vor den Augen des Künstlers gefunden, verschwinden sie, so schnell wie sie erschaffen wurden, auch schon wieder; herausgeschmuggelt aus dem Haus, finden sie bei lieben Freunden ein Exil vor den drohenden Häschern der Gestapo. Und zurückgezogen von der Außenwelt malt und malt Nolde, völlig mit sich und der Landschaft eins geworden, eins geworden mit seiner geliebten Marschlandschaft, dem von Prielen durchzogenen Watt, eins mit seinen blühenden Blumenbeeten, eins mit dem Spiel von Sonne und Wolken. Er hat diese neue Ausdrucksform im Postkartenformat, zu der ihn die neue Zeit herausgefordert hat, angenommen, er erfindet sich als Künstler neu und findet so zurück ins Leben und zur Lebensfreude; ein nicht Geringes für einen Siebzigjährigen, der sein gesamtes bisheriges künstlerisches Schaffen als so gut wie vernichtet betrachten muss.

Als das Dritte Reich letztendlich abgewirtschaftet zusammenbricht, kann Nolde aufatmen. Wie viele Künstlergefährten, darunter Barlach, Klee, Kandinsky, Rohlfs, waren inzwischen gestorben, oder wie Kokoschka, Feininger, Beckmann ins rettende Ausland geflohen. Emil Hansen, genannt Nolde, war geblieben, konnte er doch nicht von seiner geliebten nordfriesischen Landschaft lassen; er hatte überlebt und dabei einen neuen Werkabschnitt geschaffen. Es ist schon ein Treppenwitz der Geschichte: dem Staat und seinem verlängerten Arm, der Gestapo, die Nolde aus dem Tempel der deutschen Kunst hinauspeitschen und für immer vergessen machen wollten, gelang das Kunststück, die Kreativität dieses einzigartigen Künstlers noch zu fördern, den Höhepunkt im Schaffen Emil Noldes herbeizuführen. Wenige Jahre nach Ende des »tausendjährigen« Spuks steht der Künstler um so bekannter da .

Regierung ohne Reich.
Das Kabinett Dönitz in Flensburg, Mai 1945

Schattenreich

Während die britische Armee rüstig am 28. April 1945 die Elbe bei Lauenburg überschreitend nach Schleswig-Holstein vordringt, bewegen sich auf unterschiedlichen Wegen zeitgleich mehrere Fahrzeugkolonnen nordwärts durch das Land, einem gemeinsamen Ziel entgegen, der neuen »Reichshauptstadt« an der Flensburger Förde. Nur langsam geht es voran. Tiefflieger fordern immer wieder einen außerplanmäßigen Halt. Zunächst taucht als Vorhut am 2. Mai Heinrich Himmler, Reichsführer-SS, mit seinem an die 150 Personen umfassenden Stab in Flensburg auf, gefolgt von Großadmiral Dönitz – zum Reichspräsidenten noch durch Adolf Hitler vor dessen Selbstmord ernannt –, der mit einigen zurückgetretenen ehemaligen Mitgliedern der Reichsregierung und hunderten Mitarbeitern am folgenden Morgen eintrifft.

Es ist das letzte, nie und von keinem anderen Staat diplomatisch anerkannte klägliche Rest des Großdeutschen Reichs, das hier auf den 14 Quadratkilometern entlang der Flensburger Förde sich hinziehenden Marineschule Mürwik sein Territorium absteckt. Hier im »Sonderbereich Mürwik«, diesem um die Wende zum 20. Jahrhundert erbauten, ein wenig der Architektur der Hansestädte nachempfundenen wilhelminischen Backsteinbombast, entfaltet sich hinter Erkern und überhöhten Giebeln schnell eine rege Tätigkeit. Wird die Sportschule zum Regierungsgebäude erkoren, so beziehen die Minister gemeinsam mit Dönitz ihre Unterkünfte auf dem getarnt an der Blücherbrücke und in Sichtweite der Schule vertäuten ehemaligen Dampfer ›Patria‹. Am 3 Mai ab 10 Uhr nimmt der letzte »Reichspräsident« seine Arbeit auf.

Die Erkenntnis, dass eine Weiterführung des Krieges wohl nicht mehr möglich sei, hatte sich inzwischen durchaus auch bei Dönitz vertieft, wohl dank der fortwährenden Bearbeitung durch Albert Speer. So konsultierte er, noch am 2. Mai auf dem Weg nach Flensburg, seinen Nachfolger als Oberbefehlshaber der Kriegsmarine, Generaladmiral Hans-Georg von Friedeburg. Verzögert durch starke Tieffliegerangriffe auf die Stadt, fand die Unterredung in den Abendstunden an der Levensauer Hochbrücke bei Kiel statt, als deren Ergebnis Friedeburg die Weisung erhielt, im britischen Hauptquartier zu Lüneburg Feldmarschall Bernhard Montgomery zu einem Waffenstillstand für Norddeutschland zu bewegen. Jetzt im neuen Regierungssitz wartet Dönitz auf die ersten Signale aus der Heide, derweil er die ersten Direktiven erteilt und dabei erstmals dem Transport von Soldaten wie auch Zivilisten aus den eingeschlossenen östlichen Gebieten Vorrang vor Heranführung von Truppen und Nachschub gibt. Erst Tage später jedoch, am 6. Mai, wird er alle verfügbaren Schiffe an die Küsten der Ostprovinzen beordern und somit immerhin die Evakuierung von rund 120 000 Zivilisten erreichen.

Auch die »geschäftsführende Reichsregierung«, eine Regierung ohne Legitimation und Volk, tritt, unter Vorsitz von Lutz Graf Schwerin von Krosigk in Funktion des von Dönitz erfundenen »Leitenden Reichsministers« – der zeitgleich das Ressort des Außen- und Finanzministers besetzt – selbigen Tages noch zu ihrer ersten Sitzung zusammen. Da der »Führer« in seinem Testament Joseph Goebbels zum Reichskanzler ernannt hatte, hinfällig allerdings durch dessen Selbstmord, vermieden es Dönitz und Krosigk, doch erneut diesen Titel im Kabinett zu gebrauchen. So ist Krosigk ein Minister neben mehreren, neben Wirtschaftsminister Albert Speer, Innen- und Kultusminister Herbert Backe, Franz Seldte als Arbeitsminister sowie Julius Dorpmüller, der in Personalunion das Ressort eines Post- und Verkehrsministers übernimmt. Auf die Dienste Heinrich Himmlers als Innenminister, der mehrfach unvermittelt und von einer starken SS-Eskorte umgeben im Quartier auftaucht, auch an Besprechungen teilnimmt und der sich dabei immer wieder ins Gespräch zu bringen versucht, wird zwar mit Unbehagen, aber letztlich doch verzichtet.

Das wichtigste Bindeglied all der Ministerien, die Grundlage zu deren Handeln, bildet schließlich ab 13. Mai der offiziell als »Nachrichtenbüro« deklarierte Nachrichtendienst. Hier werden politische und militärische Meldungen des In- und Auslands gesammelt, ausgewertet und den entsprechenden Ressorts übermittelt; hier entstehen Reden, Verlautbarungen, Kundmachungen, alles das, was von den jeweiligen Dienststellen gewünscht wird. 168 Frauen und Männer, Unteroffiziere und Mannschaften arbeiteten alleine in dieser Abteilung. Ferner bilden 10 Personen das »Büro der Reichsregierung«, sorgen für Büromaterial, Unterkünfte, Betreuung und organisieren den Fuhrpark. Insgesamt besteht die Regierungsmannschaft, die sich Flensburg als Regierungssitz auserkoren hat, einschließlich aller Hilfskräfte aus 350 Männern und Frauen. Hinzu kommt noch das Militär- und Zivilkabinett des Reichspräsidenten Dönitz.

Und während die Minister, Helfer, Staatssekretäre munter ihrer Arbeit nachgehen, trifft aus Lüneburg die Nachricht ein, dass die Teilkapitulation ausgehandelt sei: So tritt die Kapitulation der Truppen für Nordwestdeutschland, die Niederlande und Dänemark zum 4. Mai 8 Uhr in Kraft. Dagegen wird der Kampf im Osten unter dem Bestreben weitergeführt, möglichst viele »Soldaten und europäische Menschen« vor Bolschewisierung und Versklavung, wie die Anweisung Dönitz' an Friedeburg lautete, zu retten. Derweil ist Heinrich Himmler, der »Reichsheini«, immer noch Führer von SS und Polizei, im Flensburger Polizeipräsidium nicht untätig; er verkündet dortselbst die Auflösung der Gestapo und lässt anwesende führende SS-Schergen und Staatspolizisten mit falschen Personaldokumenten ausstatten. Derart für das Untertauchen vorbereitet, müssen sich die Anwesenden noch anhören, wie er eine reformierte Verwaltung plane, deren Ziel es sei, Friedensverhandlungen mit den Westmächten aufzunehmen. Schon folgenden Tages – täglich gibt es jetzt eine Kabinettssitzung – hat dies ein Ende: Himmler wird von Dönitz aller seiner Ämter enthoben. Jetzt erst wird dem einst mächtigsten und gefürchtetsten Mann im Reich, der sich in den letzten Tagen bei Dönitz immer wieder um ein Amt bemüht hatte, der Boden unter den Füßen zu heiß; er entschwindet aus dem Blickfeld und taucht unter, wie er es seinen Leuten selbst empfohlen hatte. Auch dem ehemaligen Reichsminister der besetzten Ostgebiete, Alfred Rosenberg, erteilte Dönitz ausdrücklich Hausverbot. Doch Rosenberg bleibt in unmittelbarer Umgebung: völlig betrunken verstaucht er sich schwer das Bein und wird fortan im Mürwiker Lazarett behandelt. Wie überhaupt die Flucht in den Alkohol in diesen Tagen zur Normalität gerät; immer wieder trifft man schwer benebelte Gestalten in den Gängen an, immer wieder erscheinen Angetrunkene zu den Besprechungen.

Als am 6. Mai die Aufforderung General Eisenhowers zur bedingungslosen Übergabe eintrifft, gleichzeitig Generaladmiral Hans-Georg von Friedeburg aus dem Stab der Westalliierten vom bevorstehenden Zusammenbruch der deutschen Militäraktionen berichtet, scheint das Ende nahe. Generaloberst Jodl, ein entschiedener Gegner der Gesamtkapitulation, wird daraufhin zum Quartier der Amerikaner entsandt, nicht ohne zuvor von Dönitz noch einmal genau instruiert zu werden, nur eine Kapitulation den Westmächten gegenüber zu unterzeichnen. Man müsse Zeit gewinnen, möglichst viele Soldaten aus den Ostgebieten herauszubekommen. Doch bei Eisenhower ist nichts mehr zu verhandeln: Zur Diskussion steht einzig und allein die Gesamtkapitulation oder die Fortführung des Krieges, nichts anderes. Nach einigen Funksprüchen mit Dönitz bleibt Jodl angesichts der katastrophalen militärischen Lage keine andere Wahl.

Mit der Gesamtkapitulation, die Jodl in den Morgenstunden des 7. Mai in Reims unterzeichnet, gefolgt von der bedingungslosen Kapitulation aller Streitkräfte, von Generalfeldmarschall Wilhelm Keitel kurz nach Mitternacht am Morgen des 8. Mai in Berlin-Karlshorst ratifiziert, könnte die Regierung Dönitz nunmehr abtreten, um einem Neuanfang Raum zu geben. Doch nichts dergleichen geschieht. Tagtäglich treffen sich die Minister zu ihren Sitzungen in einem ehemaligen Klassenzimmer und gruppieren sich um einen viereckigen Tisch, um Pläne für ein nicht mehr existierendes Land zu schmieden; daneben ergehen täglich Erlasse von Dönitz' Schreibtisch. Wird einmal festgelegt, dass der Hitler-Gruß ab sofort wieder durch den althergebrachten militärischen Gruß ersetzt wird, erfolgt ein anderes Mal die Festlegung, Hitler-Bilder in allen Amtsstuben auch fernerhin zu belassen. Besonders intensiv gerät die Auseinandersetzung über Orden und Ehrenzeichen. Da die Soldaten auch weiterhin das Hakenkreuz, Sinnbild des untergegangenen Nationalsozialismus tragen sollen, so beruft man sich dabei auf eine Kriegsgefangenenvereinbarung aus dem Jahre 1929, die Uniform und Hoheitszeichen schützt. Kaum dass diese Verordnung ausgegraben wird, ergeht nur wenig später ein Funkspruch mit der Übermittlung eines Dönitz-Befehls an alle Dienststellen: Die Orden und Ehrenzeichen seien tunlichst nicht abzulegen. Mit wichtigen Mienen eilen Bedienstete durch die Korridore und versuchen ihre Daseinsberechtigung immer noch unter Beweis zu stellen. Da entstehen Expertisen und werden wieder verworfen. Mit tapferem Auf-der-Stelle-Treten versuchen die ehemaligen Machthaber den Anschein einer wichtigen, für die Neugestaltung Deutschlands notwendigen Institution zu vermitteln, doch die Alliierten lehnen ein Mitwirken am Wiederaufbau dankend ab, nur –: sie sprechen es noch nicht deutlich aus.

Nachdem am 6. Mai zunächst US-Truppen den Flensburger Flugplatz Schäferhaus besetzt haben, folgt der Einmarsch britischer Verbände in die Stadt zum 12. Mai; es heißt Abschiednehmen für die Regierungsmitglieder vom Schiff ›Patria‹. Soldaten des alliierten Oberkommandos, darunter 14 Amerikaner unter Generalmajor Lowell W. Rooks sowie 11 Engländer unter Brigadegeneral Foord, beziehen hier nunmehr ihr Quartier. Jetzt erhält die Regierung von hier aus die Weisungen der Besatzungstruppen; die eigene Regierungstätigkeit endet endgültig. Schon am 13. Mai hat Dönitz sich bei Rooks auf der ›Patria‹ einzufinden, wo er auf die wichtige Funktion der Regierung, eine zentralen Schaltstelle für die anstehende Organisation zur Überwindung von Hunger, Seuchen und drohendem Bolschewismus hinweist. Diplomatisch sich aus der Affäre ziehend, geht Rooks nicht direkt darauf ein, vielmehr verfolgt er eine Hinhalte- und Verschleierungstaktik. So verlässt Dönitz die ›Patria‹ mit dem Gefühl, auch weiterhin ein nützliches Rädchen im Werk zu sein, während die Alliierten mehr und mehr zu eigenen Militärregierungen tendieren. Doch noch benötigt man einzelne Mitglieder der Regierung und des Oberkommandos,wie Jodl erfahren muss: innerhalb von vier Stunden hat er Abschriften aller Befehle des Oberkommandos der Wehrmacht bei Rooks abzuliefern.

Noch krümmt sich das Würmchen; auch weiterhin werden von Mürwik aus fragwürdige Zeichen gesetzt. So erlässt Dönitz die Order, die Bilder des »Führers« – nein, immer noch nicht in allen – vielmehr nur in den Amtsstuben zu entfernen, in denen sich Personen der Besatzungsmächte aufhalten könnten. Als gar von Seiten der Alliierten der Befehl an die deutschen Truppen ergeht, fortan beim Marschieren das Singen zu unterlassen, folgt sogleich der Befehl, man solle ab sofort nur noch pfeifen. Auch gibt man sich immer noch der Illusion hin, Deutschland sei weiterhin ein politischer Faktor in Europa, und in nicht allzufernen Tagen könne man Russen wie Amerikaner gegeneinander ausspielen. Einzig Albert Speer beweist etwas Weitblick, hatte er doch schon am Tage der Gesamtkapitulation den Entwurf eines Entlassungschreibens eingereicht, da seiner Meinung nach mit der Kapitulation auch die Hoheitsrechte der Regierung aufhörten zu bestehen. Doch letztlich bleibt auch er dem Machtgefüge treu wie auch Dönitz. Beide sehen zwar mit Beendigung des Krieges ihren Dienst am Volk als geleistet an, warten aber auf einen geeigneten Zeitpunkt zu einem offiziellen Rücktritt. Nur der immerwährende Krosigk, schon Staatssekretär und somit an den Schalthebeln der Macht seit der Weimarer Republik, versteigt sich immer mehr zu dem Gedanken, die Alliierten bedürften auch weiterhin eines starken Restdeutschlands. Die Kontinuität und Souveränität des Reiches müsse unbedingt gewahrt bleiben, so die weit verbreitete Meinung. Und so warten sie denn, obwohl die wenigen neutralen Staaten, mit denen das einstige Deutsche Reich noch Kontakt gepflegt hatte, mit Bekanntwerden vom Ableben Hitlers ihre diplomatischen Beziehungen abbrachen, bis nach der

Kapitulation mit Spanien und Irland auch die letzten Staaten diesen Schritt vollzogen. Die Regierung ist unwiederbringlich bar jegliche Anerkennung.

Terror und Justiz

Während am 2. Mai hunderte von Häftlingen der Konzentrationslager Neuengamme und Sachsenhausen in der Fördestadt eintreffen, tauschen die sie bewachenden Mannschaften schon ihre SS-Uniform gegen einfache Zivilkleidung, erhalten unbedenkliche Wehrmachtspapiere ausgehändigt und zerstreuen sich in alle Himmelsrichtungen. Nur einen Tag später endet für 630 Überlebende von einstmals 1000 Insassen aus dem KZ Stutthof die Reise im Mürwiker Hafen; acht Tage waren sie mit dem Schiff unterwegs, in dem sie ihre Notdurft nicht auf zivilisierte Weise verrichten konnten, hockten sie doch krank, verschmutzt und voller Ungeziefer im Laderaum des Lastkahns ›Ruth‹. Am 4. Mai treffen weitere Leidensgefährten des KZ Neuengamme mit einem Sonderzug auf dem Güterbahnhof Flensburg-Weiche ein und werden zunächst sich selbst überlassen. Auch hier versucht das Wachpersonal nichts Eiligeres, als die eigene Haut zu retten und taucht als Zivilisten verkleidet unter. Viele Anlieger sind schockiert ob der kaum mehr menschlichen Schreie aus den Viehwaggons, einige wenige helfen schließlich den verdurstenden Häftlingen. Als schließlich der im Hafen liegende KdF-Dampfer ›Rheinfels‹ zur Unterbringung aller angekommenen Häftlinge auserkoren wird, dauert es nicht lange, so ist das Schiff mit 1600 ausgemergelten Gestalten belegt.

Selbigen Tags noch tritt an Bord des Zerstörers ›Paul Jacobi‹ ein Kriegsgericht zusammen, um ein Urteil gegen drei Matrosen zu fällen. Diese hatten durch Unbrauchbarmachung des Kompasses ein Auslaufen des Schiffes zu verhindern versucht. Schnell steht das Ergebnis fest: Tod wegen Sabotage. Dagegen macht sich andernorts Kapitänleutnant Asmus Jepsen seine Gedanken. Hat nicht mit der vor kurzem bekannt gegebenen Teilkapitulation der Wehrmacht in Nordwestdeutschland der Krieg ein Ende? Herrscht jetzt nicht Friede? Er entlässt seine Soldaten, übergibt ihnen ihre Papiere, um selbst seine Familie aufzusuchen; für ihn hat der Dienst sein Ende gefunden. Doch die Bekanntgabe von Kapitulation und Waffenruhe bedeutete mitnichten das Ende der Dienstpflicht, wie Jepsen es sich fälschlicherweise ausgedeutet hatte. Seine Verhaftung erfolgt am Morgen des 5. Mai. Eilig formiert sich ein Standgericht und erklärt dem Kapitänleutnant wegen Fahnenflucht sein Todesurteil.

Während noch das Standgericht über Jepsen berät, dröhnen schon die Todesschüsse gegen die drei Matrosen der ›Paul Jacobi‹ vom Schießplatz der Marine herüber; peinlich genau hält das Protokoll den Vorgang fest, wie die Fesseln angelegt, wie die Augen verbunden werden. Minutiös wird protokolliert, wie das ausgesprochene Kommando »Gewehr über« erfolgt, bis schließlich um 10 Uhr 29 unter dem Feuerbefehl die Verurteilten sofort sterben und sicherheitshalber jeder noch zwei Gnadenschüsse erhält. Einen Tag später, am Abend des 6. Mai, steht auch Asmus Jepsen auf dem Marineschießplatz dem Vollzugskommando gegenüber und wird als Deserteur erschossen. Doch selbst nach der Gesamtkapitulation hat dieser Spuk noch kein Ende. Am 10. Mai, Himmelfahrt, verhängt erneut ein Kriegsgericht wegen Untergrabung der Manneszucht ein Todesurteil: Heizer Johannes Süß hatte das Anheizen des Kessels verweigert, wollte nur noch nach Hause. Folgenden Tags erfolgt die Exekution.

Besser ergeht es einigen Männern der Besatzung des Minenräumboots R 414, die, nach der verkündeten Teilkapitulation vom Kriegsende träumend, am 7. Mai vor Kopenhagen liegend, die Flagge eingeholt hatten. Die Illusion währt nicht lange, ergeht doch der Befehl, wieder nach Hela auszulaufen. Der daraufhin unternommene Versuch zweier Männer, die beiden auf dem Schiff befehlshabenden Stabsoffiziere in ihre Gewalt zu bekommen und so durch Meuterei das Vorhaben zu behindern, dieser Versuch schlägt fehl. Ein Standgericht wird einberufen, doch der Umsicht eines Teilnehmers am Gerichtsverfahren verdanken beide Meuterer ihr Leben. Hatte der doch herausgefunden, dass ein entsprechendes Verfahren nur durchzuführen sei, wenn kein Gerichtsherr erreichbar wäre. Da im vorliegenden Falle aber in unmittelbarer Nähe, in Kopenhagen, ein deutsches Kriegsgericht besteht, war ein Standgericht an Bord geradezu unzulässig. Nach der Gesamtkapitulation im Flensburger Hafen eingetroffen, versuchen die deutschen Behörden den Fall wieder aufzunehmen, da entsprechend dem Dönitz-Befehl die deutsche Marine bis zuletzt »sauber« bleiben muss. Doch den »Meuterern« gelingt es rechtzeitig, Schutz bei den Briten zu finden.

Die Stunde Null

Es ist der letzte Sender in deutscher Hand, der am 3. Mai 1945 um 19 Uhr 30 auf Sendung geht und so, wenn auch mit geringer Reichweite, unter dem Namen »Reichssender Flensburg« der selbsternannten Regierung als Sprachrohr dient. Die Einrichtung auf dem Gelände der Flensburger Reichspost ist dabei zwar provisorisch aber doch professionell; während ein der Nachrichtenverbreitung und dem Plattschall der Musik dienender Übertragungswagen aus den Beständen der Marine im Hof verkabelt wird, richten Techniker im Gebäude, im Erfrischungsraum für weibliche Angestellte, ein der besseren Akustik wegen mit Wehrmachtsdecken verhängtes Behelfsstudio her; von hier sollen die offiziellen Verlautbarungen der Regierung erfolgen, sollen Minister ihre Reden und Ansprachen an das doch kaum mehr den eigenen Sendungen trauende Volk richten. Einmal ganz davon abgesehen: Wie viele sind überhaupt noch in der Lage, die Sendungen, angesichts von Flucht, Ausbombung und Stromsperren, zu empfangen? Als einer der Ersten wendet sich selbigen Abends noch Wirtschaftsminister Albert Speer an die »deutschen Volksgenossen«, derweil draußen in der Stadt die Alarmsirenen mit ihrem durchdringenden Ton von Bombenalarm künden.

Zunächst ist der Sender noch im gesamten Nordabschnitt

zu hören, doch nach Abschalten der Übertragung in Kopenhagen verstummen schließlich die Signale des Funkturms im norwegischen Oslo am 5. Mai; einzig der norddeutsche Bereich vermag aus eigener Kraft noch mit geringerer Sendeleistung die Antennen der Haushalte zu erreichen. Auch an einen kontinuierlichen Sendebetrieb ist aufgrund immer wieder auftretender Stromausfällen nicht zu denken. Unregelmäßig, von nur wenigen vernommen, verlesen jeweils im Wechsel die beiden Sprecher, ein Obergefreite der Marine und der Panzerspähfunker Klaus Kahlenberg, die offiziellen Verlautbarungen, die Wehrmachtsberichte und Befehle des Oberkommandos der Wehrmacht an die einzelnen Verbände, sie legen Schallplatten auf, nachdem sich die Minister an ein Volk gewandt haben, das längst schon eher den Sendungen der britischen BBC lauscht.

Nachdem am 7. Mai Außenminister Lutz Graf Schwerin von Krosigk in seiner Rede vom Ende des Krieges kündet, Großadmiral und »Reichspräsident« Dönitz einen Tag später um 12 Uhr 30 über die Funkwellen die bedingungslose Kapitulation erklärt, erhält am 9. Mai der diensttuende Sprecher Klaus Kahlenberg von seinem Nachrichtenoffizier einen letzten zu verlesenden Wehrmachtsbericht. Als das Pausenzeichen verklingt, beginnt Kahlenberg um 20 Uhr 03 ersichtlich bewegt und ganz noch im Tonfall des untergegangenen Reiches mit seiner Radioansprache. Viel ist die Rede von tapfer verteidigenden Divisionen, Bollwerken gegen die doch überlegenen sowjetischen Verbände, von unvergänglichem Ruhm, bewahrter Waffenehre, auch fallen die Worte vom heldenhaften Ringen, um dann schlussendlich in die einzig sinnvollen Sätze überzuleiten: »Seit Mitternacht schweigen an allen Fronten die Waffen. Auf Befehl des Großadmirals hat die Wehrmacht den aussichtslos gewordenen Kampf eingestellt.« Alles was folgt – und gedankenschwer, die geschilderte Situation in all ihrer Sinn- und Echolosigkeit betonend, die daraus folgende Konsequenz nicht besser unterstreichend – ist eine drei Minuten währende bleiern lastende Funkstille, drei Minuten des Gedenkens an ein abgewirtschaftetes, letztlich an der eigenen

Großmannssucht ersticktes Reich. Nichts vermag so treffend die berühmte »Stunde Null« zu symbolisieren, wie diese drei Minuten der Stille.

Zwar lag von Seiten der Alliierten eine Verordnung vor, die den Deutschen jegliche publizistische Tätigkeit strikt untersagt, darin eingeschlossen auch der Betrieb von Rundfunksendern. Aber selbst als ab dem 10. Mai die Briten die technischen Anlagen offiziell in Beschlag nehmen, ändert sich in den folgenden Tagen nicht das Geringste. Der Sender Flensburg strahlt auch weiterhin immer wieder – geduldete und nach Vorlegen der Sendemanuskripte – einzelne Ansprachen und Verlautbarungen aus. Bis zuletzt wird der pathetische Tonfall des untergegangenen Reichs beibehalten. Vielleicht herrscht Unsicherheit darüber, ob mit anderen Betonungen, Formulierungen einer neuen Zeit, die deutschen Zuhörer überfordern wären. Vielleicht gelingt es schlichtweg auch nicht, da man selbst zu sehr im hergebrachten Denken verwurzelt ist.

Als Dönitz, unbedarft und zudem unautorisiert, ohne genehmigtes Manuskript, seine einsame Sichtweise, eines mit den Westalliierten gemeinsam zu führenden Kampfes gegen den Kommunismus, zum Besten gibt, in einer anderen ebenfalls nicht genehmigten Rede gar Generalfeldmarschall Ernst Busch suggeriert, er habe im Einvernehmen und Auftrag Feldmarschall Montgomerys das Kommando über die 2,5 Millionen Soldaten Nordwestdeutschlands und die entsprechenden zivilen Dienststellen übernommen, da ist das Maß endgültig eingeschenkt und voll. Besonders auf Seiten der Russen wird lebhaft die Frage gestellt, ob die eigentlich doch besiegte deutsche Wehrmacht weiterhin einen Oberbefehlshaber besitze, ob man gerade dabei sei, neuerlich dem Militarismus, anstatt ihn auszutreiben, Vorschub zu leisten.

Noch am 13. Mai betritt um 10 Uhr 45 ein Trupp britischer Soldaten das Gelände der Reichspost, um die Entscheidung aus General Eisenhowers Hauptquartier zu übermitteln und flugs in die Tat umzusetzen: mit sofortiger Wirkung ergeht die Weisung an den Betriebsleiter, den Sendebetrieb einzustellen. Es wird der Sendequarz ausgebaut und die Stromzufuhr verplombt. Das Deutsche Reich schweigt fortan, hat nun endgültig nichts mehr zu sagen, ist nun ganz dahin. Ganz? Nein, noch immer krümmt sich ein schon Todgeweihter und beansprucht ein Gewisses an Leben, das ihm eigentlich nicht mehr zusteht.

Das Spiel ist aus

Ihrer Bewegungsfreiheit auch nach dem 12. Mai, dem Einmarsch der britischen Verbände, nicht beraubt, bewegen sich die Regierungsmitglieder weiterhin auf dem nicht besetzten, von keiner Demarkationslinie gekennzeichneten Kasernengelände in Mürwik. Bis zum 22. Mai noch hält die »Geschäftsführende Reichsregierung« ihre täglichen Kabinettssitzungen ab, fuchtelt, vermeintliche Fäden in der Hand haltend, in der Luft herum, getreu der Devise, die Kontrollkommission mit Vorschlägen, Denkschriften, Memoranden einzudecken. Oder glaubt man wirklich noch an seine Mission? Viel Qualm, viel Nebelwerk, ganz im Sinne einer sich absetzenden Truppe, entsteht; ein wahres Sammelsurium von Anliegen ergießt sich in diesen Tagen über die Alliierten. Zeitweilig entsteht der Eindruck, man hielte die Besatzungsmächte für Vertreter eines vorindustriellen Zeitalters, wenn darüber philosophiert wird, dass und wie Stickstoff für die Landwirtschaft von Nutzen sei, ja, dass durchaus Traktoren Pferde ersetzen könnten. Auch erfolgt der Vorstoß, die Rückführung der ehemaligen Kriegsgefangenen zu beschleunigen, um, wie es heißt, eine erhebliche Entlastung der Ernährungslage in Deutschland zu erreichen. Auch hinsichtlich »möglicher« Gräueltaten, die in Konzentrationslagern oder bei Festnahmen »eventuell« vorgekommen seien, ergeht eine Anordnung Dönitz' an das Reichsgericht, die Untersuchung und Aburteilung der Verantwortlichen vorzunehmen. Doch wo existiert noch ein Reichsgericht? Besonders intensiv wird an einem von Dönitz in Auftrag gegebenen Memorandum gearbeitet, das sich mit der zukünftigen Orientierung Deutschlands beschäftigt und gemeinsame Wege mit den Westalliierten oder eine Hinwendung zu Russland aufzeigen soll. Noch ist die Regierung und die Militärführung von sich eingenommen, meint unangreifbar zu sein, sei doch ihr Verhalten unter dem Hitlerregime angeblich einzig und allein immer vom guten Willen diktiert gewesen. Und das hätten doch bitteschön auch die Besatzungsmächte zu honorieren. Hin und wieder finden auch Treffen einzelner Minister mit wechselnden Gesprächspartnern seitens der Alliierten statt. Doch diese haben sich nach der Phase des Findens und Sichtens längst schon orientiert. Das Alte muss beseitigt werden; zu einem völligen Neubeginn sind die alten Machtstrukturen und deren Inhaber nicht länger als vertrauenswürdig zu erachten.

Das schöne Wetter des Pfingstfestes mit sommerlichen Temperaturen hatte in diesem Jahr angesichts der verzweifelten Lage bei kaum einem Bevölkerungsteil festliche Gefühle aufkommen lassen. Der von der Mangelwirtschaft diktierte Verzicht auf den gewohnten Kaffee und Kuchen war dabei von kleinerem Übel. Am Dienstagnachmittag nach Pfingsten erhalten Dönitz, Jodl und Friedeburg den Befehl, am folgenden Vormittag an Bord der ›Patria‹ vor der residierenden alliierten Kontrollkommissionzu erscheinen. Und während die drei sich also pflichtbewusst am 23. bei herrlichem Sonnenschein auf den Weg zur ›Patria‹ begeben, beginnt hinter ihrem Rükken hektische Betriebsamkeit; hatten gerade alliierte Einheiten mit zwei Infanteriebataillons die Mürwiker Marineanlagen von außen abgeriegelt, so dringen Soldaten der 2. britischen Panzerdivision in die vom Oberkommando der Wehrmacht und der Regierung beanspruchten Gebäude ein. Eine Tür nach der anderen wird aufgerissen. Immer wieder erschallt der Ruf »Raus! Hände hoch!« durch Räume und Korridore. Auch die für 10 Uhr vom »Leitenden Reichsminister« Lutz Graf Schwerin von Krosigk einberufene Kabinettsrunde bleibt davon nicht verschont. Gerade soll die Besprechung beginnen, da endet sie auch schon abrupt, als schwer bewaffnete Soldaten in das Zimmer eindringen. Die Anwesenden müssen sich ihrer Kleidung entledigen und werden nach Waffen, Geheimpapieren oder Giftkapseln durchsucht. Doch nicht nur hier erfolgt dieser als entwürdigend empfundene Akt. In allen Räumen wiederholt sich diese Prozedur, bei allen der hier in den Gebäuden angetroffenen Militärs wie Zivilisten, Frauen wie Männern. Einzig dem stellvertretenden Chef des Wehrmachtsführungsstabes gelingt es, die Hose anzubehalten; selbst mehreren Soldaten gelingt es nicht, ihn von den Stiefeln zu befreien. Zum krönenden Abschluss der Militäraktion müssen die im Gänsemarsch auf den Hof geführten Gefangenen schlussendlich mit erhobenen Händen eine Reihe bilden und sich präsentieren. Ihnen gegenüber beziehen mehrere Dutzend Reporter Stellung; einige fotografieren, andere bemühen ihren Skizzenblock und zeichnen. Einige filmen gar, um dieses Ereignis der Nachwelt und ihnen zum eigenen Ruhm festzuhalten. Dann entsteht Unruhe unter den Vertretern der Presse; immer wieder nötigt eine Person zum genauen Betrachten, immer mehr Fotoreporter drängen heran und bannen das Bild eines Mannes aufs Zelluloid, sich die Frage stellend: ist er es, hat man den größten Verbrecher, den die Welt gesehen hatte, hier in Flensburg dingfest gemacht? War der mit Trommelwirbel in die Welt posaunte Abgang Hitlers in Berlin nur ein Versteckspiel? Vor ihnen steht ein kleiner, leicht gebeugter blasshäutiger Mann; die Gestalt, Kopfform, Oberlippenbärtchen, ja auch wie er das Haar trägt, gleichen dem Bild Hitlers wie ein Ei dem anderen. Zur Rede gestellt, ist die Enttäuschung allerdings groß, handelt es sich doch um den ehemaligen Postbeamten und späteren Reichskanzleiboten Wilhelm Holzkamm. Schon in Berlin, wenn er sich in der Kanzlei am Fenster gezeigt hatte, erhoben die Menschen angesichts des vermeintlichen »Führers« den Arm zum Gruß. Nun, mit der Sensation war es also nichts. Ganze 45 Minuten gehen schließlich dahin, bis diese »Große Show« ein Ende hat und die Gefangenen abgeführt werden.

Zeitgleich an einem anderen Ort: Es ist noch nicht ganz 10 Uhr, als Dönitz, Jodl und Friedeburg das Fallreep des Schiffes am Fördeufer betreten. Doch etwas ist diesmal anders, als all die anderen Tage, in denen sie hier ein- und ausgingen. Kein Posten präsentiert diesmal das Gewehr, kein Offizier kommt ihnen zum Empfang entgegen. Neu war auch die große Anzahl von Vertretern der Presse, die, vom alliierten Hauptquartier teilweise sogar aus Paris herbeordert, sich um die ›Patria‹ gesammelt hatten. Die drei werden in die Schiffsmesse geführt, wo ihnen Generalmajor Lowell Rooks, Leiter der Alliierten Kontrollkommission, im Beisein von Brigadier Foord, Generalmajor Truskow nebst Dolmetschern kurz und bündig, ohne jegliche Emotion eine Erklärung vorliest: mit der soeben vollzogenen Festsetzung des Oberkommandos der Wehrmacht erfolge auch die Auflösung der Regierung Dönitz. Alle Mitglieder seien mit sofortiger Wirkung als Kriegsgefangene zu betrachten und werden festgenommen. Schon am Nachmittag würde die Überstellung in ein Gefangenenlager im Ausland erfolgen.

Ein letztes Mal noch versucht die »Reichsregierung«, in Person von Karl Dönitz, mit den Alliierten zu verhandeln. Weder bestimmt das in Trümmern zurückgelassene Deutschland das Gespräch, weder geht es um Flüchtlingsschicksal, noch um die Soldaten. Lächerlich in Anbetracht der Situation, die ganze Bedeutungslosigkeit der »Geschäftsführenden Regierung« manifestierend, wird um die Frage gerungen, wie viel Gepäck jeder mitnehmen darf. Endlich dieser banalen Diskussion überdrüssig, ergeht die Weisung, jeder dürfe einzig einen Koffer packen. Das gilt selbstverständlich auch für Dönitz, der doch zuvor ausdrücklich auf auf deren zwölf bestanden hatte.

Auf Rooks Frage an Dönitz, ob er noch etwas zu sagen habe, erwidert der gewesene »Reichspräsident«: »Jede Antwort erübrigt sich«. Die drei stehen schließlich auf, verlassen das Schiff und werden jeder von einem alliierten Offizier in ihre Unterkünfte geleitet. Generaladmiral Friedeburg denkt sich seinen Teil, er will nicht in die Hände der Sieger fallen. Seinen Abgang von der Bühne vorbereitend hatte er schon am Morgen, vor dem Gang aufs Schiff, alle seine Ehrenzeichen und Orden angelegt. Jetzt nimmt er den Weg in einen Waschraum und setzt seinem Leben mit einer unentdeckt gebliebenen Giftkapsel ein Ende. – Keine Schlagzeile einer Zeitung vermag eindrucksvoller und wahrer über das vorausgegangene Flensburger Schauspiel zu berichten, wie die ›New York Times‹, auf deren ersten Seite zu lesen ist: »Das Dritte Reich starb heute«.

Mit Datum vom 5. Juni 1945 übernehmen schließlich die Alliierten vollständig die Regierungsgewalt; nicht lange mehr wird das Alte einem Neuanfang im Wege stehen.

Eroberung einer Insel.
Die »Befreiung« Helgolands, 20. Dezember 1950

Eine Idee wird geboren

Das Geschick Helgolands, dieser sturmerprobten Insel vor der schleswig-holsteinischen Küste – manche Flachlandbewohner haben gar den Begriff »Hochseeinsel« parat –, entscheidet sich fernab allen Küstennebels in einer reizenden Gegend des Neckartals. Es ist der 8. Dezember 1950. Im Hauptgebäude der Heidelberger Universität diskutiert der Allgemeine Studentenausschuss, kurz AStA genannt, kontrovers über das die ganze Nation berührende und gleichsam heftige Reaktionen hervorrufende Thema der umstrittenen Wiederbewaffnung. Der verlorene Krieg und der unrühmliche Weg dorthin sind noch frisch in den Köpfen der Menschen verankert. Des Soldatspielens eigentlich doch zu Recht müde, kommt Kanzler Adenauer daher, die junge deutsche Bundesrepublik an die Westmächte zu binden; der Beitritt zum nordatlantischen Verteidigungsbündnis NATO als Gegengewicht zu den starken russischen Verbänden in Ostdeutschland ist für ihn eine klare Sache; klar ist dann auch der folgende Schritt: der Aufbau einer eigenen Armee.

Zwei Studenten finden sich in dem allgemeinen Meinungsgebrodel, dem Für und Wider der Wortmeldungen und teilweise hitzig sich anschließenden Argumenten. Sie fangen an miteinander zu diskutieren und vergessen schnell das allgemeine Palaver um sich herum. Zwei haben sich gefunden: der Soziologiestudent Georg von Hatzfeld und René Leudesdorff, Student der Theologie. Schnell wird beiden klar: nicht mit Reden ist etwas zu bewegen, auch nicht durch Aufgabe wirtschaftlicher und militärischer Souveränität kann ein Zeichen für ein neues, friedliches Deutschland gesetzt werden, nur über eine europäische Integration wird es Deutschland gelingen, wieder in die Reihe der geachteten Nationen zurückzufinden. Und hier steht es besonders der Jugend gut zu Gesicht, sich zu engagieren, ein positives Zeichen zu setzen; ein von Studenten niedergerissener Schlagbaum an Frankreichs Grenzen, in den Medien hier und da beachtet, mag die Zielrichtung aufzeigen, doch es bedarf größerer Symbole, um die Welt aufhorchen zu lassen, ja, ihr zu zeigen, Deutschland verstehe es auch, auf friedlichem Wege für seine Interessen einzutreten, ganz ohne Armee. Er hätte da eine Idee; gleichsam beiläufig ohne große Aufgeregtheit lässt Hatzfeld die Katze aus dem Sack. So selbstverständlich entschlüpft der Satz seinen Lippen, jeglichen Widerspruch von vornherein ob der Logik oder der Verrücktheit verstummen lassend. Helgoland, die seit Jahren von Briten und Amerikanern als Zielabwurfgebiet von Bomben schwer verwundete Insel, müsste besetzt werden. Friedlich sich gegen die blanke Gewalt der Zerstörung zu behaupten, vielleicht die Insel für ehemalige, aufs Festland evakuierte Bewohner zurückzugewinnen, wäre das große für alle Welt sichtbar zu setzende Zeichen. Der Zeitpunkt wäre nicht besser gewählt als eben jetzt; die anstehenden Weihnachtstage, wo Politiker sich im Urlaub befinden, andererseits Redakteure in dieser Sauregurkenzeit verzweifelt den richtigen Aufmacher suchen, brächte es mit hoher Wahrscheinlichkeit mit sich, die richtigen Schlagzeilen in den Medien zu erhalten. Erste Kontakte zur Zeitungszunft seien auch schon aufgenommen, verkündet er.

Beide Studenten sind sich schnell einig. Diese Idee, dieser symbolische Akt müsste in die Tat umgesetzt werden; wenn sie auch kein Geld zur Ausführung des Großen Ganzen ihr Eigen nennen, besitzen sie doch etwas viel Kostbareres: ein von ihrer Idee durchdrungenes, erfülltes Herz, Begeisterung und Sendungsbewusstsein. Und genau diese inneren Werte haben schon manch ein aussichtslos erscheinendes Unternehmen geleitet, begleitet und in dieser Mischung Entbehrungen klaglos ertragen lassen und schließlich zum Ziel geführt.

Auf unterschiedlichen Wegen trampend, finden sich beide in der großen Stadt an der Elbe ein, wenn auch nicht wissend, wie und wovon die Unterkunft zu bezahlen sei. Aber hier in Hamburg, müsse es doch, ihrer Meinung nach, auch Menschen geben, die, angesteckt von ihrer Idee, von der Aussicht auf den sicheren Erfolg, sich an dem Unternehmen beteiligen mögen. Es kommt zunächst anders. Von dem einen zum anderen komplimentiert, folgt Absage auf Absage: ein Bankdirektor kann nicht, Verleger Rowohlt will nicht, Müller-Marein, Chef vom Dienst bei der ›Zeit‹ und späterer Chefredakteur, skeptisch, spöttisch zuhörend, vertröstet immerhin auf die folgenden Tage; er will sich mal umhören. Ein Apotheker immerhin spendet 50 Mark und stellt Medikamente bereit. Ein Anfang ist gemacht. Der anschließende Besuch bei einzelnen Mitglieder des Hamburger Senats ist wieder erfolglos; ein Baurat gibt immerhin einige Tipps zur anstehenden Seefahrt zum Besten. Doch bei welchem Politiker sie auch anfragen, sie gehen, ohne dass ihnen Unterstützung zugesagt wird. Das einzige greifbare Ergebnis, das sie in Händen halten, sind zwei eingerollte Tücher, eine überreichte Europaflagge sowie die Deutschlandfahne.

In einem Fiasko gar endet der Besuch Georg von Hatzfelds bei Landrat Schinkel in Pinneberg. Kühl bis ablehnend verläuft der Empfang, obwohl der sich doch bisher immer für die Belange der 1945 evakuierten und nun entlang der Küste verstreut wohnenden und auf ihre Rückkehr hoffenden ehemaligen Inselbewohner eingesetzt hat. Ja, er warnt sogar vor einer friedlichen Invasion, die die Verhandlungen, die in Zunkft einmal um die Insel zu führen seien, nur stören, wenn nicht gar unmöglich machen würden. Spricht's und hinterlässt bei Hatzfeld erste Zweifel an der Durchführbarkeit ihres Ansinnens. Doch ganz ohne Ergebnis bleibt dieser Ausflug in die Gefilde der Politik allerdings nicht. Der dem Gespräch beiwohnende Leiter eines vom Landrat initiierten »Helgoland-Büros« – Schinkel hat also doch seine Verdienste um die Insel – kann dem Studenten, wenn auch hinter vorgehaltener Hand, einen Tipp geben: In Cuxhaven, bei seinem Bruder, im Schiffsausrüster-Geschäft der Familie Rickmers könnte ihnen wohl weitergeholfen werden. Die Besorgung eines Kutters nebst entsprechender Ausrüstung sollte dort kein Problem sein; er werde beide ankündigen.

Ein wichtiger Schritt scheint getan, nur, woher das notwendige Kapital nehmen? Noch einmal finden sich Leudesdorff und Hatzfeld beim Redakteur der ›Zeit‹ ein. Trotz anfänglicher Skepsis war der nicht untätig geblieben, wenn auch wieder einmal eine Absage zu referieren sei: Henry Nannen vom ›Stern‹ hält das Unternehmen für reine Spinnerei; gerade jetzt im Winter in einem Kutter über die stürmische See zu fahren, scheint Nannen nahezu unmöglich zu sein. Dies auf den Untergang beider abzielende Unterfangen könne von seinem Magazin nicht unterstützt werden. Dann folgt die Überraschung: Müller-Marein spendiert immerhin aus seinem eigenen Portemonnaie die runde Summe von 250 Mark, erwartet dafür nach Rückkehr von der Insel allerdings für sein Blatt einen ausführlichen Bericht. Sollte aus dem Unternehmen nichts werden, so hätte er halt mit den sprichwörtlichen Zitronen gehandelt. Doch der Grundstock ist da. Jetzt heißt es den Sack zuzuschnüren und auch die Tagespresse zu gewinnen. Noch am selben Tag in den Räumen der ›Norddeutschen Redaktion‹ sichern sich die beiden Journalisten Gerd Kistenmacher und Georg Würz für die Frankfurter ›Abendpost‹, einem der damals größten überregionalen Tagesblätter, die Exklusivrechte der Berichterstattung über die ersten 24 Stunden auf Helgoland. Als Berichterstatter und Fotografen müssen sie selbstverständlich mit von der Partie sein. 150 Mark werden vorab als Honorar bewilligt. Alle Spenden der letzten Tage betrachtet, konnten immerhin 460 Mark zusammen getragen werden. Ist dafür eine Insel zu bekommen?

Die Überfahrt

In Cuxhaven angelangt, läuft alles glatt: Schiff und Mannschaft lassen sich ohne Probleme dank der Vorankündigung durch den Leiter des Pinneberger »Helgoland-Büros« bei seinem Bruder Hans Carl Rickmers auftreiben. Dieser kümmert sich auch umsichtig um die Besorgung der notwendigen Dinge des täglichen Bedarfs, die diese Expedition ins Ungewisse unweigerlich benötigen würde. Und als schlussendlich alle Dinge beisammen sind, auch im nächtlichen Dunkel am Zoll vorbei auf das Schiff geschafft werden konnten, steht dem Aufbruch nach Mitternacht eigentlich nichts mehr im Wege. Der Zeitpunkt ist mit Bedacht gewählt. Wenn die beiden angehenden Demonstranten mit ihren Journalisten am nächsten Morgen das Eiland in Besitz nehmen werden, so würde auf dem Festland die ›Abendpost‹ in ihrer Ausgabe in großen Lettern schon von dem Handstreich künden. Kistenmacher und Würz hatten vor ihrer Abreise aus Hamburg ihren Artikel abgeliefert. Als die Journalisten endlich um drei Uhr eintreffen, – die Rotationspressen laufen inzwischen auf Hochtouren, ein Zurück gibt es nicht mehr – steht der Aufbruch kurz bevor. Kapitän Schulz und seine beiden Matrosen machen das Boot klar, doch der Motor gibt nur ein Rülpsen von sich; weitere Startversuche lassen immer schwachbrüstigere Töne erklingen. Schließlich eröffnet der Kapitän, nach einem Ausflug vom Maschinenraum zurück, den in bänglicher Erwartung harrenden Gästen, dass es an notwendiger Pressluft zum Starten des Motors mangele. Und eine neue Pressluftflasche erhalte man erst am nächsten Morgen. Sie müssten sich halt gedulden, lautet lapidar die Aussage des Kapitäns. So um 10 Uhr könne es wohl endgültig losgehen. Bei Leudesdorff und Hatzfeld macht sich Unwohlsein breit. Die Morgenausgabe der ›Abendpost‹ würde ihren »Handstreich« verkünden, während sie noch in Cuxhaven zum Nichtstun verdammt wären. Würde ein unbemerktes Landen auf Helgoland dann noch möglich, würden die Briten nicht schon aufgeschreckt sein? Vielleicht liefen schon am Tage die ersten Schiffe zur Insel aus, sie zurückzuholen? Was wäre das für eine Blamage!

Es ist der 20. Dezember, als um 10 Uhr die ›Paula‹ endlich die Leinen löst, unbehelligt den Hafen verlässt, leicht schwankend in die Elbmündung dampft und Fahrt in Richtung Helgoland aufnimmt. In vier Stunden, meint Kapitän Schulz, müssten sie es geschafft haben, doch die vom vorherrschenden Nordwestwind, in Böen bis Stärke 7, aufgewühlte See bietet immer auch eine gewisse Unsicherheit. An Neuwerk vorbei, Scharhörn links liegen lassend, nimmt das Schiff seinen Weg durch die kabbelige See. Feuerschiff Elbe III ist schon lange den Blicken entschwunden, als plötzlich auf Höhe von Elbe II der Motor streikt. Beide Studenten, beide Journalisten, längst schon durch die unruhige See mehr damit beschäftigt, den Magen zu entleeren, als sich großartige Gedanken zu machen, nehmen das Schicksal als gottgewollt hin. Anscheinend soll der Besuch der Insel ihnen nicht vergönnt sein. Annähernd eine Stunde, angefüllt mit Hoffen und Bangen, braucht der Maschinist, als endlich das vernehmliche Motorengeräusch die Weiterfahrt ankündigt. Wieder ist kostbare Zeit vertan, auch ist das Schiff durch den Sturm etwas abgetrieben; wieder ist den Engländern Zeit in die Hände gespielt worden. Die Minuten und Stunden rinnen dahin. Nebel- und Regendunst lassen die Blicke am Horizont ins Leere gleiten. Wo das Wasser aufhört, wo der Himmel beginnt, ist nicht klar auszumachen. Dann entreisst ein Ausruf des Schiffsführers, einmal nach vorne zu schauen, die Gäste ihren trüben Gedanken. Erst schemenhaft, dann immer deutlicher taucht vor ihnen ein großer, im Wechselspiel der Farben bald ins Braune, bald ins Gelbliche, bald ins Blutrote übergehender Fleischerklotz auf, eine ihre Tatzen ins Wasser klammernde Sphinx. Je näher sie kommen, bietet sich ihnen allerdings ein Bild der Vergänglichkeit dar: einzig der stehen gebliebene Flakturm kündet vom ehemaligen Leben auf der Insel; die einstmals kleinen, beschränkten Wohnungen der Insulaner sind unwiederbringlich dahin.

Die ›Paula‹ beschreibt einen weiten Bogen, um die aufgewühlte See vor der Hafenöffnung zu umfahren, dieses mit seinen gefährlichen Grundseen bekannte »Helgoländer Loch«. Das Schiff arbeitet dann gegen den Wind an und steuert auf den Pier zu. Doch als sie näher kommen, macht sich Entsetzen breit; fast allen kommt das Wort gleichzeitig über die Lippen gekrochen: ein Schiff. Trocken bemerkt Kapitän Schulz, es handele sich um die ›Royal Eileen‹, das britische Küstenkontrollschiff, das dort am Pier liegt. Obwohl seit dem verspäteten Aufbruch von Cuxhaven immer wieder mit einem Scheitern rechnend, hatten Leudesdorff und Hatzfeld doch irgendwie auch an den Erfolg geglaubt, hatten sich beide daran geklammert. Zwischen diesen beiden Polen war ihre Gemütslage während der Stunden auf dem Boot, während der elendig erduldeten Seekrankheit hin und her geschwankt. Jetzt schienen die Würfel endgültig zu ihren Ungunsten gefallen zu sein. War die Hoffnung, war all die Anstrengung der letzten Tage umsonst und im Vornherein zum Scheitern verurteilt gewesen? Sie geben sich jetzt keiner Illusion mehr hin; das Ende des Ausflugs scheint unmittelbar bevorzustehen.

»Big Bang«

Als 1826 auf private Initiative das Seebad in Form einer Aktiengesellschaft gegründete wurde, fanden in der ersten Saison ganze 100 Gäste den weiten halbtägigen Weg auf schaukelnden Kähnen zur Insel. Doch nur wenige Jahre sollten ins Land gehen und Helgoland, die britische Kolonie vor der Küste Schleswig-Holsteins, wandelte sich zu einem beliebten Ausflugsziel. Heinrich Heine rühmte die Insel – bezeichnend sein Ausspruch, das Meer rieche wie Kuchen –, und Ludolf Wienbarg, Querdenker des »Jungen Deutschland« gar wählte sie zeitweilig zu seinem Exil. Auch der seines Amtes enthobene liberale Kämpfer für ein neues Deutschland, Hoffmann von Fallersleben, immer wieder von dem einen und anderen deutschen Fürsten des Landes verwiesen, nahm auf der Insel notgedrungen Kost und Logis in Anspruch. Und in Anbetracht seines sehnsuchtsvollen Heimatwunsches, schuf er während eines Aufenthaltes zu einer Melodie von Haydn eine regelrechte Hymne, deren Bedeutung noch gar nicht abzusehen war: Am 26. August 1841 erblickte auf dem »Malta der Nordsee« das »Lied der Deutschen« das Licht der Welt, unsere Nationalhymne ab 1922.

Die beschaulichen Zeiten eines Badeortes änderten sich 1890. Das Deutsche Reich, auf der Suche nach einem Hochseestützpunkt für eine Kriegsflotte – der Kaiser und seine Vasallen versuchten sich einmal mehr in großen Gesten – »verzichtete« endgültig auf immer wieder psalmodiert vorgetragene Ansprüche hinsichtlich des Sultanats Sansibar und anderer selbsterklärter »Rechte« auf Kolonien in Ostafrika. Die Großmacht zu Land und zu Wasser, das britische Empire, nahm es wohlwollend zur Kenntnis, und Kaiser Wilhelm II., Neffe Queen Victorias, erhielt sein Spielzeug: die britische Kolonie Helgoland ging an das Deutsche Reich. »Knopf gegen Hose« nannten die kaiserlichen Untertanen diesen »Tausch«. Fortan waren nicht nur Touristen die Besucher; Marineangehörige und Bautrupps prägten in den folgenden Jahren zunehmend das Bild der ins Korsett eines Kriegsflottenstützpunkts gepressten Insel.

Der Ruhe vor den Militärs nach dem I. Weltkrieg – zwischenzeitlich hatten zwei größere Schlachten auf den Wassern um Helgoland auch nur zum Schüren von Ängsten bei den Briten beigetragen –, dieser Ruhe war leider keine Dauer beschieden. Die Wiederaufrüstung im »Tausendjährigen Reich« ließ die gemäß Versailler Vertrag demontierten Anlagen des Kriegshafens neu entstehen und weit Schlimmeres: mehr als zuvor wurde durch ein den Felsen des Oberlandes durchlöcherndes, ausgeklügeltes Bunker- und Stollensystem, wurde durch U-Boot-Bunker, Geschütze, Flakturm, Molen und Deiche – Projekt »Hummerschere« hieß es – die Insel zu einer regelrechten Festung ausgebaut.

Die Vernichtung schien somit bei Ende des II. Weltkrieges nur eine Frage der Zeit. Dieser Fels in der Brandung, diese in britischen Augen vorhandene Eiterbeule, dürfe, so entschieden nur folgerichtig die Sieger, nie wieder ein strategischer Ort der deutschen Marine werden. Im Gegenteil, Helgoland wurde gleichsam als Pfand genommen und musste büßen, büßen für das Säbelgerassel, die Großmannssucht, für das Anzetteln eines Krieges, der abermillionen Menschen ins Jenseits beförderte und heimatlos gemacht hatte, darunter nun auch die Helgoländer selbst. Von Stund an diente das einstmals beliebte Nordseebad als Spielwiese britischer und amerikanischer Bomberverbände zum Zielabwurf ihrer für die Deutschen ehemals tödlichen Bomben; Übung musste halt sein. Ganze Geschwader luden ihre explosive Fracht ab, hinterließen Einschlag- und Sprengtrichter, fügten der Oberfläche Narbe auf Narbe zu. Die Insel, auf der zu besten Zeiten jährlich 30 000 Gäste Erholung und Vergnügen gesucht hatten, war zu einer regelrechten Mondlandschaft verkommen. Die alte Herrlichkeit schien endgültig dahin. Doch die Wunden, so tief sie auch schon erschienen, noch waren sie nicht tief genug geschlagen. Der Todesstoß sollte erst noch folgen. Nichts durfte mehr an die alte Flottenfestung erinnern; der Stachel saß tief in der Seele der britischen Seefahrernation.

Genug Munition aus den Beständen des unseligen Krieges lag noch hier und da, und so konnte das Notwendige, die viel zu kostspielige Entsorgung, mit dem Nützlichen verbunden werden. Neun Monate lang transportierten Schiffe die explosive Fracht nach dem Felseneiland. Immer mehr Sprengstoff stapelte sich im Tunnellabyrinth des Oberlandes, im U-Boot-Bunker des Unterlands und in den Küstenbatterien: 4000 Torpedoköpfe, annähernd 9000 Wasserbomben, über 91 000 Granaten, insgesamt 6700 Tonnen reinen Sprengstoffs, vermerkten die nüchternen, emotionslosen Statistiken der technischen Vertreter des Unternehmens, genug um den Bunkeranlagen den Garaus zu machen. Und wenn die Insel dabei zu Staub geriete? Tut es etwas zur Sache? Auf die Waage der Geschichte gelegt und für zu leicht befunden, schien das Schicksal Helgolands besiegelt zu sein.

Am 18. April 1947 war es so weit. In sicherer Entfernung von neun Kilometern bezog die ›Lasso‹ Position. Von hier würde über einen Fernauslöser die Sprengung erfolgen; zahlreiche Beobachter und Wissenschaftler begleiteten auf ihren Booten in wohlbedachter Entfernung das unbarmherzige Experiment. Ein paar Böllerschüsse zur Vertreibung der Vögel, soviel Fairness darf immerhin sein, erklangen. Zeitgleich heulten die Luftschutzsirenen der Küstenorte in den Kreisen Norder-, Süderdithmarschen und Steinburg. Dann lauschten alle der BBC. Der dritte und letzte Ton des 13 Uhr Zeitzeichens erklang, als Korvettenkapitän Mildred an Bord des Kabellegers die Zündung auslöste. Feuerstrahlen, Blitze, Flammen,

Gesteinstrümmer schossen in den Himmel, tauchten die Insel in ein weißgelbes Lichtgewitter; fast schien es, das Felsplateau des Oberlandes hebe sich empor, gefolgt von einem schwarzroten riesigen Rauchpilz, der als Trauerflor das geschundene Stückchen Heimat innerhalb weniger Sekunden milde zudeckte.

Mit Tränen in den Augen, andere mit geballter Faust in der Tasche, richteten die Menschen in den Küstenorten, durch Sirenen an die besondere Stunde gemahnt, ihre Blicke zum Horizont, erkannten die immer stärker, letztlich auf neun Kilometer in den Himmel ragende Rauchsäule; dann erreichte der furchtbare Schlag das Festland als leichtes Beben. Noch die Seismologen in der Schweiz registrierten an diesem Tage ein leichtes Beben in der Nordsee. Der »Big Bang« oder »British Bang«, die größte nichtnukleare Explosion aller Zeiten, war erfolgreich durchgeführt. Doch womit niemand wirklich gerechnet, worauf wenige gehofft hatten, geriet zur Tatsache: Als Staub und Qualm sich verzogen, fiel der Blick auf ein stehen gebliebenes Stück Heimat. Der poröse Sandstein hatte den Druck entweichen lassen. War auch das zweite Wahrzeichen neben der unversehrten ›Langen Anna‹, der ›Mönch‹, ins Meer gestürzt, waren Teile der Steilküste im Süden und Nordosten abgerissen, so hatte die Druckwelle gar ein neues Mittelland entstehen lassen. Die Insel schien nicht völlig für einen Neuanfang verloren. Die Alliierten derweil gingen entschlossen wieder zum Tagesgeschehen über und flogen weiterhin ihre Zielbombardierungen. Helgoland blieb militärisches Sperrgebiet.

Friedlicher Handstreich

Es ist immer noch der 20. Dezember als die ›Paula‹ um 15 Uhr neben dem britischen Küstenkontrollschiff an der Pier festmacht. Nichts rührt sich dort. Der Schreck sitzt Journalisten wie »Besetzern« noch in den Gliedern, doch René Leudesdorff fasst als erster Mut, tritt die Flucht nach vorn an und begibt sich zur Besatzung der ›Royal Eileen‹: Journalisten wären sie, ein kleiner Inselbesuch hätte sie hierher geführt. Spricht's und wartet auf Vorhaltungen, Drohungen, Festnahme gar; doch nichts dergleichen geschieht. Kein Verweis, kein Einspruch erfolgt, nur der gut gemeinte Rat, am Abend wieder aufzubrechen, man weiß nie, ob nicht in der Nacht wieder ein Zielbombenabwurf anstünde. Kurze Zeit später legt das britische Schiff ab und entschwindet bald am Horizont.

Die erste Feuertaufe wäre damit überstanden. Anscheinend ist die Nachricht von ihrem Handstreich, die die ›Abendpost‹ auf dem Festland schon seit den Morgenstunden auf ihrer Titelseite verbreitet, nicht bis zu den Briten gedrungen. Nun heißt es schnell agieren: hin zum 1941 errichteten Flakturm und die Fahnen hissen, bevor es zu einem guten Foto für die nächste Zeitungsausgabe zu dunkel wird. Der Weg dorthin gestaltet sich allerdings quälend langsam. Sie krüppeln sich durch eine von Bomben hinterlassene Kraterlandschaft; Trichter an Trichter, verbogene Stahlträger, Beton- und Gesteinsbrocken fordern immer wieder Umwege und verwandeln den Marsch in einen Hindernislauf. Die Zeit vergeht wie im Flug. Endlich ist das Ziel erreicht. Helgoland-, Deutschland- und Europafahne werden an einem gefundenen Rohr befestigt und von René Leudesdorff und Georg von Hatzfeld – von Kistenmacher und Würz dirigiert – vor dem Eingang zum Turm mit viel Mühe in den Wind gestemmt. Mehrmals muss der Augenblick festgehalten werden, bis endlich die Reporter die ihrer Meinung nach richtige Aufnahme im Kasten haben. Als mit beginnender Dunkelheit auch noch leichtes Schneegrieseln einsetzt, drängen Kistenmacher und Würz zum Aufbruch; sie müssen mit dem Schiff wieder zurück zum Festland, um Bilder und einen Text für die Ausgabe am nächsten Morgen abzuliefern. Sie wollen jetzt am Thema dranbleiben. Der Rückweg gestaltet sich ähnlich schwierig und die zunehmende Dunkelheit tut ein Übriges. Am Schiff erwartet sie schon die Besatzung, derweil nicht untätig gewesen; die Ausrüstung, der Proviant, der für eine ungewisse Zeitspanne reichen soll, steht auf dem Pier bereit, als Leudesdorff und Hatzfeld sich von Journalisten und Besatzung verabschieden. 17 Uhr ist vorbei, als die ›Paula‹ ablegt und die

Besetzer mit gemischten Gefühlen am Pier zurücklässt. Die kleinen Positionslichter des Schiffs entschwinden schnell ihren Blicken; zurück bleiben zwei allein auf sich angewiesene Besetzer, nicht wissend, was die nächsten Stunden mit sich bringen würden.

Der Weg im Dunkel zurück durch diese Kraterlandschaft, beschienen einzig durch spärliches Taschenlampenlicht, ist noch ermüdender als zuvor bei Tageslicht. Unter diesen Umständen Proviant und Ausrüstung in den zur Unterkunft auf unbestimmte Zeit erkorenen Flakturm zu verbringen, erscheint aussichtslos, und so verbleibt außer einigem Handgepäck der Großteil zunächst am Pier. Obwohl müde, beschließen beide Besetzer, ihr nachtfinsteres Refugium im Turm im Schein der Taschenlampen kurz einmal zu inspizieren. Schnell wird ihnen angesichts des herumliegenden Schutts eines klar: Um für die nächste Zeit eine auch nur einigermaßen annehmbare Unterkunft zu erhalten, müssen sie erst einmal dringend aufräumen. Doch der nächste Tag mag's richten. Beide breiten ihre Decken aus und versuchen Schlaf zu finden. Schon nach kurzer Zeit macht sich allerdings der erste Mangel bemerkbar. Bei der um den Gefrierpunkt vorherrschenden Temperatur ist im zugigen Flakturm an Schlummer nicht zu denken. Jeder ist zwar stolzer Besitzer einer Decke, doch das ist entschieden zu wenig. Mit Beginn des Morgengrauens wickeln sie sich nach unruhigem Halbschlaf durchfroren und steif aus dem Zudeck und beschließen, erst einmal vor einem anstehenden Frühstück die restliche Ausrüstung vom Hafen zu holen. Als nach mehreren Gängen alles im Turm verstaut ist, lässt das ausgiebige Frühstück die ungemütliche Nacht fast vergessen. Jetzt im von außen hereinfallenden Schummerlicht des Tages nehmen sie noch einmal den Flakturm in Augenschein, um danach zu einer ausgreifenden Inspektion der Insel aufzubrechen. Sie durchschreiten entlang des zerbröckelnden Felsensrandes Unter- und Oberland, begleitet von in der Luft schwebenden Vögeln, und beobachten die dumpf am Fuß des Gesteins aufschlagenden Wellen. Auch zur ›Langen Anna‹, dieser allein stehenden Felsensäule, führt sie ihr Weg. Doch kein romantischer Zauber will sich einstellen; im Gegenteil, kein besseres Bild für die totalen Zerstörung und das Ende aller Hoffnung scheint der ehemalige Friedhof zu geben; auch hier haben Bomben ganze Arbeit geleistet, liegen doch Knochen und Schädel wild durcheinander. Nach der Rückkehr in ihre Behausung beginnt der Hausputz. Durch Wegräumen des Schutts gelingt es immerhin das Schließen der Zugangstür wieder zu ermöglichen; so ist es künftig weniger zugig. Das Gesehenen, die rauhe Meeresluft und die körperliche Arbeit fordern ihren Tribut. Müdigkeit macht sich breit. Beide wickeln sich schließlich zur Nachtruhe diesmal zusätzlich zu ihren dünnen Decken in die mitgebrachten Flaggen ein. Der zweiten Nacht auf Helgoland steht nichts mehr im Wege.

Ein Bollern an der Tür schreckt René Leudesdorff und Georg von Hatzfeld am nächsten Morgen aus dem Schlaf. Schnell schälen sie sich aus Flagge und Decke, doch die befürchtete Invasion der Briten entpuppt sich als ein Reporter der dpa. Vom gestrigen Bericht in der ›Abendpost‹ neugierig gemacht, hat die Presseagentur sogleich einen ihrer Mitarbeiter auf den Weg gesandt, einen Bericht über das Geschehen abzufassen, möglichst mit ein paar Fotos. So bittet er Leudesdorff und Hatzfeld, sie mögen doch bitte einmal eine Flagge hissen. Als Geschenk zu den anstehenden Weihnachtstagen übergibt er ihnen einen kleinen Weihnachtsbaum, dann geht es los zu einem kurzen Rundgang. Doch viel Zeit bleibt nicht. Der Kapitän hatte auf drohendes Unwetter verwiesen und so verschwindet der Journalist schnell wieder. Doch noch ist das Schiff am Horizont zu erblicken, als ein zweites auf die Insel zuhält und merklich größer und größer wird, schließlich, als Finkenwerder Ewer erkennbar, seinen Weg in den Hafen nimmt. Leudesdorff und Hatzfeld begrüßen zwei Korrespondenten der Associated Press. Die Welt möchte ein paar Bilder sehen. Und so lautet der Wunsch, ob sie sich nicht für die Aufnahmen einmal mit gehissten Flaggen zeigen könnten? Und da jetzt die Weihnachtstage anstehen, habe man sich ein besonderes Geschenk ausgedacht, einen schon mit Lametta geschmückten Weihnachtsbaum. Nach einem kurzen Rundgang und den Aufnahmen mit im Wind wehender Flagge wird den Besetzern auf dem Schiff eine warme Mahlzeit serviert. Wie schon der Bootsführer des vorigen Schiffes, so warnt auch der Kapitän des Ewers vor schlechtem Wetter mit mehreren Tiefdruckgebieten. Wann wieder ein Boot Helgoland anlaufen könne, stehe in den Sternen, möglicherweise erst wieder in drei Wochen. Auf Überbrücken solch einer Periode nicht eingestellt, vor allem aber die Aussicht, drei Wochen auf sich alleine gestellt zu sein ohne jeglichen Kontakt zur Außenwelt, lässt doch Zweifel aufkommen. Und so beschließen die Besetzer spontan, erst einmal mit den Presseleuten nach Cuxhaven zurückzukehren, um so schnell wie möglich, aber mit mehr Proviant und wärmeren Decken, erneut der Insel einen Besuch abzustatten.

In die Stadt zurückgekehrt, werden sie von den Anwesenden im Hafen freundlich empfangen. Auch ein Vertreter der Behörde, ein Polizist, befindet sich darunter. Er nimmt ihre Personalien auf und fragt höflich, wohin sie sich während der Feiertage begeben werden. Die Antworten erklingen unisono: Das anstehende Fest werde daheim bei den Eltern verbracht. Das ist eine klare Aussage. Zufrieden begibt sich der Vertreter des Staates zurück in seine Dienststelle, stellt Haftbefehle aus und sendet sie an die Heimatadressen der Besetzer. Doch sollen sie die Gesuchten nicht erreichen, da beide nicht gewillt sind, Cuxhaven zu verlassen.

Inzwischen hatten die Briten, von dem Handstreich Kenntnis erlangt und die Order 224 erlassen, die das Betreten und Verweilen auf der Insel bei Strafe untersagt. Und damit das Beispiel der beiden Besetzer auch ja keine Schule mache, ließen sie nur einen Tag später, am Heiligabend, über Rundfunk verbreiten, alle Schiffsführer würden ihrer Patente verlustig gehen, so sie nach Helgoland fahren würden. Zunächst hat es den Anschein, eine erneute Besetzung der Insel wäre damit ein Riegel vorgeschoben; kein Cuxhavener Kapitän findet sich bereit, sein Schiff zur Verfügung zu stellen. Und wieder ist es der Schiffsausrüster Hans Carl Rickmers, der eine Idee hat. Er verweist die beiden jungen Leute an den ehemaligen Helgoländer Hini Lührs, und der ist es, der den Kontakt zu dem

Glückstädter Hummerfischer Karl Oelrichs, ebenfalls ein Helgoländer, herstellt. Wenn er auch wegen der zur Zeit unsicheren Wetterlage sich erst am zweiten Weihnachtstag entscheiden möchte, so erklärt Oelrichs sich zu dem Unternehmen doch bereit und lässt sich durch das Gebot der Briten auch nicht ängstigen.

Am 27. Dezember macht die Glückstädter ›Pik As‹ in Cuxhaven fest, wird unter den Augen des Zolls mit den notwendigen Gegenständen beladen, diesmal vor allem mit ausreichend Decken, nimmt neben den beiden Heidelberger Studenten noch Hini Lührs und seinen Bekannten Hans Richartz auf und startet zur zweiten Inselexpedition. Ohne Probleme wieder auf Helgoland gelandet, erkennen die Besetzer erstaunt, dass inzwischen, angeregt durch die ersten Zeitungsberichte, ein weiterer Besetzer eingetroffen ist und sich im Flakturm niedergelassen hat. Doch auch die Drei bleiben in den folgenden Tagen nicht unter sich. Am 29. stößt Hubertus Prinz zu Löwenstein, von drei Journalisten begleitet, zu ihnen, die alle ihr Flaggen-Foto erbitten und auch erhalten. Zur Unterstützung der Besetzer entschließt sich auch der Prinz zu bleiben, während das Schiff mit den Journalisten wieder zurückdampft. Schließlich landet im Sylvesternebel und bei minus fünf Grad ein regelrechtes Ausflugsboot an. Zusammen mit der Besatzung besuchen 20 Personen die unbeugsamen Besetzer, von denen inzwischen die Schlagzeilen künden. Diese wiederum erhalten hier erstmals genaue Kenntnis, was sie mit ihrer Aktion eigentlich angerichtet haben, wie es da kräftig im Blätterwald landauf, landab, ja weltweit rauscht. Die angesichts der nachrichtenarmen Tage zum Ende des Jahres erhoffte publizistische Beachtung hat sich bewahrheitet. Die weltweite Aufmerksamkeit auch in Großbritannien selbst setzt die dortige Regierung erstmals wegen der Helgolandfrage innen- und außenpolitisch unter Druck. Auch erfahren die Besetzer jetzt Genaueres über die Order 224. Als das Schiff schließlich wieder ablegt, bleiben weitere Personen zurück und verstärken die Zahl der schon vorhandenen Demonstranten. Und auch am Neujahrstag unternehmen wieder einige Personen die Reise zur

Insel. Insgesamt befinden sich jetzt 13 ständige Besetzer auf Helgoland; im Flakturm wird es langsam eng. Erstmals wird unter den Anwesenden die Frage diskutiert, wie die Rückkehr zu gestalten sei: freiwillig und gewaltfrei oder bleiben bis Gewalt angewendet würde? Wie würden die Briten reagieren: mit einer Blockade oder gar mit Bombardement? Teilweise geht es recht hitzig zu. In einer Frage allerdings herrscht Einigkeit unter ihnen: Wieso bleibt es überhaupt so lange ruhig? Erst einen Tag später bringen neue Besucher auch neue Nachrichten. Und einem mitgebrachten Radioapparat ist schließlich die Kunde zu entnehmen, dass für den folgenden Tag ein »neuerlicher« Versuch gestartet werden soll, die Invasoren von der Insel zu holen. Also hatte sich wie es scheint hinter den Kulissen doch etwas geregt.

Wie schon Tags zuvor diskutieren alle heftig das wohl bevorstehende Ende: Wie sollten sie sich verhalten? Rückzug in Würde, um dem Gegner die Wahrung seines Gesichtes zu ermöglichen, oder auf jeden Fall bleiben und zunächst einmal verhandeln? Nach heftigem Debattieren einigen sich die Personen letztlich darauf, erst einmal zu bleiben. Dagegen begleitet René Leudesdorff die wieder abreisenden Gäste zurück aufs Festland, um im Fall der Fälle die Absichten und Ziele der Demonstranten der Öffentlichkeit darlegen zu können. Niemand kann schließlich wissen, was den Besetzern droht: Gewalt, Verhaftung? Da ist es besser, einer der Initiatoren befände sich in Freiheit.

Der Löwe schläft nicht

Zurück zum 20. Dezember: Die ›Abendpost‹ hatte in ihrer Ausgabe exklusiv vom Handstreich der beiden Heidelberger Studenten berichtet, als eine Anfrage vom britischen Hauptquartier in Bad Oeynhausen an den zuständigen Standortkommandanten für Cuxhaven erfolgt, was es mit der Meldung auf sich habe. Da die Zeitungen der Stadt an der Elbe selbst nicht darüber berichtet hatten, kann die gewünschte Auskunft von dort nicht erteilt werden. Eine Recherche bei der Flotte der Minensucher ergibt auch keine Erkenntnisse über ungewöhnliche Schiffsbewegungen. Einzig die Besatzung der ›Royal Eilieen‹ weiß von einer Begegnung mit Journalisten auf Helgoland zu berichten. Doch als am nächsten Tag erneut Meldungen in der Presse auftauchen, die die Besetzung der Insel zu bestätigen scheinen, wird es ungemütlicher. Die Royal Airforce will, sobald das Wetter es wieder zulässt, mit ihren Zielbombardierungen fortfahren; es besteht somit dringender Handlungsbedarf. Und als am 27. Dezember gar von dem neuerlichen Handstreich berichtet wird, ist inzwischen auch die rechtliche Seite abgeklärt und mit der Order 224 die gesetzliche Grundlage geschaffen, in aller Entschiedenheit gegen die Inselbesetzer vorgehen zu können. Commander Thomas erhält die Anweisung, ein Kommando mit 15 Soldaten und zwei Booten startklar zu machen. Die Umsetzung der Order sollte eigentlich kein Problem sein. Thomas greift zum Hörer und lässt sich mit seinem Fregattenkapitän, Adalbert von Blanc, Chef des unter britischer Kontrolle stehenden deutschen Minenräumkommandos, verbinden. Doch der Fregattenkapitän a.D., Ritterkreuzträger, einziger deutscher Offizier von Rang, den die Briten trotz seiner Wehrmachtsvergangenheit ob seiner Integrität beschäftigen, bedauert. Wenige Worte spricht er ungehalten in den Hörer, dann erachtet er die Sache für sich als erledigt: die meisten seiner Männer befänden sich im Weihnachtsurlaub. Noch einmal telefoniert Thomas mit Blanc. Auch jetzt ist der kurz angebunden. Selbst wenn sich eine Mannschaft zusammenstellen ließe, verhinderten doch dringende Reparaturarbeiten ein Auslaufen der Schiffe. Ärger macht sich beim Commander breit. Auch ein Anruf beim schleswig-holsteinischen Ministerpräsident Bartram ist von gleicher Erfolglosigkeit gekennzeichnet. Der erklärt unumwunden, Helgoland unterstehe nicht der deutschen Behörde, und selbst wenn, ständen keine geeigneten Schiffe bereit. Deutschland habe aus der Geschichte gelernt und vollständig abgerüstet.

Noch einmal versucht Thomas es dann am 28. Dezember auf telefonischem Wege und setzt seinem Untergebenen Blanc die Pistole auf die Brust, indem er ihm diesmal eine klare dienstliche Weisung erteilt. Doch der sagt wieder nein, diesmal unter Berufung auf den Dienstvertrag, der dahin lautet, Minen zu räumen, keine Demonstranten von einer Insel zu holen. Das Maß ist für Thomas voll; Blanc wird einbestellt. Vor Ort erhält er zusammen mit der Drohung, bei einer erneuten Weigerung mit der Entlassung rechnen zu müssen, die Order 224 ausgehändigt. Die von Blanc erbetene eintägige Bedenkzeit wird gewährt. Wieder ist für die Besetzer ein Tag herausgezögert worden, wieder ist den Medien Zeit zu ausgreifender Berichterstattung über diesen ungleichen Kampf zweier Studenten gegen das große Empire eingeräumt worden. Am 30. Dezember erklärt dann der ehemalige deutsche Offizier einem staunenden Commander unmissverständlich, er werde den erteilten Auftrag nicht durchführen. Er habe die Nürnberger Urteile genau zur Kenntnis genommen. Darin stehe eindeutig: Befehle, die gegen geltende Wertvorstellungen und gegen Menschenrecht verstoßen und nicht mit dem eigenen Gewissen vereinbar sind, können verweigert werden. Schon seit Beginn der Aktion sympathisiere er mit den Demonstranten auf der Insel, und so verweigere er die Ausführung des Befehls. Das Gespräch endet mit der sofortigen Entbindung Blancs von seinem Kommando als Chef des Minenräumverbandes. Nein, er muss sich keinen Vorwurf machen, nicht alles in seiner Macht Stehende getan, die Rückhohlaktion so lange wie irgend möglich hinausgezögert zu haben. Doch die Suspendierung Blancs ist nur die eine Seite der Medaille; immer noch haben die Briten kein Schiff, und so begibt sich selbigen Tages Commander Thomas nach Kiel, um in einem gemeinsamen Gespräch mit der Landesregierung einen Kompromiss auszuhandeln. Schließlich kommt es zu einer Einigung: ein aus 15 deutschen Polizisten bestehendes Kommando – schließlich ist Helgoland ja offiziell nie aus dem deutschen Staat ausgegliedert worden –, begleitet von zwei britischen Offizieren, soll die Rückholaktion durchführen.

Nach all den Verzögerungen dampft endlich am Sylvestermorgen die ›Royal Eileen‹ mit Polizisten und Offizieren an

Bord aus dem Brunsbütteler Hafen. Nicht lange währt allerdings die Freude bei den Briten; auf der Elbe fällt eine der Schrauben aus und zwingt das Schiff, mit halber Kraft Cuxhaven anzulaufen. Kaum dort angekommen, froh dem drohenden Einsatz gegen die eigenen mit Sympathie betrachteten Besetzer fürs erste enthoben zu sein, genehmigt sich die Polizeitruppe einen ordentlichen Sylvesterumtrunk, dergestalt, dass am nächsten Tag keine Einsatzfähigkeit mehr attestiert werden kann. So müssen in Eile für das als Ersatz aus Hamburg angeforderte Schiff auch gleich neue, einsatzfähige Polizisten herbeizitiert werden. Doch auch mit neuer Mannschaft und Schiff bleibt das Unternehmen vom Pech verfolgt. Nicht nur dass die ›Albert‹ auf der Brammerbank auf Sand läuft, Eisschollen verursachen auch ein Leck an der Bordwand. Von zwei Bergungsschiffen gezogen, trifft der traurige Konvoi am Neujahrsmorgen in Cuxhaven ein. Wieder ist Zeit für die Demonstranten gewonnen. Unterdessen rauscht es weltweit mächtig im Blätterwald, da werden Reportagen über die Besetzern nachgedruckt, da wird auf die Lage der Insel als Bomberziel, auf mögliche völkerrechtliche Unstimmigkeiten verwiesen. Zunehmend lastet der öffentliche Druck auf den Briten.

Erst am 3. Januar 1951 wird mit der Rückholaktion fortgefahren, über der diesmal ein guter Stern steht. Um 9 Uhr landet die reparierte ›Royal Eileen‹ mit einer neuerlich zusammengestellten Polizeistaffel auf Helgoland. Die Besetzer, inzwischen auf 16 Personen angewachsen, haben sich in ihrer Residenz im Flakturm versammelt. Public Safety Officer Messenger stellt sich vor und wünscht allen ein gutes neues Jahr, Gesundheit und Wohlergehen, Wünsche, die von den »Gegnern« beifällig erwidert werden. Anschließend ergreift der deutsche Polizeiinspektor Schmidt das Wort. Statt eines Verweises ob ihrer Aktion, erfolgt in seinem und im Namen seiner Truppe ein Glückwunsch zu der Tat. Wie süß klingt das doch in den Ohren der Demonstranten. Die beiden Briten verziehen keine Miene.

Nach Verlesen der Order 224, die das Betreten und Verweilen auf der Insel bei Strafe untersagt, bitten sich die Besetzer

Bedenkzeit aus; sie wird ihnen gewährt. Zur Beratung in den Flakturm zurückgekehrt und vom Polizeiinspektor begleitet, geht es in der sich anschließenden Diskussion hoch her: bleiben und stur erst der Gewalt weichen oder friedlich, aber dann unter entschiedenem Protest, abziehen, darüber wird erneut heftig gestritten. Polizeiinspektor Schmidt bietet sogar an, wegzuschauen, wenn sich zwei, drei Demonstranten durch den Hinterausgang wegstehlen würden; vielleicht wären sie ja schon die ganze Zeit draußen auf der Insel zum Holzsuchen gewesen. Und seine Befehle lauteten nicht auf Durchsuchen der Insel. Doch als es zur Abstimmung kommt, fällt das Votum eindeutig mit 13 zu 3 Stimmen zugunsten eines Abzugs unter Protest aus. Als den draußen wartenden britischen Offizieren und deutschen Polizisten die Entscheidung vorgetragen wird, lässt sich bei allen die Erleichterung in den Mienen ihrer Gesichter ablesen. Drei Stunden dauerte die Aktion, und als es zum Aufbruch kommt, greifen die Polizisten und selbst die britischen Offiziere zu Sack und Pack, schaffen alles zum Schiff, ohne dass die Besetzer sich noch einmal groß anstrengen müssen.

Das Gepäck ist gerade unter Deck verstaut, als Inspektor Schmidt alle Personen noch einmal zurück auf die Pier beordert. Und als sie sich dort versammeln, lässt doch dieser deutsche Inspektor seine Polizisten antreten und strammstehen. Was folgt ist eine Rede über die tapferen Besetzer, Dank für wochenlangen Einsatz für das deutsche Heimatrecht, für den Einsatz zur Rückkehr der Insel zum deutschen Vaterland im geeinten Europa. Spricht's und lässt die Truppe abtreten. Die Worte verklingen, ohne dass die Briten, die sich unter Deck befinden, davon Kenntnis erlangen. Dann legt das Schiff ab.

Die Rückkehr hatte sich unterdessen in Cuxhaven herumgesprochen. Als um 17 Uhr die ›Royal Eileen‹ im Hafen festmacht, stehen rund 150 Schaulustige bereit, einen Blick auf diese Teufelskerle zu werfen und sie, die der Welt ein neues, ein friedliches Bild von den Deutschen gegeben haben, hochleben zu lassen.

Ende gut, alles gut!

Die Helgoland-Besetzer, allen voran René Leudesdorff und Georg von Hatzfeld, sind nach Rückkehr die Stars der Medienwelt. Da kann die Politik nicht abseits stehen. Schleswig-Holsteins Ministerpräsident Bartram bittet zum Gespräch, Bundestagspräsident Ehlers lädt nach Bonn, auch im Kanzleramt, Abteilung Auswärtige Angelegenheiten – ein Außenministerium existiert noch nicht –, findet ein Empfang statt. Zwei Ministerialräte empfangen die Studenten, übermitteln gar Grüße Kanzler Adenauers, lassen auch anklingen, man hätte den Briten bedeutet, wenn bis zum Frühjahr keine positive Entscheidung in der Helgolandfrage gefallen sei, würde eine Wiederinbesitznahme der Insel durch die ehemaligen Bewohner von Seiten der Regierung wohl nicht mehr zu verhindern sein; zu einer ausreichenden Kontrolle der Gewässer und Küsten fehle es den Deutschen an entsprechend hochseetüchtigen Schiffen.

Und genau diese Erkenntnis macht sich schlussendlich auch innerhalb der britische Regierung breit. Auf Dauer sei der Felsen nicht mehr als Bombenabwurfgebiet zu halten, sei nur unter hohen Kosten mit vor Ort stationiertem Militär und ausreichend Schiffen vor weiteren Invasoren abzuschotten. Wolle man diese Kosten investieren? Außerdem dürfe man den deutschen Staat und seine Bevölkerung, zukünftiger Vorposten gegen den drohenden Kommunismus und darum fest ins westatlantischen Verteidigungsbündnis zu integrieren, nicht noch weiter vor den Kopf stoßen. Eine fortgesetzte Bombardierung, sechs Jahre nach Kriegsende, hieße nur, nachdem die erste große Besetzung der Insel friedlich beigelegt wurde, erneut Unruhe und Stimmung gegen Briten und Amerikaner schüren. Wie sich gezeigt habe, schrecke die Order 224 keine Märtyrer ab.

Hoch her geht es in den folgenden Wochen in Großbritannien zwischen Militärs – sie wollen nicht von ihrem Spielzeug lassen –, zwischen Außenministerium und der alliierten Verwaltung sowie dem Hochkommissar; endlich scheint eine Lösung in Sicht, ohne dass die beteiligten Seiten das Gesicht verlieren. Was bisherige Initiativen nicht geschafft hatten, selbst unter Einschaltung von Papst und UNO Jahre zuvor, jetzt bedurfte es keines Appells einer Regierung mehr. Allein die Idee zweier Studenten brachte den Stein ins Rollen. Die Entscheidung fällt am 21. Februar 1951 anlässlich einer Sitzung des Kabinetts in der Londoner Downing Street № 10: wenn Deutschland ein adäquates Bombenabwurfgebiet zu Übungszwecken im Tausch für Helgoland anbieten würde, ja, dann wäre die Insel endgültig wieder freigegeben. Die Übergabe könnte zum 1. März 1952 erfolgen.

Zwar gestaltet sich das Ringen um das Ersatzziel noch einmal schwierig; irritierend und hinhaltend empfindet die britische Seite, allen voran das Militär, die Arbeit der deutschen Behörden, doch letztlich einigen sich beide Parteien. Vor der Elb- und Wesermündung steht fortan der ›Knechtsand‹ als Bombenziel zur Verfügung.

Wohl um noch ein allerletztes Mal zu demonstrieren, wer als Sieger eigentlich an den Hebeln der Macht zu sitzen hätte, wird für den Zeitraum vom 18. bis 20. Januar 1952 eine Großübung der Royal Air Force abgehalten. Noch einmal fallen Bomben auf Helgoland und auch für die Nacht des 26. zum 27. Februar, unmittelbar vor der Übergabe – und für die Deutschen eine glatte Provokation –, laden alliierte Bomberpiloten ihre Fracht auf den Inselfelsen ab. Dann ist endlich Ruhe. Ab Mitternacht zum 1. März 1952 ist Helgoland wieder zur Besiedelung freigegeben.

Kein Wintermärchen.
Die »Schneekatastrophe« 1978/79

Einmal in hundert Jahren

Ein warmer Südwestwind peitscht den Regen über das nördlichste Bundesland und läßt die dünne Schneedecke innerhalb kurzer Zeit dahinschmelzen. Wieder einer dieser typisch norddeutschen Winter, seufzen die vom Wetter nicht verwöhnten Schleswig-Holsteiner: warm, regnerisch, allenfalls durchwirkt von wenigen Schneetagen. Es ist Donnerstag, der 28. Dezember 1978. Der Jahreswechsel mit einem langen Wochenende steht bevor; viele Menschen haben Urlaub und tätigen für die anstehenden Feiertage ihre Einkäufe. Während die Menschen im 10°C warmen Regen in Kiel zu den Geschäften hasten, sinkt die Säule des Thermometers an der dänischen Grenze in Flensburg vormittags innerhalb weniger Stunden in die Nähe des Gefrierpunktes. Kalte Luftmassen schieben sich mehr und mehr unter die feucht-warme Atlantikluft und verursachen beim Aufeinandertreffen zunächst Regen. Schon mittags zeigen sich aus dem mit dunklen Wolken verhangenen Himmel vereinzelt herabwirbelnde Flocken, um am Nachmittag sich bei immer mehr auffrischenden Winden in ein regelrechtes Schneegestöber zu verwandeln. Die Temperaturen sinken immer weiter und lassen den zunächst noch feuchten Schnee zusehends gefrieren; wo die Flocken auch immer hingetragen werden, sie bleiben liegen. Schließlich wachsen bei weiter fallenden Minusgraden die Winde zu einem schweren Sturm mit Orkanböen heran. Väterchen Frost nimmt das Land in Besitz.

Selbigen Tags noch weist das Hamburger Deutsche-Hydrographische Institut den schleswig-holsteinischen Katastrophenstab auf eine bevorstehende Sturmflut an der Ostseeküste hin: Die Fluthöhe werde voraussichtlich bis zu 1,50 m über den normalen Wasserstand betragen. Seit Jahrhunderten sind die Schleswig-Holsteiner mit Sturmfluten an ihren Küsten vertraut. Sofort laufen entsprechende Maßnahmen an, werden die entsprechenden für den Küstenschutz zuständigen Stellen informiert. Zwar wird die schnelle Reaktion ihre Berechtigung in den folgenden Tagen zeigen: die erwartete Sturmflut wird einige Deichabschnitte mit Aufweichungen bedrohen, doch sind sie immerhin von den eingesetzten Helfern soweit gesichert, dass kein Dammdurchbruch vermeldet werden muss. In den Küstenorten allerdings werden die aufgepeitschten Wassermassen mit Macht die niedrig gelegenen Hafengebiete überschwemmen; doch die eigentliche Bedrohung kommt dagegen von einer ganz anderen, für das Land bis dahin unbekannten Seite. Während die mit der Sicherung der Küsten beschäftigten Männer von Katastrophenstab, von Bundeswehr und Feuerwehr noch auf die Küsten und die anprallenden Wogen starren, versinkt das Land hinter ihnen unter bisher nicht gekannten Schneemassen.

Das erste Kapitel dieses später zur »Katastrophe« hochstilisierten Naturereignisses wird noch am Donnerstagabend aufgeschlagen. Inzwischen peitscht der noch anschwellende scharfe Nordostwind die weißen Flocken wie Hagelkörner über das Land. Der zunächst feuchtpappige, mehr und mehr gefrierende Schnee, wächst an den Freileitungen des Stromnetzes zu ungewöhnlichen Eislasten; bis zu vier Tonnen hängen zusätzlich an den Drähten, die unter dem zusätzlichen Gewicht im Sturm schließlich einer nach dem anderen nachgeben, reißen und 66 Gemeinden, davon allein in Angeln 60 Ortschaften, vom Stromnetz abtrennen; für 15 000 Menschen folgen Stunden, ja, mancherorts Tage des Harrens, Hoffens, Frierens, des Abgeschnittenseins von jeglichen Informationen, ohne Radio, ohne Telefon. Als am folgenden Morgen um 11 Uhr 28 der Kreis Schleswig-Flensburg als erster durch die ausgelöste Alarmstufe »Sturmvogel II« die Truppen der Bundeswehr in Bereitschaft versetzt, bedeutet es für die Hälfte aller Soldaten ein Verbleiben in den Kasernen. Einige gar, die sich wegen des Jahreswechsels schon im Urlaub befinden, vielleicht die Sylvesterparty schon geplant haben, werden zurückbeordert. Waren am Vortag zunächst bis zu 9 cm Neuschnee gemessen worden, so sieht es jetzt am Freitag mit bis zu 25 cm schon anders aus;

nicht leise rieselnd, auf dem Land eine schöne glatte Fläche hinterlassend, vielmehr treibt der ausgewachsene Sturm die Flocken annähernd waagrecht vorbei und türmt seine Last hinter jeder sich bietenden Windbrechung, sei es eine Mauer, sei es ein Knick; jeder noch so kleine Baum, Strauch ist schon am Freitagmittag auf der windabgewandten Seite mit bis zu einmeterhohen Verwehungen verziert. Und immer tiefer sinken die Temperaturen, um in Einzelfällen erst bei rund minus 15°C endgültig zu verharren. Die Straßen können gar nicht so schnell freigehalten werden, wie sie hinter den Fahrzeugen der Räumdienste wieder zuwehen. Reparaturteams der Schleswag, die das Stromnetz betreibt, befinden sich zum Teil mit Panzern der Bundeswehr im unermüdlichen Einsatz. Andere wiederum erhalten Unterstützung durch die Flugstaffeln; 18 Hubschrauberbesatzungen versuchen ihr Bestes, die Monteure an die entlegenen Stellen zu transportieren. Doch nicht immer ist dieser wagemutige Einsatz von Erfolg gekrönt ist. Das eine oder andere gerissene Kabel ist einfach nicht mehr unter den Schneemassen auszumachen.

Wie schwer es die Helfer in dem pausenlosen Schneesturm haben, erlebt das zum Neujahrstag eingesetzte Kommando des Panzerartilleriebataillons aus Neumünster. Von morgens an bis in den folgenden Tag kämpfen acht Bergepanzer und etliche Lastkraftwagen mit Feldgerät gegen die Schneelast an, um die Bundesstraße 201 zwischen Schleswig und Husum wieder befahrbar zu machen. Sie bleiben allerdings bei Silberstedt selbst stecken.

Eine moderne Industriegesellschaft ist an ihrer empfindlichsten Stelle getroffen, ist herausgerissen aus individueller Mobilität und Konsumdenken, und findet sich nahezu über Nacht zurückversetzt in eine fast unbekannte Welt der Eltern und Großeltern. Ohne Elektrizität läuft fast nichts mehr. Kühlschränke und -truhen versagen ihren Dienst – das kleinere Übel zwar, kann man doch bei der »sibirischen« Kälte den Inhalt gleich draußen deponieren – schlimmer dagegen ist schon das Versagen von Öl- oder Gasheizungen. Wohl dem der noch einen Kachelofen sein Eigen nennt und entsprechendes Heizmaterial vorfindet, der ein paar Kerzen oder gar ein Petroleumlämpchen mit benötigter Flüssigkeit besitzt, um so immerhin das beängstigende Dunkel zu überwinden. Vollends versagen die alten Mittel aus grauer Vorzeit auf den modernen Bauernbetrieben angesichts der überdimensional angewachsenen Tierherden: Da sind die Kühe dank der Maschine dem Melken von Hand entwöhnt. Welcher Bauer, welche Bäuerin versteht auch noch das Handwerk des Melkens? Und wem es schließlich gelingt, den Tieren ihr geldbringendes Nass abzutrotzen, der steht vor dem nächsten Problem: wohin mit der Milch? Wer ausreichend Plastiktüten und ebensolche Planen besitzt, kippt die noch dampfende Milch kurzerhand in die Tüten und auf die Bahnen vor die Tür, wo sie innerhalb kürzester Zeit gefriert. Andernorts bedürfen die Mastställe voller Schweine und Hühner einer gleich bleibenden Temperatur und des künstlichen Lichts. Schnell sind auch die Kraftfutter-Silos leer; wann mit der nächsten Lieferung zu rechnen ist, das steht in den Sternen. Die Landwirte können nur zusehen, wie Tiere unter Qualen verenden.

Am Sonnabend, Sturm und Schneefall wüten inzwischen schon 66 ununterbrochene Stunden, wird aus Schleswig eine Schneehöhe von 50 cm gemeldet. Der nicht nachlassende Wind treibt die weißen Flocken weiter und weiter und türmt sie hinter Knicks, Hecken, Zäunen, an jeder etwas windgeschützten Stelle zu bizarren Gebilden ungeahnter Größe. Endlich löst auch der Kreis Nordfriesland Katastrophenalarm aus, gefolgt von Rendsburg-Eckernförde, Ostholstein, Plön und Dithmarschen. Einzig die nicht so stark betroffenen Kreise Segeberg und Steinburg betrachten die Lage weniger kritisch und verzichten auf die Verhängung des Ausnahmezustandes. Doch hoch im Norden an der Förde ist die Lage entschieden anders: Flensburg gibt sich schon am Freitag geschlagen. Die Stadt ist völlig abgeschnitten von der Außenwelt; sämtliche Straße und auch die Autobahn sind nicht länger mehr freizubekommen. Kaum haben Bergepanzer der Bundeswehr eine Schneise in die weiße Decke gefurcht, ist sie nach wenigen Minuten hinter ihnen schon wieder zugeweht: 1200 Personen finden in Notunterkünften ein vorläufiges Domizil. In anderen Städten sieht es nicht anders aus. Die Landeshauptstadt Kiel sorgt für die Unterbringung von 500 Menschen, deren Fähren, Züge, Busse längst schon nicht mehr fahren; in Husum, der »grauen Stadt am Meer«, richten sich 400 mit dem Zug Gestrandete auf unbestimmte Zeit in der Kreisberufsschule ein, auch in Heide und Niebüll sitzen mehrere hundert Personen auf den Bahnhöfen fest, derweil sich die Urlauber auf Halligen und Nordseeinseln in Geduld üben müssen.

Wurden in den ersten Tagen nur zögerlich Fahrverbote für einzelne Strecken ausgesprochen, rächt sich jetzt die abwartende Haltung. Vielerorts blockieren stecken gebliebene Wagen die Straßen und behindern die Räumdienste zusätzlich. Aus den Lautsprechern der Rundfunkgeräte erklingen Warnungen, auf keinen Fall die Autos zu verlassen. Immer wieder starten nun Hubschrauber, um die Straßen auf der Suche nach liegen gebliebenen Fahrzeugen abzufliegen. Besonders die Panzerbesatzungen, ohnehin in der Sicht, nicht nur vom Schneegestöber, stark eingeschränkt, beschleicht ein ungutes Gefühl, so sie sich einer Schneewehe nähern. Immer müssen sie gewärtig sein, darunter ein Auto anzutreffen, in dem sich noch Personen aufhalten. So sind die Helfer mehr damit beschäftigt, die Straßen nach liegen gebliebenen fahrbaren Untersätzen und deren Insassen abzusuchen, statt die Fahrbahnen freizuhalten. Werden hier nach anderthalb Tagen sieben Personen, darunter zwei Kleinkinder apathisch, fast erfroren aus ihrem unter einer Schneewehe begrabenen Auto befreit, bergen andernorts Kräfte des Roten Kreuzes in einem siebenstündigen Einsatz 32 Männer und Frauen aus einem Reisebus. Allein im Kreis Ostholstein gelingt es den Mitarbeitern des Malteser-Hilfsdienstes in 5196 ehrenamtlich geleisteten Stunden, 38 Personen aus ihren Autos herauszuholen. Schließlich vermelden die Helfer ein erstes Todesopfer aus Wanderup bei Flensburg. Ein Maurer, mit seinem Auto stecken geblieben, hatte sich zu Fuß auf den Weg gemacht und war schließlich wohl ohne Orientierung in der Schneewüste erschöpft zu Boden gesunken. Tod durch Erfrieren kann nur noch festgestellt werden. Wie auch bei einem weiteren Toten, der wohl ebenfalls die Orientierung verloren hatte. Besonders Tragisch ist das Schicksal eines Jungen, der zusammen mit seinem älteren Bruder und Vater unterwegs, plötzlich erschöpft zusammenbricht. In eine schnell gegrabene Schneehöhle wird er hineingelegt, bevor der Vater aufbricht Hilfe zu holen. Wieder zurück, lässt sich auch hier nur noch der Tod des Jungen durch Erfrieren feststellen. Doch Tod und Leben liegen nahe beieinander. In einem Rettungswagen der Flensburger Feuerwehr, die Besatzung war glücklicherweise einmal in Geburtshilfe ausgebildet worden, erblickt ein Mädchen das Licht der Welt. Glücklich über ihren gelungenen Dienst als Hebamme »taufen« sie den Säugling auf den Namen ›Schneewittchen‹. In Harfe bei Wittensee dagegen muß die Familie einer werdenden Mutter mit Einsetzen der Wehen erkennen, dass ein rechtzeitiges Erreichen der Klinik bei der herrschenden Wetterlage unmöglich ist. So erfolgt der Anruf bei Arzt und Hebamme, deren Erscheinen jedoch auch fraglich ist. Übrig bleibt nur, die telefonische Unterweisung der Angehörigen in Dingen der Geburtshilfe. Als der Arzt schließlich nach einem vier Kilometer währenden Fußmarsch durch den Schneesturm abgekämpft eintrifft, findet er den gesunden neuen Erdenbürger schon vor.

Als am Sonntag der Schneefall langsam nachlässt endlich gar aufhört, verkündet die Schleswiger Messstelle 60 cm der weißen oft allerdings zu meterhohen Ungetümen zusammengewehten Pracht. In den folgenden Tagen, bis zum 9. Januar 1979, läuft die bisher größte Hilfsaktion im Lande an: 30 000 Menschen, Soldaten, Angehörige des Technischen Hilfswerks, Polizisten, Feuerwehrleute und Soldaten mit ihren Panzern, geländegängigen Fahrzeugen, Lastkraftwagen, Radladern und Helikoptern sind nahezu pausenlos im Einsatz. Ungezählt bleiben auch, in keiner Statistik auftauchend, die vielen ehrenamtlichen Helfer, die Privatpersonen, die Nachbarschaftshilfe leisten und sich ungefragt einreihen in die Truppe, die in einzelnen Ortschaften einen Weg, eine Straße, ein Fahrzeug freischaufeln. Etwas, das schon lange verschüttet geglaubt war, bricht angesichts der unabwendbaren Naturgewalt wieder hervor; die Menschen rücken ohne Murren, ohne Lamentieren erneut näher zusammen, und helfen sich gegenseitig, als ob es eine Selbstverständlichkeit wäre.

Intermezzo I

Den Bahnhof Lüneburg hinter sich lassend, bewegt sich am 29. Dezember 1978 ein Zug durch die mild-feuchte, regennasse Heidelandschaft. Regentropfen perlen an den Fenstern ab. Der wolkenverhangene Himmel verstärkt das trübe Dämmerlicht des Morgens. Dann plötzlich, nahezu unvermittelt, lässt sich ein Knistern vernehmen, hämmern erste Eiskristalle an die Scheibe, die innerhalb kurzer Zeit mit einer milchigen Eisschicht überzogen ist. Reisende, denen es noch gelingt, einen Blick durch den stetig zunehmenden Eispanzer zu erhaschen, erblicken eine mit Eis verkrustete Landschaft, über die erste Schneeflocken dahinwirbeln. Nicht lange nimmt es Zeit, dann herrscht dichtes Schneetreiben. Der Zug verlangsamt merklich seine Geschwindigkeit und erreicht erst mit Verspätung den Hamburger Hauptbahnhof, um den herum ein heftiger Schneesturm tobt.

Einige der Mitfahrenden, denen Hamburg nur als Zwischenziel auf dem Weg zur Nordseeinsel Sylt dient, nehmen das Heulen und Stürmen vor den Bahnhofstoren nurmehr als winterliche Begebenheit, als unwirkliches Ereignis wahr. Erst im ›Westerland-Express‹ draußen vor der Stadt, als von der Landschaft kaum mehr etwas zu sehen ist als eine einzige sturmumtobte weiße Wüste, als der Zug immer langsamer vorankommt – vereiste Signalanlagen und Weichen zwingen immer öfter zum Halten – erst da wird den meisten klar, welchem Abenteuer sie entgegenfahren. Immerhin erreicht der Zug, wenn auch mit fünfstündiger Verspätung, sein Ziel. Und es fährt auch noch ein Bus auf der Insel, wenn auch der letzte, der noch versucht, die Gäste zu ihren Quartieren zu bringen; doch hier und da gelingt es nicht ganz. Immer wieder einmal müssen die letzten Meter zu Fuss und mit Sack und Pack durch

Schneewehen und Sturm zurückgelegt werden. Hier erst erfahren sie, wie viel Glück ihnen zuteil wurde, ihr Ziel noch erreicht zu haben, ist doch in weiten Teilen des Landes inzwischen der Verkehr gänzlich dem Flockenmeer erlegen.

Doch so glücklich sich für die Gäste noch alles gefügt zu haben scheint, es ändert sich bald. Auch die Insel wird vom Stromausfall nicht verschont. Nur allzuschnell wird ihnen während der durchfrorenen Nachtruhe deutlich, dass sie keine unbeschwerten Urlaubstage auf der Insel verleben würden. Wenn auch das Frühstücksbüffet am nächsten Morgen keine Wünsche offen lässt, so haben viele Gäste doch einen Entschluss gefasst. Sie stornieren ihren weiteren Aufenthalt, hasten auf ihre Zimmer, packen ihre Siebensachen und kämpfen sich durch Schneewüste und Kälte in Richtung Bahnhof, um, wie sie meinen, dem drohenden Chaos zu entkommen. Zwar fährt der Zug in Richtung Festland ab, überwindet den Hindenburg-Damm, doch nach etwa 20 Kilometern endet die Fahrt in Niebüll. Die Schienen in Richtung Süden sind teilweise unter meterhohen, von keinem Schneepflug mehr zu durchstoßenden Schneeverwehungen begraben.

Der letzte Tag im alten Jahr bricht an. Ein Blick nach draußen lässt ein leichtes Abschwächen des Schneesturms erkennen. Wie schon während der ganzen Nacht setzt der Zug sich wieder in Bewegung, um, kaum den Bahnhof hinter sich lassend, zu stoppen und zurückzusetzen. Immer wieder die gleiche Szene, ruckartiges Anfahren, quietschendes Abbremsen. Alles geschieht, um ein Einfrieren der Bremsen zu verhindern. Jemand mit einem batteriebetriebenen Kofferradio weiß den Leidensgenossen von schweren Schneefräsen zu berichten, die auf ihrem Weg vom Schwarzwald hierher unterwegs sind; immerhin ein Hoffnungsschimmer. Einige der Reisenden zaubern gar Sektflaschen und Pappbecher aus ihrem Gepäck und feiern dergestalt ein ungewöhnliches Sylvester. Zwei Tage noch harren Hunderte in den Waggons aus, bis endlich der Schienenweg frei geräumt vor ihnen liegt. Auf dem Weg zurück in Richtung Hamburg werden die Ausmaße des Schneesturms für die Reisenden erst hier so recht sichtbar; zeitweise ist die Gleisspur des Zuges beidseitig durch weiße, bis über die Fenster reichende Mauern begrenzt.

Einmal ist keinmal

Wenn uns eine extreme Situation, ein gewaltiges Naturereignis einmal heimsucht, so macht sich bei uns gern die Hoffnung breit, dies wäre ein einmaliger Zustand. Gern wird dann auch das Schlagwort »Jahrhundertereignis« bemüht, um damit doch nur den eigenen Wunsch zum Ausdruck zu bringen, zwischen den Zeiten doch bitteschön in Ruhe gelassen zu werden; einmal alle hundert Jahre reiche es. Doch sechs Wochen nach dem Winterchaos des Jahreswechsels schlägt Väterchen Frost ein zweites Mal unbarmherzig zu. Alles wiederholt sich. Am Dienstag, den 13. Februar 1979, beginnt eine nahezu identische Wetterlage das Land erneut in ihren Klammergriff zu nehmen. Noch bedecken Berge von Schnee des vergangenen Wintereinbruchs das Land, da künden die diplomierten Meteorologen, die Wettergewaltigen aus Funk und Fernsehen, neue Schneefälle an. Kaum jemand macht sich zunächst Gedanken; Zwar herrscht Winter, doch trifft ja ein Gleiches nie zweimal hintereinander ein. – Nie?

Dass es sich hierbei um einen Trugschluss handelt, erkennen die Menschen am Morgen des folgenden Tages, als sie ihre Wohnungen in Richtung Arbeit oder Schule verlassen. Die feinen Flocken des Vortages, von immer stärker auffrischenden Winden in den Abendstunden zu ersten leichten Verwehungen aufgehäuft, hatten sich inzwischen zu gewaltigen Schneemassen entwickelt. Hier und da wurden auch schon einzelne auf den Straßen stecken gebliebene Fahrzeuge durch die Räumdienste gemeldet.

Dachten mit Beginn des Schneefalls am Dienstag die wenigsten an eine Wiederholung des Chaos, ist das am Mittwochmorgen entschieden anders. Der Schneesturm, an Intensität über Nacht zulegend, teilweise Orkanstärke erreichend, hat das Land erneut fest im Griff. Wieder herrscht draußen, noch durch den Sturm verstärkt, eine arktische Kälte. Wieder trommel die weißen Eiskristalle Nadelstichen gleich auf die Haut, so man sein Gesicht in den Wind dreht. Die Sichtweiten liegen außerorts oft unterhalb von fünf Metern. Da hinter Knicks, Alleen und in den Gräben noch die weiße Pracht des ersten Wintereinbruchs sich behauptet hat, türmt der Orkan schnell Verwehungen auf, die mit bis zu vier Metern Höhe für dieses Land bisher unbekannte Ausmaße erreichen.

Nicht vom Norden her, wie Wochen zuvor, rückt die Wetterfront vor, diesmal erwischt es zunächst den Osten. Noch in der Nacht ruft der Kreis Ostholstein den Katastrophenalarm aus, und am Morgen verkündet das Kultusministerium in Kiel den Ausfall des Unterrichts; nicht länger kann die Sicherheit auf dem Schulweg noch gewährleistet werden. Kommen Busse kaum noch über vereiste, zugewehte Straßen, so sorgen eingefrorene Weichen und erste Schneewehen gewaltigen Ausmaßes für Behinderungen bei der Bahn. Schon bald kündet das Radio von den ersten Fahrverboten. Man hatte aus den ungezählten stecken gebliebenen und darob die Räumung und Hilfskonvois behindernden Fahrzeugen des vorangegangenen Chaos' seine Lehren gezogen. Lehren gezogen hatte auch der eine und andere Bauer, der sich inzwischen mit Notstromaggregat und ausreichend Plastiksäcken zur Aufbewahrung von Milch versorgt hatte. Zwar halten dieses Mal die Stromleitungen größtenteils den Belastungen stand, nur stundenweise sitzen rund 4000 Menschen in ihren Wohnungen ohne Elektrizität, doch im Grunde – mitten in der Woche – trifft es die Gesellschaft schlimmer. Kein langes Wochenende hatte zu einer ausreichenden Lebensmittelversorgung der Haushalte genötigt, kein Geschäft, kein Bäcker hat noch ein volles Lager; die Lieferanten füllen die Regale oder bringen Hefe und Mehl meist erst am Donnerstag oder Freitag. Unter der Bevölkerung macht sich langsam Unruhe bereit und lässt sie die schon etwas spärlich gefüllten Lebensmittelregale vollends leerkaufen. Auch Kerzen und Petroleum sind ein Renner. Doch es fehlt an Nachschub. Wie lange werden diesmal die Straßen gesperrt sein? Wie lange wird es dauert, bis erneut lebensnotwendige

Waren ankommen? Besonders auf dem Lande droht zum Wochenende eine Lebensmittelknappheit.

Immer gefährlicher werden Räumaktionen auf den Verkehrswegen. Pflügen und fräsen sich die Fahrzeuge der Straßenmeistereien ihren Weg durch die Schneemassen, so werden die Wege in Minutenschnelle hinter ihnen wieder zugeweht. Es ist eine Sisyphusarbeit, mit der sie es zu tun haben. Selbst die schweren Geräte bleiben immer öfter stecken und mehr und mehr entscheiden die Männer in ihren Fahrzeugen die Räumung abzubrechen. Erst mit Nachlassen des Sturmes wollen sie ihre Arbeit wieder aufnehmen. Fürs erste ist an ein Freihalten der Straßen nicht zu denken. Die Menschen in den Dörfern und auf den Gehöften igeln sich ein.

Die große Hilfsaktion läuft am Freitag an, obschon das Wetter noch keine Besserung für Bevölkerung und Helfer bereit hält. Erneut wird vor allem den Hubschrauberpiloten und ihren Maschinen in den folgenden Tagen alles abverlangt. Werden hier Techniker aufgenommen, um zu einer Störungsstelle oder zur Inbetriebnahme eines Aggregates geflogen zu werden, bei der Gelegenheit gleich noch Hefe für einen Bäcker mitnehmend, erfolgt andernorts die Aufnahme von 200 Tonnen Fleisch für eine Krankenhausgroßküche. Einige, da die Lager der Bäckereien leer sind, transportieren gleich Tonnen von Mehl und Hefe oder beliefern Krankenhäuser mit angeforderten Medikamenten. Andere Piloten sind damit beschäftigt, Futtermittel für Bauern oder Ersatzteile für die Räumkommandos mal hier mal dort, gar auch einmal 230 Brote abzusetzen. In Einzelfällen benötigen Kranke dringend ärztliche Hilfe und aus einigen Ortschaften erfolgt das Ausfliegen von Wöchnerinnen, da es kaum noch Hebammen in den Dörfern gibt. Nicht immer gelingt das Unternehmen rechtzeitig und so erblicken acht »Heli-Babies« das Licht der Welt im Hubschrauber. Eine besondere Herausforderung bedeutete der Einsatz an der Bahnstrecke Preetz–Ascheberg, wo ein Zug in einer Schneewehe stecken geblieben war und 40 Personen auf Rettung hoffen. Auf abenteuerliche Art und Weise werden sie über Seilwinden in die über ihren Köpfen dröhnenden Hubschrauber emporgezogen. Die Menschen am Boden blicken dem Ganzen zunächst mit gemischten Gefühlen entgegen. Doch die glückliche Bergung gelingt ohne Zwischenfall. Andernorts, auf der Strecke nach Puttgarden, sind 80 Soldaten im Einsatz, zwei liegen gebliebene Güterzüge aus den Schneemassen zu befreien.

Mit der Zeit – fast alle einsatzfähigen Besatzungen mit ihren Panzer und Lastkraftwagen des Bundes und des Landes verrichten den Dienst mit Freiräumen und Transporten – ist das Material derart beansprucht, dass teilweise die Schneeketten verschlissen sind. Kurzfristig wird ein Transportflugzeug der Bundeswehr nach München beordert, Ersatzketten heranzubringen. Auch schwere Schneefräsen für Straße und Schiene, derer Norddeutschland mit seinen milden Wintern sonst bisher nicht bedurfte, werden wieder aus Süddeutschland auf den Weg nach Schleswig-Holstein gebracht und verstärken zum Wochenende hin die Räumarbeiten. In mühevoller Arbeit – teilweise gelingt es nur schichtenweise die Verwehungen abzutragen – wird das strategische Ziel in die Tat umgesetzt: erst müssen die wichtigen Hauptverkehrswege in Nord-Süd Richtung wieder befahrbar gemacht werden, danach folgen auch die Ost-West Verbindungen, um so die kleineren Ortschaften von den großen Zentren langsam wieder versorgen zu können.

Intermezzo II

Von der Polizei zusammengestellt begibt sich am Mittwochnachmittag ein mehrere Dutzend Fahrzeuge umfassender Konvoi, vor allem Lastkraftwagen, von dem kleinen Ort Neuenbrook bei Itzehoe auf die rund 50 Kilometer lange Strecke über die Bundesstraße Nr. 5 zur Elbmetropole. Zwei Schneepfüge vorweg versuchen den Weg zu bahnen. Das Wagnis geling; Hamburg ist nach rund zwei Stunden erreicht. Doch was ist mit dem schon über die Funkwellen des Radios angekündigten Gegenkonvoi? Als um 18 Uhr auch für den Kreis Steinburg der Katastrophenalarm ausgelöst und sofortiges Fahrverbot verkündet wird, sind die Fahrzeuge immer noch nicht in Sicht. Im kleinen Ort ist inzwischen der »Tante-Emma«-Laden leer gekauft. Ein Durchkommen zur Kreisstadt ist nicht mehr möglich. Alle warten auf den Konvoi. Immer wieder einmal fällt der Strom aus. Wer noch einen Kachelofen sein eigen nennt, lädt Nachbarn ein, deren Heizung ausgefallen ist; man rückt enger zusammen. Schließlich geht der Tag zur Neige. Draußen herrscht einmal mehr tiefste Finsternis. Nur das Heulen des Sturmes und das Klappern der Rolläden und Tore ist zu vernehmen. Dann hämmert es plötzlich eine halbe Stunde vor Mitternacht bei einer Familie an die Tür. Zwei Fahrer des vermissten Konvois, der eine gibt das Bild eines wilden Gesellen mit Eiszapfen in seinem langen Vollbart, stehen durchfroren vor der Tür und bitten, sich etwas aufwärmen zu dürfen. Nur wenig vor dem Ort sind sie mit rund 80 Fahrzeugen in den Schneemassen stecken geblieben. Fast hätten sie auf ihrem Gang, Hilfe aus dem Ort zu holen, die Orientierung verloren. Was ist zu tun?

Die Mitglieder der Ortsfeuerwehr wird von Haus zu Haus alarmiert, und so finden sich bald schon an die 50 Feuerwehrleute mit Schaufeln und Spaten bewaffnet zu einem ungewöhnlichen Einsatz bereit. Durch Nacht und weiße Pracht kämpfen sich die Helfer zum Konvoi, in dem 120 Personen auf Hilfe warten. Wenn auch einige Fahrer ihre Fahrzeuge mit der kostbare Fracht nicht im Stich lassen wollen, braucht es keines allzu langen Zuredens, bis auch sie einsehen, dass ein Bleiben die schlechteste aller Entscheidungen sei. Und so stapft der Tross mühsam mit Schneewehen und Sturm kämpfend wieder in Richtung Dorf, wo die Gestrandeten teils in einer Gaststätte, teils bei Privatpersonen ein Unterkommen finden. Am folgenden Morgen, die Nachricht vom Verbleiben des Konvois ist inzwischen auch in der Kreisstadt Itzehoe angelangt, treffen vier Radlader der Bundeswehr und weitere Helfer ein. Für das Freiräumen der nur einige hundert Meter Wegesstreck vom Ortsausgang bis zum ersten Lastkraftwagen bedarf es rund zwei Stunden. Schließlich gelingt es, ihn bis er in den Ort zu bringen. Es geht nur meterweise voran; auch als am Abend zwei Planierraupen und ein Panzer zur Unterstützung der Helfer eintreffen, ist ein Ende der Bergung noch lange nicht in Sicht. Erst am Freitag, es schneit inzwischen kaum noch, einzig der Sturm treibt immer noch neue Schneebänder über die Straßen und verursacht Verwehungen, gelingt es, auch das letzte Fahrzeug in den mit Lastkraftwagen verstopften Ort zu bringen. Immerhin ist die Bundesstraße zur schnellen Räumung, sobald eine Besserung des Wetters in Sicht ist, wieder frei. Inzwischen ist der dritten Tag angebrochen. In einigen Haushalten werden die Lebensmittel knapp. Nicht länger kann mehr ausgeharrt werden, und so kämpft sich ein Kurier auf einem geländegängigen Fahrzeug der Bundeswehr, nicht ohne vorher von den Bewohnern Einkaufslisten erhalten zu haben, zum Schlachter in den Nachbarort durch. Als das Wetter sich am Wochenende bessert, macht sich ein inzwischen auf 200 Fahrzeuge angewachsener Bandwurm aus Blech auf die Rückfahrt nach Hamburg; zahlreiche Bewohner Neuenbrooks stehen an den Straßen und verabschieden ihre »Gäste«.

Ende gut, alles gut

Als am Sonnabend, den 17. Februar 1979, der Sturm merklich nachlässt und schließlich ganz einschläft, die Schneewolken sich nach und nach verflüchtigen und Sonnenschein das Zepter übernimmt, da liegt das Land wie in eine unwirkliche Märchenlandschaft verwandelt, wie unter einer weißen Decke erstarrt da. »Mein Schleswig-Holstein, tief im Schnee versiegelt, / Wie lieb ich dann dich erst, mein Wiegenland: / Du hast die Türen alle fest verriegelt, / Und deine Knicks sind Wetterschirm und Wand / Bis sich in deinen Fenstern wieder spiegelt / Des Sommers roter Abendsonnenbrand. / Mein Schleswig-Holstein, tief im Schnee vermummt / Nie bist du laut, nun bist du ganz verstummt.«

Erst jetzt macht es Sinn, die Räumkolonnen im großen Stil ausschwärmen zu lassen, und so setzen die unermüdlichen Helfer der Straßenmeistereien, des Technischen Hilfswerks, der Bundeswehr und private Betriebe noch einmal zu einem Endspurt an. Schon einen Tag später gelingt es den Räumkolonnen in einer beispiellosen Kraftanstrengung, meist einen Fahrstreifen der Hauptverkehrsstraßen freizubekommen. Nach Tagen des Verharrens rollen erste Transportfahrzeugen mit Gütern des täglichen Lebens in ehemals abgeschnittene Regionen. Doch erst am Mittwoch, den 21. Februar, hat sich die Lage landesweit wieder soweit normalisiert, dass um 14 Uhr schließlich Innenminister Rudolf Titzck den landesweiten Katastrophenalarm aufheben kann.

Die nüchterne Bilanz vermag nichts über die Mühen der durch pausenlosen Einsatz erschöpften Helfer auszusagen: 550 Transport- und Räumfahrzeuge sowie Bergungspanzer der Bundeswehr mit 40 Hubschraubern kamen zum Einsatz, verstärkt von 10 Helikoptern des Bundesgrenzschutzes. 21 Schneefräsen, 333 Pflüge samt Schneeschleudern, 225 Radlader und 28 Raupen und Bagger der Straßenbauverwaltung versahen ihren Dienst, nicht gezählt das eingesetzte Gerät der einzelnen Kommunen. Allein im Kreis Ostholstein mit seiner am stärksten betroffenen Region, der Insel Fehmarn, waren während der Tage täglich 1100 Kräfte der öffentlichen Hilfsorganisationen, 125 Personen privater Organisationen, 56 des Technischen Hilfswerks, 138 Bundeswehrsoldaten mit täglich 90 Fahrzeugen im Einsatz, nicht gerechnet die militärischen Fahrzeuge wie Bergepanzer, Schützenpanzer, schwere Lastkraftwagen, Hubschrauber und Transportflugzeuge vom Typ Transall. Nicht verschwiegen werden dürfen in dieser Bilanz aber auch die Opfer: mindestens 17 Menschen kommen unmittelbar durch Schnee und Kälte ums Leben.

Nur vor dem Hintergrund einer hochtechnisierten Gesellschaft, deren Leben durch Mobilität bestimmt ist und die Natur in ihren Erscheinungsformen nicht als gottgegeben, sondern als Behinderung des eigenen Selbst betrachtet, kann überhaupt von einer Katastrophe gesprochen werden. Nur wenige Dezennien zurück, und die Menschen hätten von einem besonders strengen Winter gesprochen, hätten abends wie immer ihre Petroleumlampe angezündet, noch ein Scheit Holz oder ein Brikett aufgelegt, wären morgens in aller Frühe aufgestanden, um zu ihrer Arbeitsstelle im Ort zu gehen, die Bauern hätten ihre Milch mit dem Pferdeschlitten in der nahen Meierei abgeliefert und der Bäcker, sein Mehl aus der örtlichen Mühle beziehend, hätte seinen Teig mit Sauerteig statt der heutigen Hefe versetzt. Nein, eine Katastrophe war es nicht. Es war ein besonders starkes Unwetter.